KREATIVE
FREIZEIT

Dekorlinien, Pfeifenherstellung, Plastikrohr-Konstruktionen, Moderne Möbel, Allerlei aus Pflanzenmaterial, Riechtöpfe und Duftkugeln, Töpfern, Basteln im Vorschulalter, Theaterpuppen, Rätsel und Puzzlespiele

PPI-Verlag

Die Symbole, die in der Kapitelüberschrift am Anfang jedes Projekts erscheinen, haben folgende Bedeutung:

Geschätzter Zeitaufwand für einen ungeübten Erwachsenen:

Stunden

Tage

Wochen

Empfohlener Fertigkeitsgrad:

Kind allein

Kind unter Anleitung oder Familienprojekt

Ungeübter Erwachsener

Spezielle Vorbildung

Werkzeug und Ausrüstung:

Kleine mechanische Geräte

Große mechanische oder Haushaltsgeräte

Spezial- oder Elektrogeräte

Verlag

PPI-Verlag

Allen Davenport Bragdon, Chefredakteur der Serie Kreative Freizeit

Steven Schepp, Redaktion
Peggy Streep, Redaktionsassistentin

Redaktion

Tree Communications Inc., New York
Rodney Friedman, Leitung der Redaktion
Ronald Gross, Design Director
Paul Levin, Leitung der Photoredaktion

Quellennachweise der Abbildungen

Dekorlinien: Photo auf Seite 7 mit freundlicher Genehmigung des Circus World Museum in Baraboo, Wisconsin.

Danksagungen

Töpfern: Die auf den Seiten 76 und 77 beschriebene Töpferscheibe wurde von John Darren entworfen.

Redaktion der deutschen Ausgabe

Redaktionsleitung: Hans-Heinrich Wellmann
Textredaktion: Renate Hücking

Fachliche Beratung: Ica Lawrence und Anna Normann

Aus dem Englischen übertragen von Rudolf Hermstein

Einband

Wie in alten Zeiten formen auch heute noch die Hände des Töpfers den feuchten Ton auf einer rotierenden Töpferscheibe. Siehe das Kapitel „Töpfern“, das auf Seite 70 beginnt. Photo Paul Levin.

International Standard Book Number dieses Bandes: 90-6182242-4

Reprosatz: Alfred Utesch, Hamburg
Druck: Smeets Lithographers, Weert (Holland)
Einband: Proost en Brandt, N.V., Amsterdam

Inhalt

Dieser originalgetreu restaurierte Oldtimer aus dem Jahre 1912 ist ein schönes Beispiel für die Kunst der Dekorlinien-Malerei. Haube, Kühlschlitze, Türen, Räder, Achsen und Federn sind mit feinsten Linien verziert. An der Haube (oben links) und den Türen (oben rechts) kann man sehen, wie durch die Bemalung die Linienführung einer Karosserie akzentuiert werden kann.

DEKORLINIEN

Eine originelle Maltechnik

Von John Kurtzman

Die Kunst, Dekorlinien zu malen, besteht darin, aus freier Hand eine fortlaufende Linie von gleichbleibender Stärke zu malen. Sie geht zurück auf das Zeitalter der Pferdekutschen, also bis ins 16. und 17. Jahrhundert. Damals ließen sich reiche Bürger nach dem Vorbild der Adligen ihre Kutschen vom Dach bis zu den Rädern kunstvoll verzieren. Bis in die zwanziger Jahre wurden die Autos in der Fabrik mit Dekorlinien verziert, als dann aber die Chrom-Zierleisten aufkamen, geriet diese Kunst aus der Mode und wurde nur noch bei speziellen Fahrzeugen wie Feuerwehrautos angewandt. Heute gewinnen die Dekorlinien wieder Freunde, und sie bleiben nicht auf Automobile beschränkt, obwohl sie hier am besten wirken.

Das Malen von Dekorlinien darf nicht mit dem Aufmalen oder Aufkleben von Rennstreifen auf ein Auto verwechselt werden. Rennstreifen sind breite Farbbänder, die im allgemeinen auf das Fahrzeug aufgespritzt werden, wobei der übrige Lack beiderseits der Streifen mit Klebeband und Zeitungspapier abgedeckt wird. Noch einfacher ist das Anbringen von selbstklebenden Streifen, die es in verschiedenen Farben gibt. Man hat jedoch an solchen Streifen nicht viel Freude, weil sie sich bald an den Rändern abzulösen beginnen und das Auto dann schäbig wirkt. Ganz im Gegensatz hierzu handelt es sich bei der Dekorlinien-Malerei um eine sehr präzise und dauerhafte künstlerische Technik. Häufig wird zuerst ein breiter Rennstreifen aufgetragen, der dann auf beiden Seiten von Dekorlinien eingefaßt wird. Die gestalterischen Möglichkeiten aber sind fast unbegrenzt; der Erfolg hängt nur vom Können des Malers ab, und das kommt mit der Übung.

Wahl eines Stils

Dekorlinien können das Aussehen eines Wagens heben, indem sie die besten Formelemente betonen, die Farbe der Karosserie akzentuieren und den Eindruck hervorrufen, als sei der Wagen ein Einzelstück. Es gibt zwei Hauptstile in dieser Technik: den komplementären, geradlinigen Stil mit Streifen, die der Linienführung des Wagens folgen, und den freien Stil, der manchmal auch als Zirkusstil bezeichnet wird, weil er schwungvoll und auffällig ist. Die Dekorlinien des auf Seite 13 abgebildeten Wagens sind ein gutes Beispiel für die Eleganz des Komplementärstils; das Armaturenbrett des Motorboots auf Seite 11 ist dagegen zur Belebung der großen weißen Flächen im freien Stil bemalt.

Dekorlinien waren schon lange vor der Erfindung des Automobils in Mode. Postkutschen wie diese, die den wilden Westen Amerikas durchquerten, sind heute nur noch in Museen und Wildwestfilmen zu sehen.

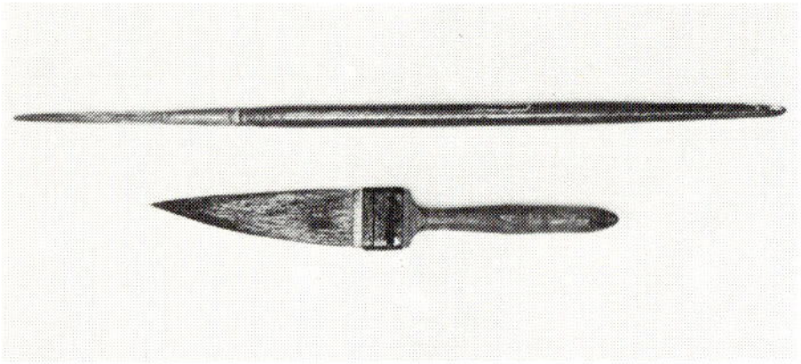

1: Zwei Arten von Pinseln kann man zum Malen von Dekorlinien verwenden: den Flachpinsel (oben) oder den Schlepper (unten). Der spitz zulaufende Schlepper ergibt Linien, die am Ende haarfein auslaufen; mit dem Flachpinsel kann man nur gleichbleibend breite Linien ziehen.

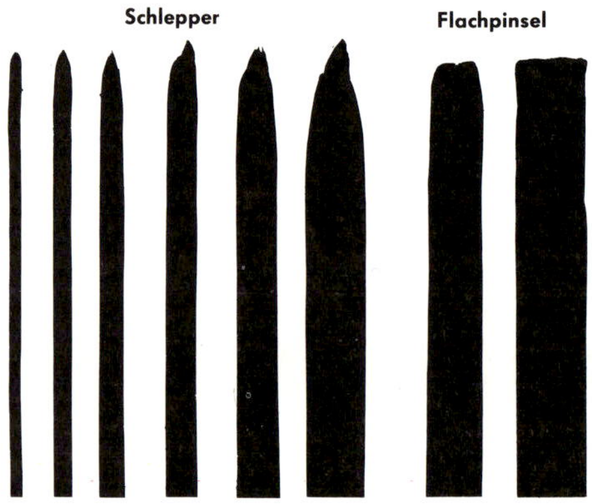

A

Zeichnung A: Die Abbildung zeigt die Linien, die man mit Schleppern und Flachpinseln malen kann. Die Linien des Schleppers (links) laufen in einer Spitze aus; die mit dem Flachpinsel gemalten (rechts) haben ein stumpfes, rechtwinkliges Ende. Zum Malen von Dekorlinien nimmt man meistens Schlepper, aber Flachpinsel sind zum Ausmalen von Ecken praktischer.

B

Zeichnung B: Das mit dem Schlepper gemalte Rechteck (links) muß an den Ecken sorgfältig retuschiert werden. Das mit dem Flachpinsel gemalte Rechteck (links) hat ohne Retusche bereits scharfe, saubere Ecken.

Farbe und Pinsel

Schriften-Malfarben auf Ölbasis, die es in Künstlerbedarfsgeschäften gibt, ist die geeignete Farbe für diese Malerei. Sie enthält mehr Pigment als Autolack oder normaler anderer Lack und trocknet langsamer. (Für das Malen von Dekorlinien müssen Sie sich Zeit lassen können.) Dieser Lack auf Ölbasis haftet gleich gut auf emaillierten und lackierten Oberflächen (nehmen Sie keine Latexfarbe).

Beim Malen werden Sie feststellen, daß jeder Farbton sich anders aufträgt. Nur durch Ausprobieren bekommen Sie heraus, wie Sie die Viskosität (die Dicke und Haftfähigkeit der Farbe) auf die jeweilige Luftfeuchtigkeit, die Temperatur der Metalloberfläche und den Lack, der übermalt wird, abstimmen müssen. Wenn Ihre Farbe zu dünn ist, wird es Ihnen schwerfallen, Streifen von gleichbleibender Breite zu malen. Und wenn sie zu dick ist, bleibt der Pinsel hängen, was zu ausgefransten Linien führt. Die einzige Art, festzustellen, wann die Farbe für das jeweilige Projekt genau richtig ist, besteht darin, daß Sie erst einmal auf einer kleinen Fläche probieren und nach und nach Verdünner in die Farbe geben, bis sie richtig fließt. Der beste Verdünner ist Terpentinöl; Lackverdünner trocknet zu schnell.

Dekorlinien werden mit einem Spezialpinsel gemalt, den man Schlepper nennt (Photo 1). Er ist in guten Künstlerbedarfsgeschäften auf Bestellung zu bekommen. Dieser Pinsel läuft nach vorne spitz zu und ist auf der Unterseite sehr stark geschliffen. Die längsten Borsten liegen beim Gebrauch auf der Oberseite; die scharfe untere Kante trägt die Farbe auf. Die bei uns üblichen normalen Pinsel sind sogenannte Flachpinsel (Photo 1), bei denen die Borsten nicht spitz zulaufen, sondern eine stumpfe, gerade Kante bilden. Flachpinsel sind schwieriger zu handhaben, aber ganz praktisch zur Fertigstellung von Ecken (Zeichnung B). Das Ende einer mit dem Schlepper gezogenen Linie läuft so spitz zu, daß man an Stellen, wo zwei Linien zusammenstoßen, nacharbeiten muß, damit die Linien überall gleich breit werden. Das entfällt, wenn Sie von vornherein mit einem Flachpinsel arbeiten.

Als Palette für die Farbe können Sie eine Glasplatte, ein Stück Blech oder ein Stück Karton mit geglätteter Oberfläche nehmen; die Größe sollte ungefähr 10×10 cm betragen. Nehmen Sie auf alle Fälle ein Material, das die Farbe nicht aufsaugt und eine glatte Oberfläche hat.

Vorbereiten der Oberfläche

Vor dem Aufmalen der Streifen müssen Sie die in Frage kommenden Flächen unbedingt mit einem guten Lackreiniger behandeln. Hervorragend geeignet ist handelsüblicher Lackreiniger für Autos. Auf keinen Fall dürfen Sie aber ein kombiniertes Reinigungs- und Poliermittel verwenden, das Wachs enthält. Der Lackreiniger entfernt Fett, Wachs und Öl. Außerdem rauht er die Oberfläche leicht auf, so daß die Farbe besser haftet. Falls Sie ein solches Reinigungsmittel für Fiberglas verwenden (der Bootsrumpf auf Seite 11 ist aus solchem Material), werden Sie feststellen, daß durch das Reiben statische Elektrizität erzeugt werden kann. Dadurch wird nachher beim Malen die Farbe vom Pinsel gezogen, unmittelbar bevor dieser mit der Oberfläche in Berührung kommt. Das führt zu Klecksen. Beseitigen Sie diese statische Aufladung, indem Sie die Oberfläche mit einem feuchten Tuch abreiben; lassen Sie sie gründlich trocknen, bevor Sie mit dem Auftragen der Farbe beginnen.

Grundtechniken

Die Kunst besteht beim Malen von Dekorlinien vor allem darin, daß man ohne abzusetzen eine feine Linie von gleichbleibender Breite zustande bekommt. Zeichnen Sie zuerst die Linien leicht mit einem Fettstift an; malen Sie dann den Streifen genau über die vorgezeichnete Linie. Der Fettstift wird vom Lack aufgesogen. Ein kurzer, gerader Streifen macht keine Schwierigkeiten. Mit einem langen Streifen, beispielsweise auf einem Kotflügel, tut man sich schwerer. Normalerweise malt man jeweils ohne abzusetzen einen Strich, dessen Länge der Reichweite des Armes entspricht. Sie müssen Ihr Gewicht von einem Fuß auf den anderen verlagern, während Sie die zeichnende Hand in gerader Linie weiterführen. Dazu gehört ein gutes Gleichgewichtsgefühl und großes Geschick; und in jedem Fall braucht man sehr viel Übung (Photo 19, Seite 14). Proben Sie die Bewegung mehrmals, bevor Sie den Pinsel in die Farbe tauchen. Stellen Sie sich so hin, daß Sie eine lange Linie malen können, ohne die Füße versetzen zu müssen, aber verlagern Sie notfalls Ihr Körpergewicht.

Je nachdem, was Sie bemalen, können Sie sich mit ein paar Kniffen helfen. Beispielsweise dadurch, daß Sie parallel zu dem Streifen, den Sie malen wollen, eine Latte mit Klebeband auf der Oberfläche befestigen und beim Malen die Handkante darauf stützen. Bei der Türfüllung auf Seite 10 dient der erhöhte Rahmen als Führungsleiste. Fehlt eine solche Führung, können Sie die Hand, die den Pinsel führt, mit der anderen stützen. Vergewissern Sie sich, daß der Pinsel reichlich Farbe aufgenommen hat, bevor Sie ihn ansetzen, damit Sie die ganze Linie durchziehen können, ohne daß Ihnen die Farbe ausgeht. Photo 13 auf Seite 12 zeigt einen gut mit Farbe getränkten Pinsel.

Muster für Dekorlinien

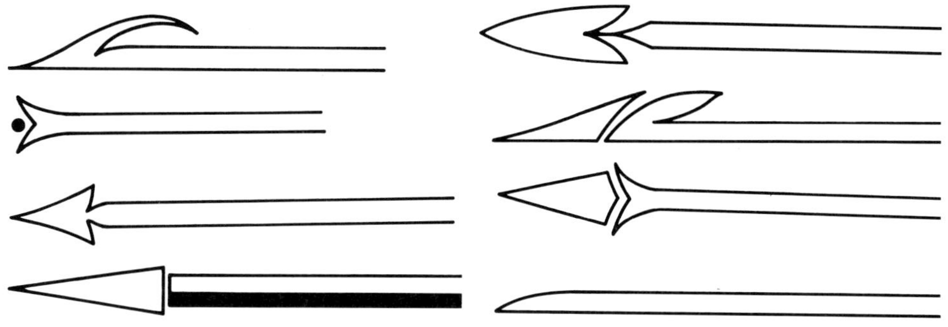

Dies sind einige Möglichkeiten, eine Linie dekorativ anfangen zu lassen. Man kann die Muster leicht mit einem Fettstift auf der zu bemalenden Fläche vorzeichnen und dann mit einem Schlepper ausmalen.

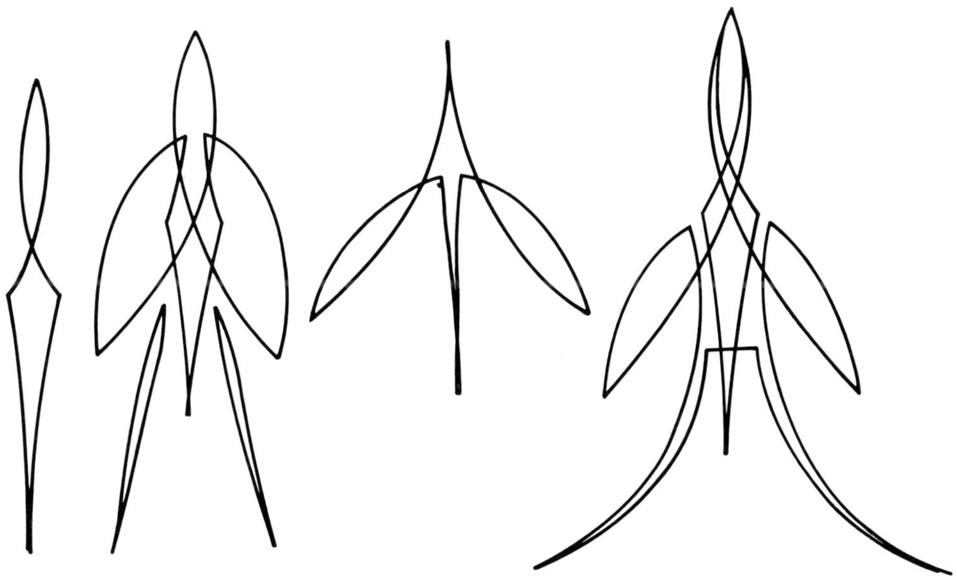

Einfache symmetrische Figuren wie diese konstruiert man mit einem Kurvenlineal – in Schreibwarengeschäften erhältlich – und einem Zirkel. Man kann sie um die Scheinwerfer oder auf die Kotflügel eines Autos malen.

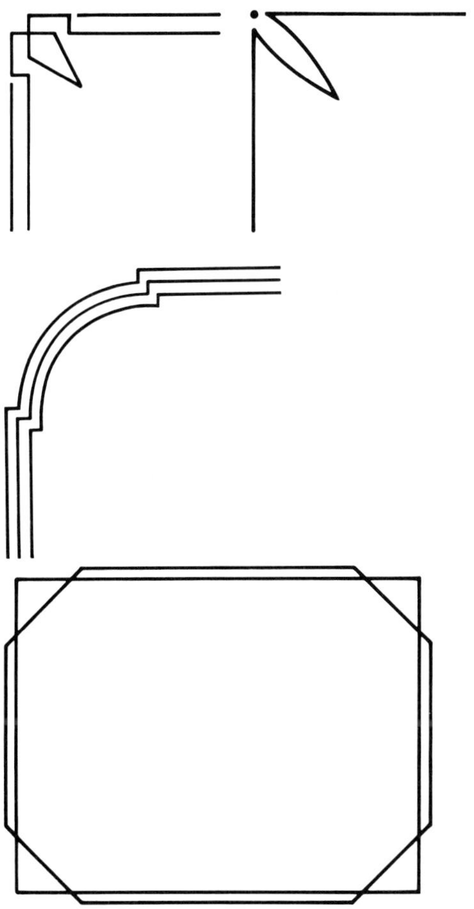

Solche dekorativ gestalteten Ecken sind eine Zierde für jede mit Dekorlinien bemalte Fläche, wie etwa eine Schranktür, ein Truhendeckel oder ein Armaturenbrett.

Diese komplizierten Figuren, die ebenfalls mit Hilfe eines Kurvenlineals vorgezeichnet werden, kann man einzeln oder paarweise anbringen. Sie sind überall dort richtig, wo eine schwungvolle, ausladende Verzierung erwünscht ist.

Dekorlinien werden meist nur auf Autos gemalt; man kann aber auch andere Flächen in dieser Technik dekorieren. Das Muster auf dieser Türfüllung veranschaulicht die Grundtechniken dieser Malerei. Die nur teilweise fertiggestellte gelbe Linie ist ein Vorschlag zur Verschönerung.

Entwurf und Gestaltung

Türbemalung

Dekorlinien auf einer gestrichenen Schranktür anzubringen ist eine gute Vorübung dafür, wie man ein symmetrisches Muster anlegt, dessen Bestandteile man mit einer perforierten Vorlage auf die zu bemalende Oberfläche überträgt. Schneiden Sie sich dafür ein Blatt von entsprechender Größe aus Schrank- oder Zeichenpapier zurecht. Zeichnen Sie in eine Ecke das Muster, und markieren Sie dann die senkrechte und waagerechte Mittellinie des Blattes (Photo 2). Das hilft Ihnen, das Papier so zu falten, daß Sie das Motiv auf die anderen vier Ecken durchpausen können (Photo 3). Ist das ganze Muster übertragen, legen Sie das Blatt auf ein Stück Filz und fahren alle Linien mit dem Kopierrädchen nach (Photo 4). Dank der Filzunterlage drücken sich die Zacken des Rädchens gut durch das Papier. Wenn das ganze Muster auf diese Weise perforiert ist, schleifen Sie die Rückseite des Papiers behutsam mit sehr feinem Schleifpapier, um die Löcher zu vergrößern und die kleinen Grate zu entfernen (Photo 5). Kleben Sie nun das Muster mit Tesafilm auf die zu bemalende Fläche und tupfen Sie die Linien mit einem Wattebausch ab, den Sie vorher in pulverisierte Holzkohle getaucht haben, falls die Fläche hell ist, oder in Talkumpuder, wenn sie dunkel ist (Photo 6). Nehmen Sie dann das Papiermuster ab, und fahren Sie die gepunkteten Linien leicht mit einem Fettstift oder einem anderen weichen Stift nach. Wenn Sie nun noch die Kohle beziehungsweise das Puder abgewischt haben, können Sie das Muster mit Schriften-Malfarbe aufmalen (Photo 7). Auf diese Weise können Sie beliebige Türen in Ihrer Wohnung mit einem Muster versehen.

2: Um ein Eckmuster präzise zu wiederholen, das Papiermuster durch waagerechte und senkrechte Linien vierteilen; das gewünschte Muster mit einem weichen Bleistift in eine Ecke das Papiers zeichnen.

3: Das Papier so falten, daß das nun innen liegende Muster durchscheint und auf jede der übrigen drei Ecken durchgezeichnet werden kann. Gut aufdrücken, damit sich das Muster auch tätsächlich deutlich abzeichnet.

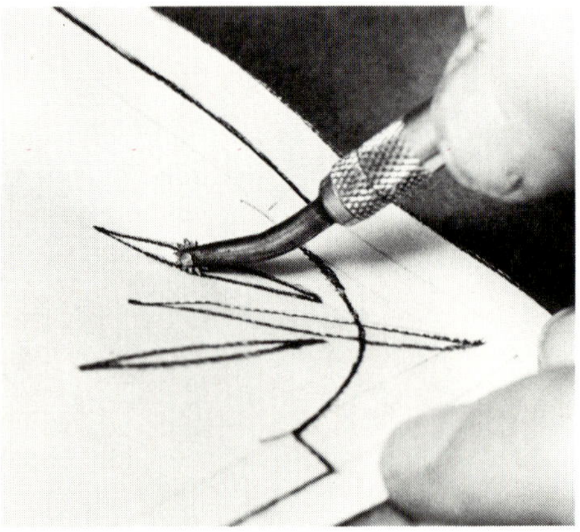

4: Das Muster mit einem Kopierrädchen nachfahren. Eine weiche Unterlage, beispielsweise ein Stück Filz, unter das Papier legen, damit das Rädchen scharf begrenzte Löcher eindrückt, die auf der Rückseite gut zu erkennen sind.

5: Die Rückseite des Musters leicht mit feinem Schleifpapier abschleifen, um die Löcher zu vergrößern und die Grate zu entfernen.

6: Das Muster mit Tesafilm anheften und die Perforation mit einem in Holzkohlepulver oder Talkumpuder getauchten Wattebausch einstäuben.

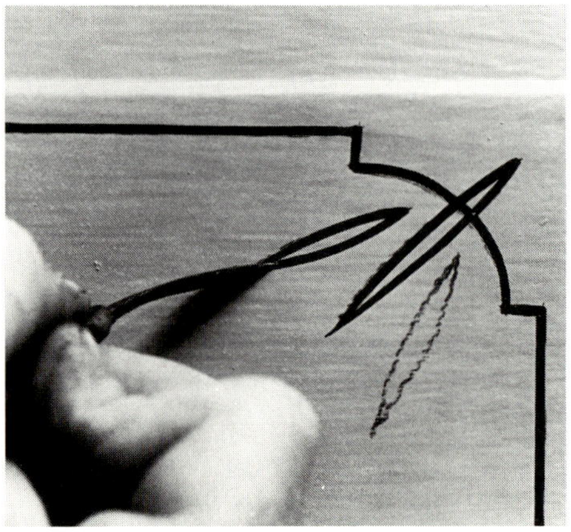

7: Das Papiermuster abnehmen. Die Linien ganz leicht mit einem Fettstift nachziehen und dann ausmalen. Die Hand beim Malen ruhig führen.

Asymmetrische Muster kann man mit Fettstift aus freier Hand vorzeichnen und dann ausmalen. Die Dekorlinien auf diesem Motorboot veranschaulichen, welche Effekte man mit einem Schlepper erzielen kann.

Entwurf und Gestaltung

Bootsbemalung

Dieses aus Fiberglas gefertigte Motorboot wurde hinter dem Steuer, das vorher zur Erleichterung der Arbeit ausgebaut wurde, mit einem asymmetrischen Muster in freiem Stil verziert. Bevor man das Muster mit einem Fettstift vorzeichnet, sollte die Oberfläche mit einem Lackreiniger gesäubert werden, um Wachs und Schmutz zu entfernen und die Oberfläche leicht aufzurauhen. Bei Fiberglas trägt man das Reinigungsmittel sehr langsam und vorsichtig auf, um möglichst wenig statische Elektrizität zu erzeugen.

Erst dann wird der Entwurf leicht mit einem Fettstift skizziert. Ein Fettstift erlaubt jede gewünschte Korrektur – man kann die Linien ohne weiteres abwischen. Natürlich kann man auch noch beim Malen Fehler korrigieren, indem man die Farbe mit Terpentin auf einem Lappen abwischt, bevor sie antrocknet.

Die Dekorlinien auf diesem Boot zeigen, welch unterschiedliche Effekte man mit einem Schlepper erzielen kann. Die Linie beginnt als feine Haarlinie über der Lenksäule, verbreitert sich und läuft dann in eine Arabeske aus. Um Linien unterschiedlicher Dicke zu malen (Photos 9 und 10), verändert man den Winkel zwischen Pinsel und Oberfläche. Die feinsten Linien werden nur mit der Pinselspitze gemalt; wenn die Linie sich etwas verbreitern soll, dreht man den Pinsel ein wenig und drückt etwas fester auf. Beachten Sie, wie die linke Hand die rechte führt (Photo 9) – der kleine Finger der linken Hand übernimmt einen Großteil der Führungsarbeit. Diese Technik wendet man an, wenn man keine erhöhte Führungslinie hat, die es einem erleichtert, die Hand ruhig und in gerader Führung zu halten.

8: Das Steuerrad wurde abgenommen, die zu bemalende Fläche wurde mit Lackreiniger behandelt, und das Phantasiemuster wurde aus freier Hand leicht vorskizziert.

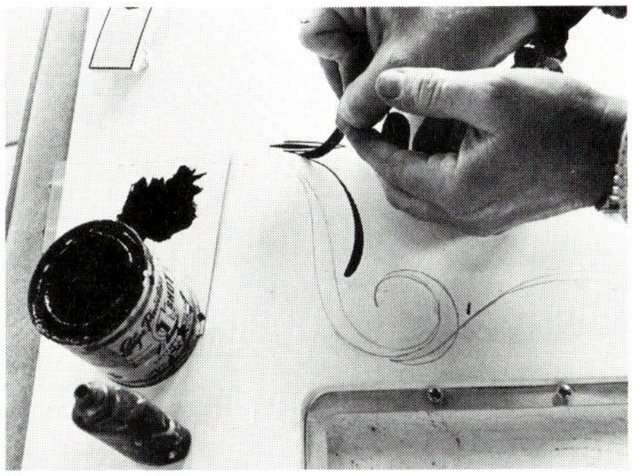

9: Mit der einen Hand kann man die andere stützen, wenn man, um eine feine Linie zu ziehen, den Schlepper schräg hält.

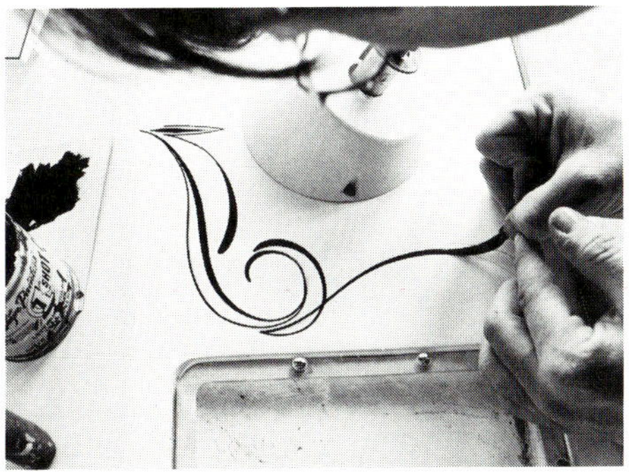

10: Man beachte, wie der Anstellwinkel des Pinsels sich beim Malen einer Kurve auf die Dicke der Linie auswirkt.

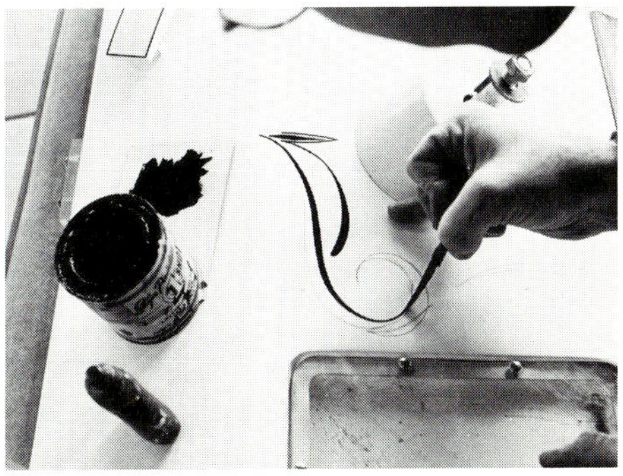

11: Einen Bogen malt man am besten in einem Zug bis etwa in die Mitte der Krümmung und stellt ihn dann rückwärts vom Ende der Linie her fertig.

Entwurf und Gestaltung

Wagenbemalung

Wie man Dekorlinien nutzen kann, um der Form eines Autos eine individuelle Note zu geben und sie dadurch zu betonen, demonstrieren die Streifen auf Haube und Kotflügeln des auf der rechten Seite abgebildeten Sportwagens. Dieser Wagen hatte auf jedem Kotflügel einen 5 cm breiten dunkelgrünen Streifen; die feinen goldenen Linien wurden hinzugefügt. Die zweifache Linie in Gold und Schwarz auf der Haube ruft die Illusion einer zusätzlichen Dimension hervor. Mit doppelten Linien – eine dick und eine dünn oder eine hell und eine dunkel – kann man interessante Variationen und Muster gestalten.

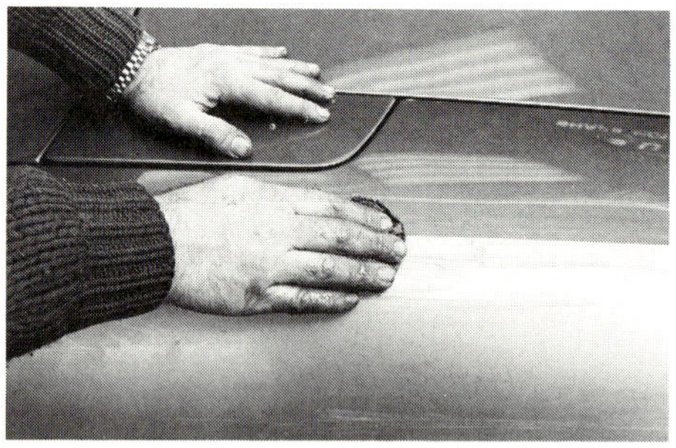

12: Die zu bemalende Fläche erst mit Lackreiniger säubern, um Fett, Wachs und oxydierte Farbe zu entfernen.

13: Bei einem gut mit Farbe getränkten Pinsel sind alle Borsten mit einer dicken Farbschicht umgeben; so kann man ohne abzusetzen malen.

14: Ein Meterstab dient als Führungsleiste für die Finger beim Ausmalen einer langen geraden Linie. Den Meterstab vorher mit Klebeband befestigen.

Umgang mit dem Pinsel

Der Schlepper nimmt für seine Größe erstaunlich viel Farbe auf. Der Pinsel muß so viel Farbe enthalten, daß Sie nicht mitten in einer Linie abbrechen müssen.

Photo 13 zeigt, wie man einen Schlepper mit Farbe tränkt. Tauchen Sie den Pinsel in die Farbdose, und streifen Sie die Farbe auf Ihrer Palette ab. Wirken Sie dann die Farbe gut in den Pinsel ein, indem Sie die Borsten mit dem umgebogenen oberen Ende in die Farbe drücken. Heben Sie den Pinsel dann allmählich an, und ziehen Sie ihn durch die Farbe auf sich zu. Der Pinsel ist richtig mit Farbe getränkt, wenn sämtliche Borsten eine dicke Farbschicht haben. Um den Pinsel erneut zu tränken, müssen Sie ihn sanft durch die Farbe ziehen.

Beim Malen der Dekorlinien müssen Sie Ihren Pinsel laufend beobachten. Sie können erkennen, ob er bald nicht mehr genug Farbe haben wird; die Farbe der Linie ändert dann nämlich ihre Intensität. Eine solche Änderung kann aber auch ein Zeichen dafür sein, daß die Farbe zu dick ist und verdünnt werden muß.

Doppelte Linien

Wenn Sie zweifache Dekorlinien wünschen, malen Sie zuerst nur eine Linie und lassen sie trocknen, bevor Sie mit der zweiten beginnen. Wenn es sich um eine gerade Linie handelt, können Sie beim Auftragen der zweiten ein Lineal oder einen ähnlichen Gegenstand mit einer geraden Kante als Führung benutzen. Eine gebogene Linie ist schwieriger; falls Ihre Linie einmal krumm wird, wischen Sie die Farbe einfach mit einem in Terpentin getauchten Lappen ab.

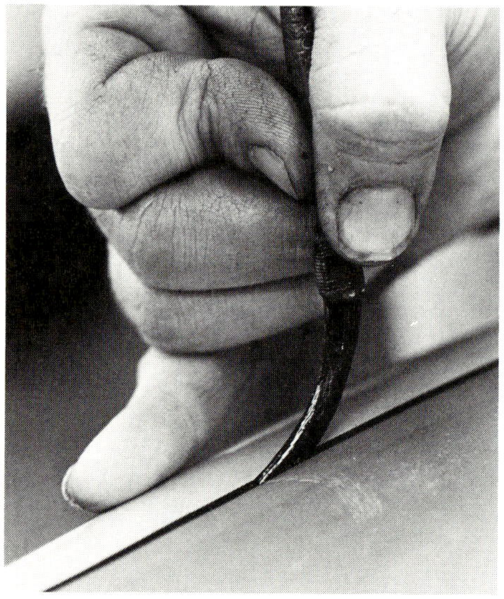

15: Den Schlepper senkrecht halten, damit die Farbe aus dem durch zwei Lagen Borsten gebildeten Reservoir ausfließen kann.

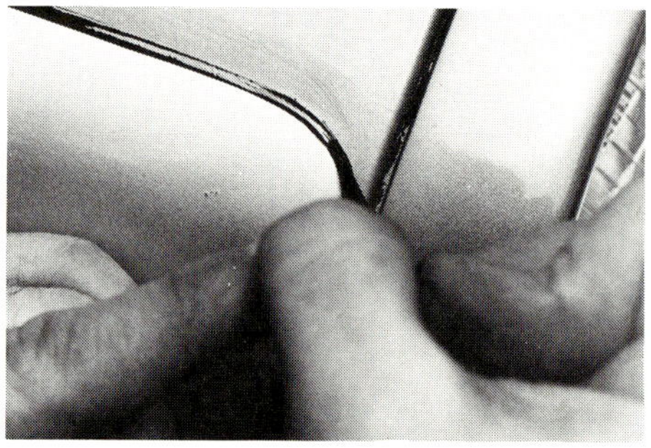

16: Der Zeigefinger der freien Hand (links) kann beim Malen einer geschwungenen Linie als Stütz- und Angelpunkt dienen.

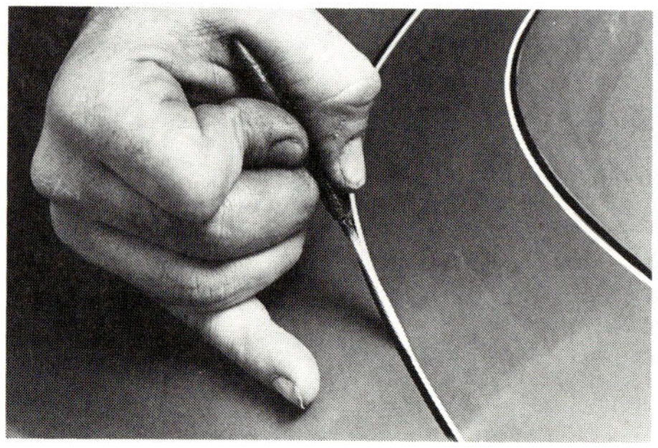

17: Beim Malen einer doppelten Linie den kleinen Finger zum Aufstützen nehmen. Die erste Linie trocknen lassen und dann die zweite malen.

Dieser rassige Sportwagen bekam durch schwarze und goldene Dekorlinien auf Kotflügeln, Haube und Fensterrahmen (oben links) eine individuelle Note. Die 5 cm breiten dunkelgrünen Streifen auf den Kotflügeln (Mitte) waren bereits vorhanden, als mit der Verzierung begonnen wurde. Die dünnen goldenen Linien um die Fenster (unten) und die schwarz-goldene Doppellinie auf der Haube (oben) machen den Wagen zu einem Einzelstück.

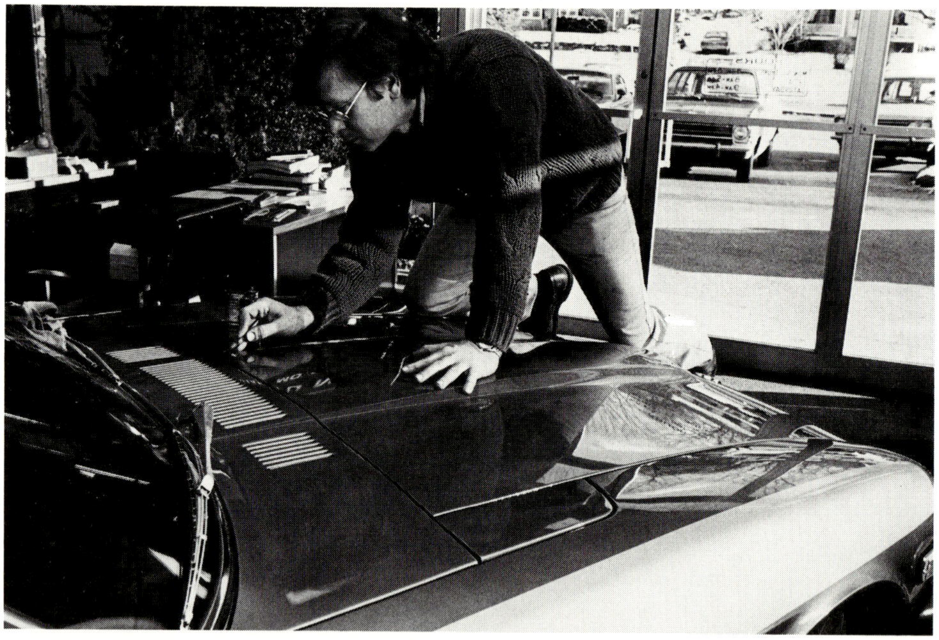

18: Eine bequeme Haltung ist Voraussetzung für das Gelingen der Arbeit. Selbst beim Bemalen schwer zugänglicher Stellen darf die den Pinsel führende Hand keinem störenden Druck ausgesetzt sein.

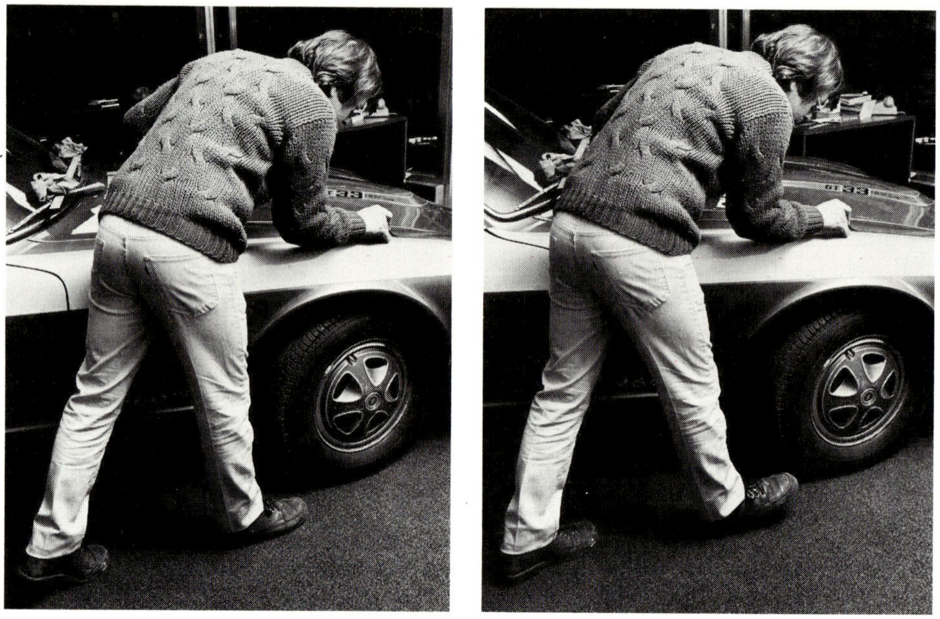

19: Beim Malen einer langen ununterbrochenen Linie das Gewicht vom rechten Fuß (oben links) auf den linken (oben rechts) verlagern, damit der rechte Arm ständig auf gleicher Höhe bleibt und die ganze Reichweite ausgenutzt wird. Man braucht dann nicht sooft abzusetzen.

Bequeme Arbeitshaltung

Manchmal werden Sie gezwungen sein, bei der Arbeit eine unbequeme Haltung einzunehmen, beispielsweise zum Bemalen einer Motorhaube. Stützen Sie sich in diesem Fall immer auf den Stellen ab, wo das Blech auf der Unterseite verstärkt ist, weil Sie sonst womöglich die Haube verbeulen. Photo 18 zeigt eine günstige Haltung; ein Knie ruht auf einer Fuge und eine Hand auf dem verstärkten Mittelteil.

Wetter- und Lichtverhältnisse

Versuchen Sie nicht, die Dekorlinien an einem warmen Tag in der Sonne zu malen. Die Farbe würde dann zu schnell antrocknen, und der Pinsel würde hängenbleiben. Arbeiten Sie grundsätzlich im Schatten. Wenn Sie bei künstlichem Licht malen, sollten Sie die Lichtquelle so ausrichten, daß die pinselführende Hand keinen Schatten auf die zu bemalende Fläche wirft.

Die feinen Dekorlinien auf diesem Stanley Steamer entsprechen genau der ursprünglichen Bemalung aus dem Jahre 1912, die darauf abzielte, die Schönheiten der Karosserie hervorzuheben.

Die Haube mit ihren Kühlschlitzen ist mit feinen Linien und symmetrischen Mustern in Gold verziert.

Entwurf und Gestaltung

Historische Karosserie

Bei den Dekorlinien, mit denen dieser Oldtimer verziert wurde, kam es auf historische Genauigkeit an. Um bei der Restaurierung den ursprünglichen Schmuck wiederherzustellen, wurden Original-Abbildungen des Modells – ein Stanley Steamer, Baujahr 1912 – herangezogen, an denen sogar die Maße genau zu überprüfen waren. Wenn es Ihnen um originalgetreue Restaurierung geht, können Sie kein eigenes Muster erfinden; Authentizität ergibt sich nur dann, wenn Sie sich genau an die historischen Vorbilder halten. Wenn Sie sich über historische Dekorlinien-Malerei informieren möchten, gehen Sie am besten in eine große öffentliche Bibliothek. Dort werden Sie wahrscheinlich Nachschlagewerke mit Bildern von alten Modellen finden und auch die Adressen von Oldtimer-Clubs heraussuchen können.

Sehen Sie sich auf dem großen Photo auf Seite 6 einmal die Räder an. Jede Speiche ist mit einer einfachen und jede Nabe mit einer doppelten Dekorlinie verziert. Auch Fahrgestell, Achse, Spurstangen und Federn sind bemalt. Bei der Restaurierung der Dekorlinien dieses Oldtimers wurden die beschriebenen Techniken angewandt.

Der restaurierten Verzierung ist anzumerken, wie stolz die Karosseriegestalter seinerzeit auf ihr Werk waren. Die schönen Dekorlinien lenken die Aufmerksamkeit des Betrachters unwiderstehlich auf die schönsten Formelemente der Karosserie.

Manks

PFEIFENHERSTELLUNG

Für Freunde des Blauen Dunstes

Von Andrew Marks

Als Gefährtin für Stunden besinnlicher Entspannung hat die Pfeife kaum ihresgleichen. Amerikanische Indianer formten Pfeifen aus Stein und rauchten sie bei Friedensverhandlungen und anderen Anlässen, die ruhiges Nachdenken erforderten. Jahrhunderte später bemerkte ein britischer Staatsmann, daß das Pfeifenrauchen – wenn die Tabaksorte dem Geschmack des jeweiligen Rauchers entspreche – der Schlüssel zu erfolgreicher Diplomatie sei. Bis zum heutigen Tag gelten Pfeifenraucher als ruhige, nachdenkliche Menschen.

Aber die Pfeifen selbst haben manche interessante Wandlung durchgemacht. Bei den ältesten handelte es sich um lange Röhren aus Stein, Metall, Bambus oder Ton, die für den Tabak oder die anderen Pflanzen, die geraucht wurden, keinen Kopf, sondern nur eine Verdickung am einen Ende aufwiesen. Später kam dann ein findiger Raucher darauf, daß man dies Ende der Röhre aufbiegen kann, um zu verhindern, daß der Tabak (oder die Asche) herausfällt.

Damit war das Prinzip entdeckt, nach dem seither Pfeifen konstruiert werden, aber die Entwicklung war keineswegs abgeschlossen. Raucher und Pfeifenhersteller experimentierten weiter. An Materialien probierten sie alle möglichen Arten von Holz, Stein und Metall aus, aber auch Bernstein, Elfenbein, Jade, Horn, Krebsscheren, Nußschalen, Kürbisse und auch Maiskolben. Aus diesen Materialien wurden Pfeifen unterschiedlichster Größen geschnitten, von winzigen Exemplaren, die nur ein bis zwei Prisen Tabak faßten, bis hin zu den großen Hookas und Nargilehs Indiens und der Türkei, mit ihren auf dem Boden stehenden wassergefüllten Behältern. Bei diesen Wasserpfeifen geht der Rauch aus dem Pfeifenkopf durch das kühlende Wasser, und dann durch ein biegsames Röhrchen zum Mundstück.

Die Pfeifenformen sind nicht weniger mannigfaltig. Sie reichen von der einfachen, aus zwei Teilen bestehenden Maiskolbenpfeife (Seite 19) über grazile Kalabasch-Pfeifen aus den Hälsen von Flaschenkürbissen bis zu den Bruyère- und Meerschaumpfeifen mit kunstreich geschnitzten Verzierungen, die oft ganze Gruppen von Menschen oder Tieren darstellen. (Vergleichen Sie die Zeichnungen auf dieser Seite.) Aber die Verzierung beschränkte sich nicht auf Schnitzerei. Die nordamerikanischen Indianer schmückten die geschnitzten Holme ihrer Friedenspfeifen oder Kalumets mit Perlen, Roßhaar und Vogelfedern. Kostbare Porzellanpfeifen aus Holland, Dänemark, Deutschland und Jugoslawien hatten Holme aus Kirschholz, und die Porzellanköpfe waren von Hand mit pastoralen Motiven bemalt (Seite 18, oben).

Solche Steinpfeifen fertigten die Indianer an, bevor Kolumbus Amerika entdeckte.

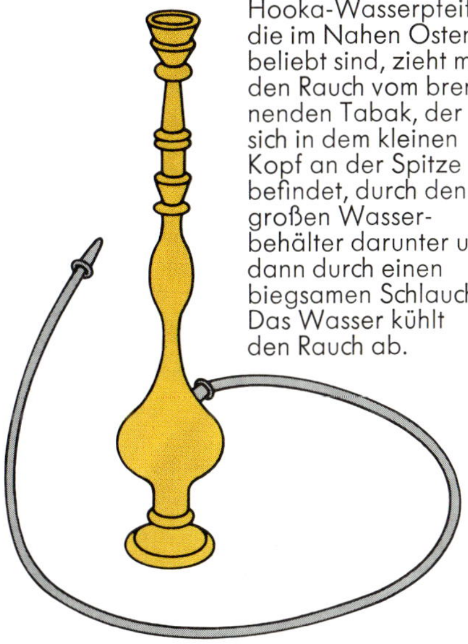

Bei Nargileh- oder Hooka-Wasserpfeifen, die im Nahen Osten beliebt sind, zieht man den Rauch vom brennenden Tabak, der sich in dem kleinen Kopf an der Spitze befindet, durch den großen Wasserbehälter darunter und dann durch einen biegsamen Schlauch. Das Wasser kühlt den Rauch ab.

Die elegante Kalabasch-Pfeife wird aus dem Hals des Flaschenkürbisses gemacht. Der Tabak kommt in einen Meerschaumeinsatz.

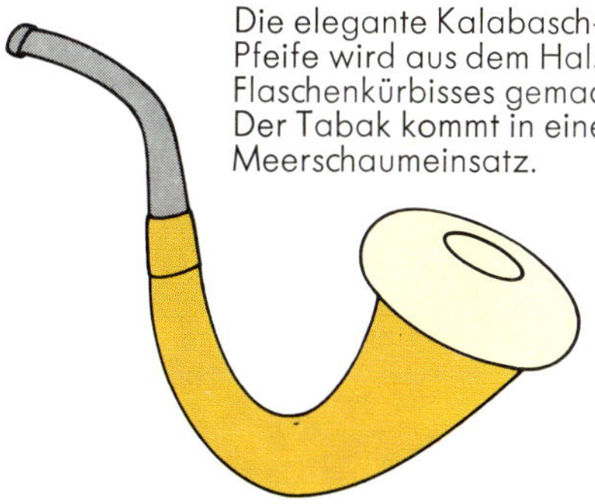

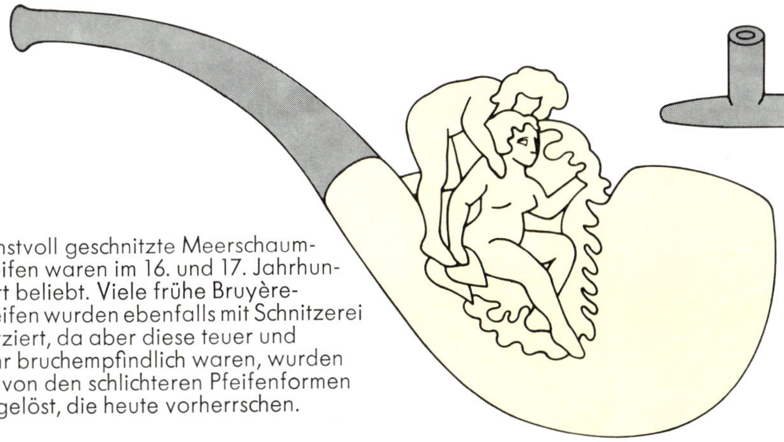

Kunstvoll geschnitzte Meerschaumpfeifen waren im 16. und 17. Jahrhundert beliebt. Viele frühe Bruyèrepfeifen wurden ebenfalls mit Schnitzerei verziert, da aber diese teuer und sehr bruchempfindlich waren, wurden sie von den schlichteren Pfeifenformen abgelöst, die heute vorherrschen.

Kalumets, die Friedenspfeifen der nordamerikanischen Indianer, hatten meist einen kleinen steinernen Kopf und ein geschnitztes oder glattes Mundstück aus Holz. Manche dieser Pfeifen wurden mit Perlen, Roßhaar oder Federn geschmückt.

Diese Bruyèrepfeife ist herrlich gemasert und hat eine frei entworfene Form, die dem Verlauf der Maserung harmonisch angepaßt ist. Sie wurde aus einem ähnlichen Bruyèreblock gedrechselt, wie er im Hintergrund zu sehen ist. Die Pfeife ist so geformt, daß sie von alleine steht.

Porzellanpfeifen waren vor allem im 18. Jahrhundert in Mode. Sie hatten oft lange Mundstücke aus Kirschholz, und ihre Porzellanköpfe waren kunstvoll bemalt. Teilweise hatten die Köpfe doppelte Wände, weil das Porzellan heiß wurde.

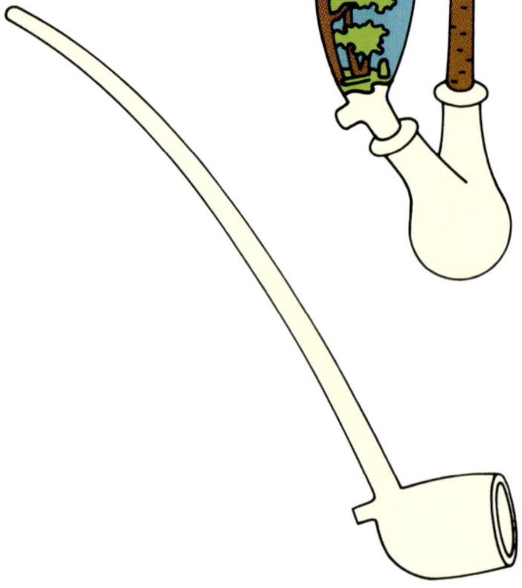

Besonders lange Holme bei Tonpfeifen wie dieser Churchwarden sollten den Rauch kühlen.

Die Suche nach dem idealen Material

Bei der Suche nach dem idealen Pfeifenmaterial wurden nach und nach immer mehr der bislang verwendeten Materialien ausgeschieden, weil die Pfeifenmacher deren Nachteile entdeckten. Metallpfeifen waren schwer und wurden zu schnell heiß. Ton- und Porzellanpfeifen wiederum waren so zerbrechlich, daß kostbarere Stücke in eigenen Etuis aufbewahrt werden mußten. Das aber bedeutete, daß Pfeifen wie die Churchwarden-Tonpfeife links, die im 16. und 17. Jahrhundert beliebt waren, sich nur schwer transportieren ließen. Diese Pfeifen hatten besonders lange Holme, um den Rauch zu kühlen. Ton und Porzellan sprangen auch leicht, wenn sie Kälte ausgesetzt wurden oder wenn sich im Kopf zuviel Kohlekruste ansetzte. Pfeifen aus Hölzern wie Kirschholz neigten zum Durchbrennen oder Springen, und bei starker Benutzung setzten sie zu rasch eine Kohlekruste an. Um diesen Unarten entgegenzuwirken, ließ man meist die Rinde an Kirschholzpfeifen und den Holmen, mit denen manche Porzellanköpfe versehen waren.

Die Meerschaumpfeife

Die bekanntesten Pfeifenmaterialien – Meerschaum und Bruyère – wurden erst vor relativ kurzer Zeit entdeckt. Im 18. Jahrhundert fanden europäische Pfeifendrechsler heraus, daß Meerschaum, ein weißliches, poröses Mineral, das in Kleinasien vorkommt, sich leicht zu Pfeifen verarbeiten ließ, die sich kühl und angenehm rauchten. Das Mineral wurde Meerschaum genannt, weil es so leicht ist, daß es auf dem Wasser schwimmt. Aber Meerschaum hat noch eine andere Eigenschaft, die ihn dem Pfeifenraucher interessant macht. Wenn eine Meerschaumpfeife geraucht wird, geht ihre weiße Farbe nach und nach in ein sattes Bernsteingelb und schließlich in ein goldenes Braun über. Die faszinierenden Eigenschaften dieses Materials – für den Raucher wie für den Schnitzer – sind der Grund für die Beliebtheit, deren es sich zwei Jahrhunderte lang bei denen erfreute, die es sich leisten konnten. Die Armen mußten weiterhin mit Tonpfeifen vorliebnehmen. Selbst heute noch steht die Meerschaumpfeife bei den Rauchern hoch im Kurs, ja man hat sie sogar die Königin der Pfeifen genannt. Da aber Meerschaum teuer und relativ leicht zerbrechlich ist, sind die kunstvoll geschnitzten Meerschaumpfeifen der Vergangenheit heute kaum mehr zu haben. Heute macht man aus Meerschaum meist Pfeifen in einfacheren, konventionelleren Formen (Seite 23), oder man verwendet ihn als Einsatz in Pfeifenköpfen aus anderem Material.

Der bei den frühen Meerschaumpfeifen gern für die Mundstücke verwendete Bernstein ist bei den heutigen Pfeifen weitgehend von einer Para-Kautschukmischung abgelöst worden. Bernstein ist nicht nur teuer, sondern hat überdies den Nachteil, hochgradig brennbar zu sein.

Die Bruyèrepfeife

Anfang des 19. Jahrhunderts, so heißt es, zerbrach ein französischer Reisender den Kopf seiner Lieblings-Meerschaumpfeife, die zudem noch die einzige Pfeife war, die er bei sich hatte. Er beauftragte einen Holzschnitzer des Dorfes, in dem er Station machte, ihm eine Ersatzpfeife zu schnitzen. Weil dieser wußte, daß gewöhnliches Holz wie etwa Eiche nicht mit Meerschaum konkurrieren kann, beschloß er, die Pfeife aus einer außerordentlich harten Wurzelknolle zu schnitzen, die von einer Heidekrautpflanze, der Baumheide (französisch Bruyère), stammte und die ihm aus Korsika mitgebracht worden war. Der Reisende war sehr angetan vom Geschmack seiner neuen Pfeife und ihrer satten braunen Farbe. Es dauerte jedoch etliche Jahre, bis Bruyèrepfeifen es an Beliebtheit mit den kostbaren Meerschaumpfeifen und den volkstümlichen Tonpfeifen aufnehmen konnten. Schließlich aber wurde das Bruyèreholz aufgrund seiner hervorragenden Qualitäten – Unverwüstlichkeit, gute Raucheigenschaften, schöne Maserungen und Färbungen – zum beliebtesten Pfeifenmaterial, und diesen Rang hat es sich bis heute bewahrt.

Der Reiz des Materials

Jede Knolle, die sich am Wurzelhals, also zwischen Wurzeln und Stamm der Baumheide, bildet, hat ihre eigene Maserung und Färbung, und die Form der Pfeife, die aus ihr hergestellt wird, sollte beidem gerecht werden. Ein Pfeifendrechsler kann sich dieser Herausforderung kaum entziehen. Obwohl man auch aus anderen Hölzern phantastisch schöne Pfeifen drechseln kann – beispielsweise Rosenholzpfeifen –, ist der Anreiz, den das Bruyèreholz auf den Pfeifendrechsler ausübt, besonders groß, weil sich hieraus ein wahrhaft plastisches Kunstwerk schaffen läßt, dessen Linienführung und Formgebung dem Rhythmus der Maserung des jeweiligen Bruyèreblocks entsprechen.

Wenn auch Sie Spaß daran haben, einmal mit diesem reizvollen Material umzugehen und damit zu arbeiten, so finden Sie ab Seite 20 die Anleitung zur Herstellung einer Bruyèrepfeife. Versuchen Sie es aber zunächst einmal mit einer einfacheren Arbeit – der Anfertigung einer Maiskolbenpfeife.

Die Bruyèreknolle

Die Wurzelknolle, aus der Bruyèrepfeifen hergestellt werden, ist eine Verdickung aus besonders hartem Holz, die sich dicht unter dem Erdboden zwischen Wurzeln und Stamm der Baumheide (Erica arborea) bildet, einer Pflanze, die entfernt mit dem Gemeinen Heidekraut verwandt ist. („Bruyère" ist der französische Name für Pflanzen der Gattung Erica.)

Die besten Bruyèreblöcke für Pfeifen kommen aus steinigen, gebirgigen Gegenden Algeriens, Griechenlands und Korsikas, wo die harten Wurzelknollen die Pflanze bei starkem Wind in der Erde verankern und wo sie den Boden aufbrechen, damit die Wurzeln wachsen können. Die besten Blöcke kommen von 40 bis 100 Jahre alten Pflanzen; sie werden von der Seite der Wurzelknolle abgeschnitten, wo das Holz hart und fest ist. Ehe sie zu Pfeifen verarbeitet werden, müssen die Blöcke mehrere Jahre reifen. Zuerst werden sie in flache Gräben gelegt und mit Stroh zugedeckt, das ein Jahr oder länger feucht gehalten wird. Dann werden sie in Kantel oder „Ebauchons" zersägt, die dann mehrere Tage gekocht werden, um die harzigen Säfte zu entfernen. Schließlich werden die Kanteln bis zu einem Jahr in feuchtigkeitsfreien Räumen getrocknet, jedoch ohne künstliche Wärme.

Schnitzen und Formen

Maiskolbenpfeife

Die Maiskolbenpfeife gilt vielen fälschlicherweise als Notbehelf; in Wirklichkeit raucht sie sich sehr angenehm. Man kann sie im ursprünglichen Zustand belassen, wie die hier abgebildete, oder schleifen und lackieren. Weiche Stellen im Maiskolben können vor dem Lackieren mit Gips ausgefüllt werden.

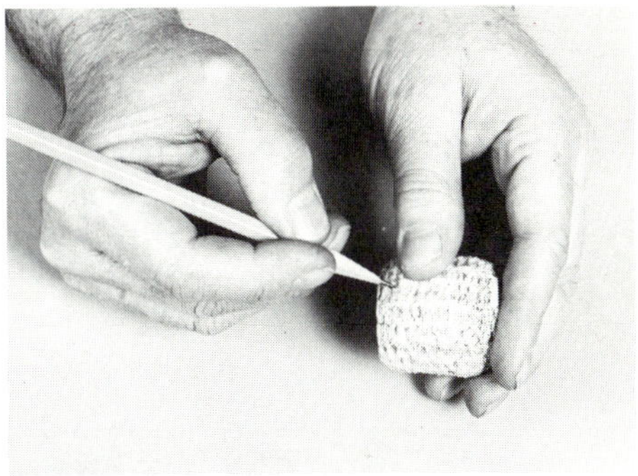

1: Mindestens 9 mm über dem Boden einen Strich an den künftigen Pfeifenkopf machen. Er markiert den Boden der Bohrung im Pfeifenkopf und den unteren Rand des Lochs für das Mundstück.

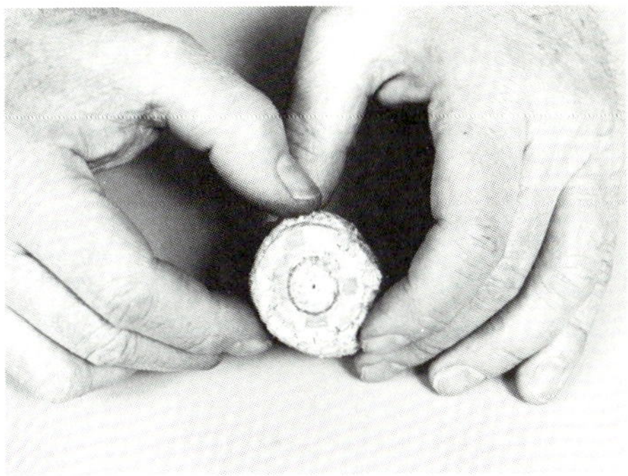

2: Auf die Oberseite des Abschnitts freihändig oder mit dem Zirkel einen Kreis für die Bohrung zeichnen. Die Wand des Kopfes sollte ringsherum mindestens 8 mm dick sein.

3: Beim Aushöhlen des Kopfes häufig die innen erreichte Tiefe mit dem Taschenmesser prüfen und dann außen mit der angezeichneten Maximaltiefe vergleichen.

Diese klassische Pfeife besteht aus einem Kopf, der aus einem Maiskolben geschnitzt wird, und einem durchgehenden Mundstück aus Schilfrohr. Sie ist rasch und ohne Kostenaufwand herzustellen und raucht sich monatelang mild und angenehm – vielleicht sogar jahrelang, wenn Sie sie bedächtig rauchen und jedesmal trocknen lassen, bevor Sie sie wieder füllen. Wenn sie dann eines Tages doch nicht mehr schmeckt oder durchbrennt, können Sie sich ja jederzeit eine neue machen.

Sie brauchen: einen Maiskolben (den größten, den Sie auftreiben können); ein kurzes Stück hohles Schilfrohr oder Bambus als Mundstück; eine Bügel- oder Laubsäge; ein Taschenmesser mit kleiner Klinge (oder ein Klingenmesser); ein Stück Dübelholz und Schleifpapier; einen Zirkel und einen Nagel oder Pfriem. Maiskolben sind leicht zerbrechlich und halten es oft nicht aus, wenn man sie mit einer elektrischen Bohrmaschine anbohrt. Deshalb ist es besser, ein Taschenmesser zu nehmen. Der Maiskolben sollte gut ausgetrocknet sein.

Anfertigen des Kopfes

Schneiden Sie als erstes ein Stück von dem Maiskolben ab, das in der Länge der gewünschten Höhe des Pfeifenkopfes entspricht. Machen Sie mit einem mittelweichen Bleistift knapp 1 cm von unten einen Strich an die Außenseite des abgeschnittenen Stückes als Markierung für den Boden des Kopfes (Photo 1). Das gibt Ihnen einen Anhaltspunkt, wie tief Sie den Kopf aushöhlen müssen, und gleichzeitig ist der Strich die Marke für den unteren Rand des Loches für das Mundstück. Zeichnen Sie auf der Oberseite des Kolben-Abschnitts den Mittelpunkt an, und machen Sie freihändig oder mit dem Zirkel einen Kreis für die Bohrung (Photo 2). Lassen Sie ringsherum eine mindestens 8 mm dicke Wand stehen.

Beginnen Sie nun, mit der kleinen Klinge des Taschenmessers den Kopf auszuhöhlen, wobei Sie sich von der Mitte allmählich an die aufgezeichnete Kreislinie vorarbeiten. Höhlen Sie den Kopf allmählich immer tiefer aus, aber wenden Sie keinen Druck an, denn sonst könnte er brechen; also nicht mit Gewalt schneiden, sondern vorsichtig kratzen und schaben. Prüfen Sie häufig die erreichte Tiefe der Höhlung, indem Sie sie innen mit der Messerspitze abmessen und diese dann an die Außenwand halten (Photo 3). Wenn die angezeichnete Tiefe fast erreicht ist, lassen Sie die Wände leicht schräg zum Mittelpunkt hin abfallen. Wenn das Loch fertig ausgehöhlt ist, kratzen Sie es zuerst mit der Messerklinge aus und beseitigen dann alle noch vorhandenen Unebenheiten mit Schleifpapier, das Sie um ein Stück Dübelholz gewickelt haben.

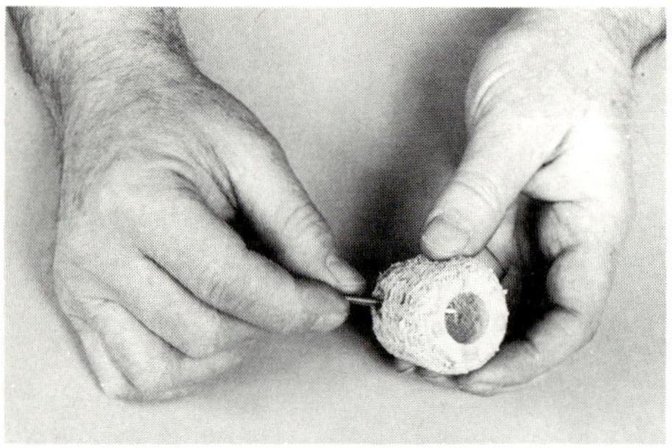

4: Mit einem Nagel das Loch für das Mundstück vorbohren; das Loch mit kreisförmigen Bewegungen erweitern, bis es fast so groß ist wie der Durchmesser des Mundstücks.

Falls Sie ein Mundstück aus Schilfrohr nehmen wollen, überzeugen Sie sich zunächst, daß das Rohr hohl ist, indem Sie es mit einem Pfriem durchstechen. Wenn es ein Bambusröhrchen ist, müssen Sie mit dem Pfriem die Verwachsungen an den Knoten durchstechen. Schneiden Sie das Mundstück, das zugleich Holm ist, in die gewünschte Länge, halten Sie es mit einem Ende dicht über der angezeichneten Grundlinie an den Kopf, und fahren Sie seinen Umriß auf dem Kopf nach. Machen Sie mit einem Nagel, den Sie vorsichtig klopfen, ein Loch in die Mitte des Kreises. Vergrößern Sie das Loch mit dem Nagel, bis es fast so groß wie der Querschnitt des Mundstücks ist (Photo 4). Falls dieses recht dick ist, können Sie eventuell auch das Taschenmesser nehmen. Damit das Mundstück einen festen Sitz bekommt und nicht angeleimt werden muß, müssen Sie das Material in ganz dünnen Schichten entfernen und immer wieder probieren, ob das Mundstück schon paßt. Wenn das Loch fast groß genug ist, erweitern Sie es mit einem mit Schleifpapier umwickelten Dübelholz, bis sich das Mundstück fest und absolut fugenlos einpassen läßt.

Handelsübliche Maiskolbenpfeifen werden außen glatt geschliffen und lackiert. Sie können die Maiskolbenpfeifen auch im Naturzustand belassen.

Schnitzen und Formen

Bruyèrepfeife

5: Durch Anfeuchten des Holzes können Sie die Maserung sichtbar machen. Es ist dann leichter, die Kopfform zu bestimmen, die am besten mit der Maserung harmoniert.

Jedes Stück Bruyèreholz hat seine eigene Zeichnung und Färbung. Oft wird sich die Form der Pfeife zwangsläufig aus dem Verlauf der Maserung ergeben; das war zum Beispiel bei dem Block unten links der Fall, auf den die Form der Pfeife mit Bleistift gezeichnet wurde. Wenn Sie einen Bruyèreblock leicht schleifen und dann naßmachen, können Sie den Verlauf der Maserung gut erkennen (Photo 5). Wenn die Maserung nicht gut ausgeprägt ist, entscheiden Sie sich am besten für eine der schlichten klassischen Pfeifenformen, die schon durch ihre Linienführung elegant wirken (Zeichnung B, Seite 23, und Photo Seite 24). Zur Kontraststeigerung bei schwach gemasertem Holz können Sie die fertig gedrechselte und geschliffene Pfeife beizen.

Man sollte versuchen, Pfeifen anzufertigen, die möglichst leicht sind, sich aber trotzdem kühl rauchen und anfassen. Es wird oft behauptet, daß sich eine Pfeife um so kühler raucht, je stärker das Holz am Pfeifenkopf ist. In Wirklichkeit haben die Qualität des Holzes und die Art, wie die Pfeife geraucht wird, viel mehr Einfluß darauf, ob der Rauch kühl bleibt. Wenn Sie ruhig und gleichmäßig ziehen, werden Sie wahrscheinlich auch kühl rauchen.

Sie sollten sich auf alle Fälle einen guten Bruyèreblock beschaffen. Die besten kommen meist als geschnittene Blöcke in die Werkstätten. Sie sind halbkreisförmig vom äußeren Teil der Wurzelknolle abgeschnitten und mit einer ebenen Grundfläche versehen (unten rechts). Aber für die Bearbeitung solcher Blöcke braucht man Spezialwerkzeuge. Viele Amateur-Pfeifendrechsler nehmen deshalb lieber zugeschnittene Kantel oder „Ebauchons“ (dieses Wort ist vom französischen *ébaucher* abgeleitet, was soviel wie „roh bearbeiten“ heißt). Aber auch bei solchen Kanteln braucht man Spezialwerkzeuge zum Anlegen der Bohrung und des Rauchkanals,

Dieser schöne Bruyèreblock eignet sich zur Pfeifenherstellung. Die mit Bleistift aufgezeichnete Form der Pfeife zeigt, wie man eine gute Maserung am besten ausnutzen kann.

Die dichte, gleichmäßige Struktur der Rindenseite des unteren Bruyèreblocks läßt erkennen, daß dieses Stück besser ist als das obere, dessen Unregelmäßigkeiten man unter der groben Rinde sieht.

6: Das Bild zeigt, wie aus einem roh zugeschnittenen Ebauchon eine Pfeife entsteht. Im Uhrzeigersinn von dem unmarkierten Block links unten: Die Umrisse des Kopfes und die Mittellinie werden auf allen Seiten des Kantels angezeichnet. Als nächstes wird die Bohrung im Kopf angelegt, der Rauchkanal und die Erweiterung für den Zapfen des Mundstücks (Zapfenbohrung) werden in den Holm gebohrt und das Mundstück in den Holm eingepaßt. Auf die Oberseite des Kopfes wird der Kreis für den Außenumfang gezeichnet, und der Abfall wird von Kopf und Holm abgesägt. Die Rundungen von Kopf und Holm werden mit Raspel und Feile herausgearbeitet und mit zunehmend feinem Schleifpapier vollendet. Dann wird die Pfeife mit Polierschiefer poliert, mit Pflanzenöl behandelt, abgewischt und nachpoliert.

zum rechtwinkligen Zuschleifen des Holms und zum Einpassen des Mundstücks in den Holm (Zeichnung A). Falls Sie noch nie eine Pfeife gemacht haben, sollten Sie einen Ebauchon kaufen, der bereits vorgebohrt und mit einem passenden Mundstück versehen ist (Photo 7). Sie können dann den Kopf noch nach Ihren Vorstellungen zurechtschnitzen. Vorgebohrte Ebauchons gibt es in Pfeifen-Spezialgeschäften sowie bei folgenden Firmen: Vauen K.G., Landgrabenstraße 12, 8500 Nürnberg; Henric's Oldenkott Sen. & Comp., 4242 Rees/Rhein; Theodor Nagel, Billstraße 118. 2000 Hamburg 28.

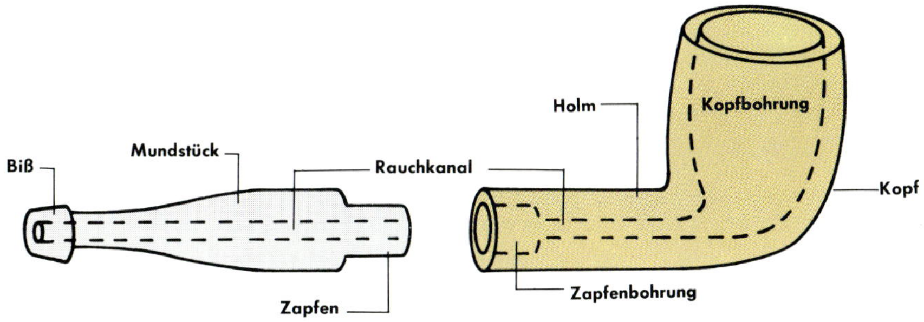

A

Zeichnung A: Die schematische Darstellung zeigt die wichtigsten Teile einer guten Bruyèrepfeife. Ein Filter gehört nicht dazu; die meisten Pfeifenraucher halten nichts von Filtern.

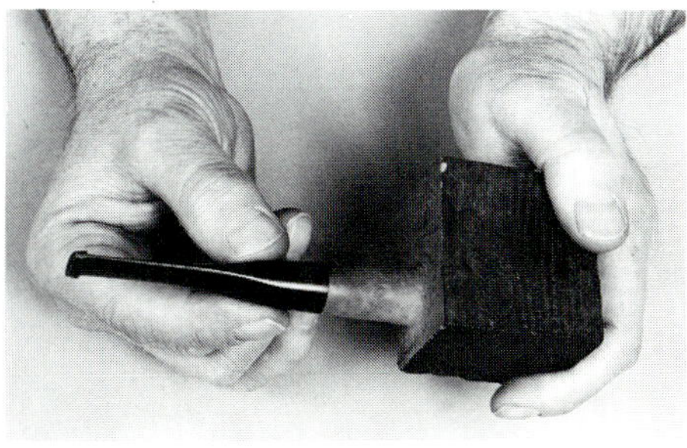

7: Wenn Sie sich einen vorgebohrten und mit Mundstück versehenen Bruyèreblock kaufen, müssen Sie keine Spezialwerkzeuge anschaffen und brauchen nicht zu lernen, wie die Bohrungen gemacht werden und das Mundstück eingepaßt wird. Beides sind knifflige Arbeitsgänge.

Photo 6 zeigt die einzelnen Arbeitsgänge bei der Herstellung einer Bruyèrepfeife. Wenn Sie sich ein vorgebohrtes Kantel gekauft haben, können Sie jedoch die ersten, schwierigsten Bearbeitungsschritte übergehen. Die folgende Anleitung gilt für solche vorgebohrten Blöcke, die es entweder mit unbearbeitetem Holm (Photo 6) oder mit einem bereits gedrehten und dem Mundstück angepaßten Holm zu kaufen gibt (Photo 7). In beiden Fällen brauchen Sie zur Fertigstellung der Pfeife: eine Kunststoffschablone für einen Kreis mit 3,8 cm Durchmesser (falls Sie nicht besonders geschickt im freihändigen Zeichnen von Kreisen sind); eine Bügel- oder Laubsäge; eine Holzraspel; eine Flach- oder Halbrundfeile; eine kleine Rundfeile; mehrere kleine Stücke Naß- oder Trockenschleifpapier in den Körnungen 120, 220, 320 und 400; etwas Pflanzenöl; grünen und roten Polierschiefer und Karnubawachs. Sie bekommen dies alles in Werkzeughandlungen, in Pfeifenfachgeschäften oder bei den auf Seite 21 angegebenen Bezugsquellen. Außerdem brauchen Sie eine elektrische Schleifmaschine (oder eine Bohrmaschine mit entsprechendem Ansatz) und verschiedene mit Stoff oder Filz belegte Polierscheiben.

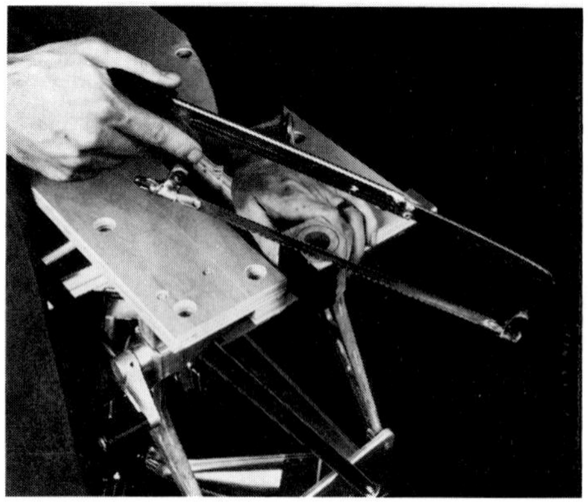

8: Die Ecken des Ebauchons absägen; Sie brauchen dann nicht soviel Material mit der Raspel abzutragen, um Kopf und Holm die richtige Form zu geben.

9: Nehmen Sie eine Holzraspel, um die Konturen von Kopf und Holm bis knapp an die angezeichneten Linien herauszuarbeiten.

10: Die feinen Rundungen an der Verbindungsstelle zwischen Kopf und Holm mit einer kleinen Rundfeile gleichmäßig formen.

11: Nach dem Feilen die Pfeife von Hand mit Naß- oder Trockenschleifpapier schleifen (Körnung 120, dann 220, 320 und 400).

Zeichnen Sie mit einem mittelweichen Bleistift die Umrisse des Kopfes und die Mittellinien des Holms an, falls dieser nicht bereits fertig gedreht ist (Photo 6). Zeichnen Sie mit der Kreisschablone oder freihändig einen Kreis um die Bohrung im Kopf (wie bei der vierten Pfeife von links auf Photo 6). Damit haben Sie den Außenrand des Kopfes markiert. Die Wand des Kopfes sollte überall mindestens 6 mm dick sein (10 mm, falls Sie dazu neigen, Pfeifen heißzurauchen).

Markieren Sie auf der Oberseite des Blocks die Ecken, die Sie absägen können, damit Sie nicht soviel Material mit der Raspel zu entfernen brauchen. Sägen Sie die Ecken mit einer Bügel- oder Laubsäge ab (Photo 8). Geben Sie dann dem Kopf (und gegebenenfalls dem Holm) mit der Raspel in etwa die Konturen, die die fertige Pfeife haben soll (Photo 9). Feilen Sie dann den Kopf und den Holm (aber nicht die Stellen, wo beide ineinander übergehen) mit der Flach- oder Halbrundfeile auf die endgültige Form zurecht. Nehmen Sie dann die kleine Rundfeile (Photo 10) und arbeiten Sie sorgfältig dort die Konturen heraus, wo der Holm am Kopf ansitzt.

Wenn Kopf und Holm im großen und ganzen die Form haben, die Ihrer Vorstellung entspricht, können Sie mit dem Schleifen beginnen. Fangen Sie mit Schleifpapier der Körnung 120 an, um die groben Feilspuren zu beseitigen, und gehen Sie dann nach und nach auf feinere Körnungen über (220 und 320); schleifen Sie dann noch mit Papier der Körnung 400 nach. Zwischen den einzelnen Schleifgängen wischen Sie die Pfeife jeweils mit einem feuchten Tuch ab, um Reste des gröberen Schleifens zu entfernen. Am besten nimmt man die Pfeife in die eine und das Schleifpapier in die andere Hand und stellt sich eine Schüssel mit Wasser bereit, um das Papier etwas feucht halten zu können (Photo 11). Wenn Sie auf diese Weise von Hand schleifen, können Sie den Krümmungen von Kopf und Holm genauer folgen.

Falls Sie eine elektrische Schleifscheibe besitzen, können Sie sie zum Schleifen des Kopfes benutzen, obwohl das gewisse Risiken mit sich bringt. Die Gefahr, daß Sie Schrammen in das Holz schleifen oder eine fein gebogene Linie verderben, ist hier größer als beim Schleifen von Hand. Außerdem ist es schwierig, mit einer Schleifscheibe die Stellen zu erreichen, wo der Holm in den Kopf übergeht. Wenn Sie trotzdem mit der elektrischen Schleifscheibe arbeiten wollen, sollten Sie auf jeden Fall nur leicht aufdrücken, die Pfeife beim Schleifen drehen (Photo 12) und den Fortgang der Arbeit häufig von allen Seiten prüfen.

Bearbeiten Sie die Verbindungsstelle zwischen Holm und Mundstück schon mit der Körnung 120 sorgfältig (Photo 13). Sie wollen ja erreichen, daß diese zwei Teile absolut genau zusammenpassen. Sollte der Holm an den Seiten noch Grate aufweisen, entfernen Sie diese mit Schleifpapier der Körnung 120. Wenn Sie mit Papier der Körnung 400 nachgeschliffen haben, sollte die Pfeife so aussehen wie die siebte Bearbeitungsstufe auf Photo 6. Sie können die Pfeife nun mit Pflanzenöl behandeln. Falls Sie aber der Meinung sind, daß die Maserung hervorgehoben werden sollte, können Sie die Holzteile beizen.

Beim Sägen, Feilen und Schleifen werden Sie vielleicht einen Fehler im Holz entdecken (siehe ,,Fachliche Hinweise'', Seite 25). Ein kleines Loch in der Oberfläche können Sie herausschleifen oder auch einfach lassen, denn solche Fehler wirken sich nicht auf die Raucheigenschaften der Pfeife aus. Sprünge sind schon gefährlicher, kommen aber bei vorgeformten und vorgebohrten Kanteln nur selten vor. Wenn der Fehler das Aussehen der Pfeife beeinträchtigt, können Sie bei den auf Seite 21 genannten Quellen Kitt in verschiedenen Erdfarben beziehen.

12: Die Pfeife kann auch mit einer elektrischen Schleifscheibe geschliffen werden. Beschädigen Sie aber nicht die Rundungen.

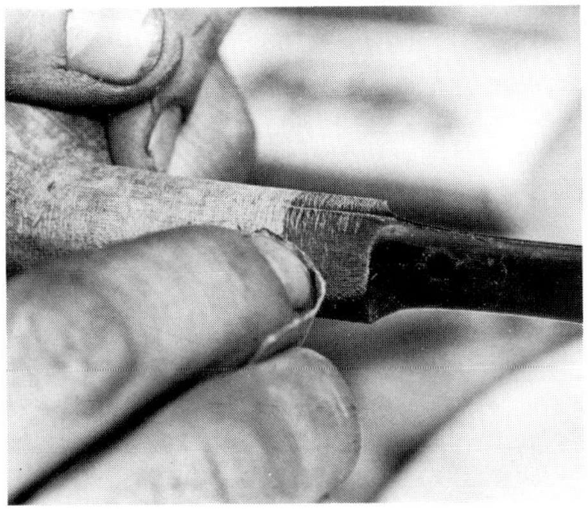

13: Die Verbindung zwischen Mundstück und Holm schleifen, bis die beiden Teile absolut glatt ineinander übergehen.

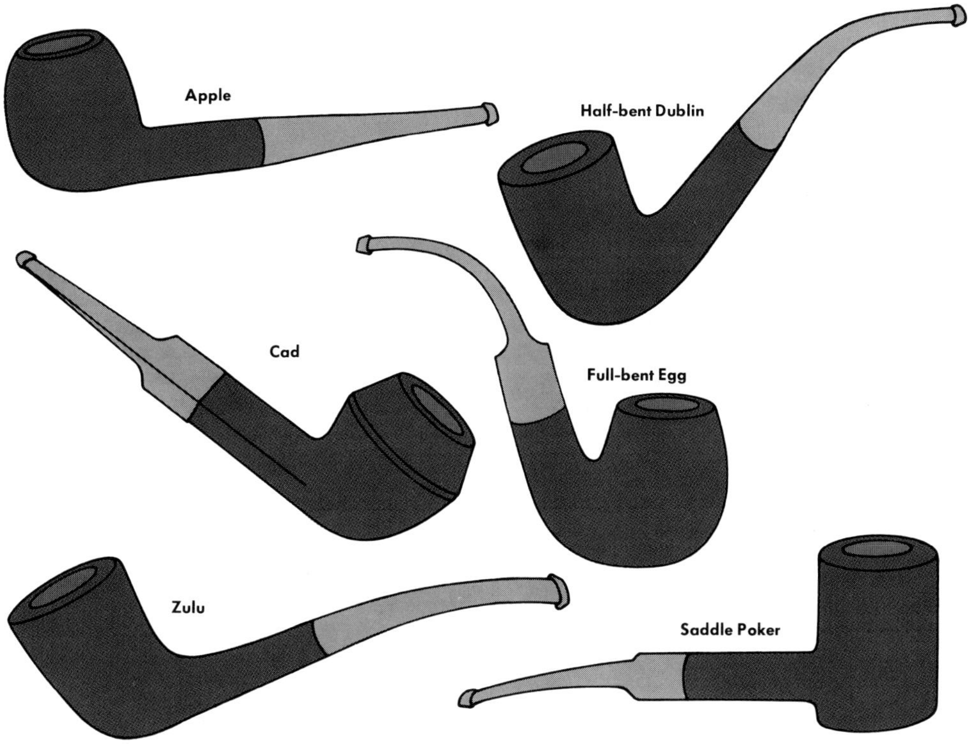

B

Zeichnung B: Die Abbildungen zeigen einige der zur Zeit beliebtesten Pfeifen und die übliche englische Bezeichnung. Jeder Kopf kann mit einem geraden oder mehr oder weniger stark gebogenen Holm und Mundstück versehen werden. Auch die Form des Mundstücks kann man verändern.

Diese frei gestaltete Pfeife und ihr Ständer wurden aus einem einzigen Bruyèreblock angefertigt, der breit genug war, um der Länge nach in zwei Teile geschnitten zu werden. Aus dem einen Teil wurde die Pfeife, aus dem andern der Ständer hergestellt. Der unregelmäßige Rand des Kopfes gibt der Pfeife die individuelle Note.

14: Zum Beizen einer Bruyèrepfeife Beize auf Spiritusbasis mit einem Pfeifenreiniger auftragen. Die Beize trocknen lassen, die Pfeife leicht mit rotem Polierschiefer polieren und mit Karnubawachs einreiben. Wenn der Beizton zu hell ist, noch einmal beizen; wenn er zu dunkel ist, mit Polierschiefer polieren.

15: Wenn die Beize getrocknet ist, Kopf und Holm leicht mit Polierschiefer an eine elektrisch angetriebene Polierscheibe halten.

Abschließende Oberflächenbehandlung

Ob Sie die Pfeife nun einölen oder beizen, auf alle Fälle müssen Sie das Mundstück polieren, und zwar erst mit grünem und dann mit rotem Polierschiefer auf einer mit Stoff oder Filz belegten Polierscheibe. Wenn Sie Pfeifenkopf und Holm naturbelassen wollen, nehmen Sie ein sauberes Tuch und reiben die Holzteile mit Pflanzenöl ein; wischen Sie dann das Öl ab, und polieren Sie mit einer sauberen Polierscheibe nach. Um das Holz zu beizen, tragen Sie mit einem Pfeifenreiniger Beize auf Spiritusbasis gleichmäßig auf (Photo 14). Lassen Sie die Beize trocknen und polieren Sie dann die Pfeife leicht mit rotem Polierschiefer (Photo 15). (Nicht zu stark polieren, sonst geht womöglich die Beize wieder ab.) Versehen Sie die Holzteile mit einem dünnen Film Karnubawachs, und polieren Sie mit einer sauberen Polierscheibe nach.

Von diesen Pfeifen wurden die beiden linken mit Pflanzenöl eingerieben, abgewischt und poliert. Die zwei dunkleren Pfeifen rechts wurden gebeizt, um die Maserung zu betonen.

FACHLICHE HINWEISE

Hier finden Sie Ratschläge für die Auswahl und Pflege einer Pfeife; beherzigen Sie diese beim Rauchen, ob Sie sich nun eine Pfeife selber machen wollen oder nicht. Wie genau Sie die Ratschläge befolgen, wird sich mit Sicherheit darauf auswirken, ob Sie lange Freude an Ihrer Pfeife haben werden.

Halten Sie die Pfeife etwa eine Minute lang am Ende des Mundstücks (oben). Dann haben Sie eine Vorstellung davon, wie sie sich zwischen den Zähnen halten läßt.

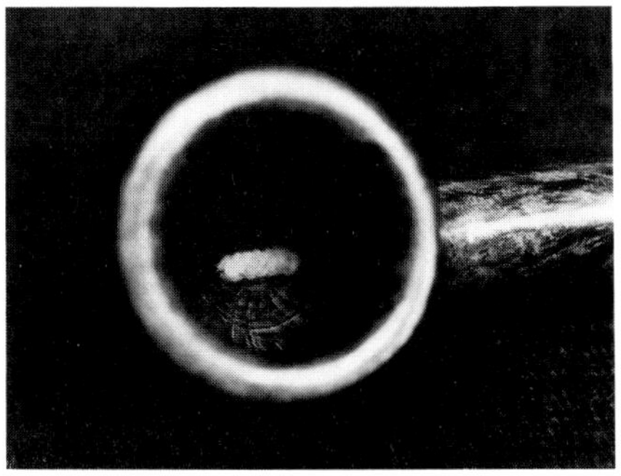

Führen Sie einen Pfeifenreiniger durch den Holm in den Kopf ein (oben), und stellen Sie fest, ob der Rauchkanal genau in der Mitte über dem Boden in die Bohrung des Kopfes mündet.

Überzeugen Sie sich, ob die Bohrung im Kopf genau zentriert ist und die Wandung des Kopfes ringsherum gleichmäßig und mindestens 6 mm dick ist (wenn Sie gern kräftig paffen, sollten es sogar 10 mm sein).

Prüfen Sie, ob das Mundstück genau in den Holm eingepaßt ist; es muß ringsherum festsitzen. Wenn Sie das Mundstück herausnehmen wollen, drehen Sie es vorsichtig im Uhrzeigersinn und ziehen gleichzeitig leicht an. Ruckartiges Ziehen kann dazu führen, daß der Zapfen des Mundstücks abbricht. Versuchen Sie nie, das Mundstück herauszudrehen, wenn die Pfeife warm ist.

Sehen Sie sich den Holm sowie die Außen- und Innenseite des Kopfes genau an. Es sollten nirgends rauhe oder unebene Stellen zu sehen sein. Kleine Fehler, die dadurch entstehen können, daß während des Wachsens Sand, Wasser oder eine Luftblase in der Wurzelknolle eingeschlossen wird (Bild unten, obere Pfeife), wirken sich mehr auf den Preis als auf die Raucheigenschaften der Pfeife aus. Pfeifen mit Sprüngen (untere Pfeife) sollten Sie in

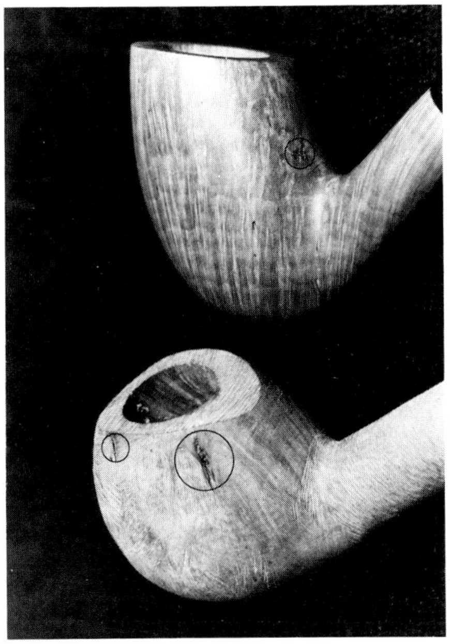

keinem Fall nehmen, auch nicht solche, die Fehler im Innern des Kopfes aufweisen, weil diese leicht durchbrennen können.

Die Art, wie Sie die Pfeife rauchen, entscheidet weitgehend darüber, wie lange sie hält und wie sie sich raucht. Die meisten Probleme, wie Beißen auf der Zunge oder Durchbrennen des Pfeifenkopfes, treten auf, weil die Pfeife zu schnell geraucht wird.

Wenn Ihnen an kühlem, trockenem Rauchen und an einer langen Lebensdauer Ihrer Pfeife gelegen ist, sollten Sie schwere, aromatische Tabake meiden. Die Sirupe und Aromastoffe, die diesen Tabaken zugesetzt werden, lassen den Rauch heißer und feuchter werden, als es bei naturreinen Tabaksorten der Fall ist.

Stopfen Sie die Pfeife mit einzelnen Prisen Tabak. Die erste Prise sollte relativ locker auf dem Boden der Pfeife liegen, in der Mitte muß der Tabak leicht angedrückt und die oberste Schicht muß gut festgedrückt werden.

Nehmen Sie zum Anzünden der Pfeife zwei Zündhölzer, damit der Tabak richtig brennt; rauchen Sie dann langsam und ohne heftig zu ziehen, denn auf diese Weise bleibt der Rauch kühl, und Sie rauchen länger an einer Füllung. Wenn Sie die Pfeife nach dem Abkühlen ausleeren wollen, klopfen Sie sie in Ihre Handfläche aus (rechts) oder kratzen sie mit dem stumpfen Löffel des Pfeifen-

bestecks aus. Wenn Sie sie an einem Aschenbecher oder anderen harten Gegenstand ausklopfen, könnte der Holm beschädigt werden oder das Mundstück abbrechen.

Achten Sie darauf, daß sich in der Pfeife keine ungleichmäßige Kohlekruste ansetzt und daß sie auf alle Fälle nicht dicker als ein bis zwei Millimeter wird, wenn Sie Sprünge oder durchgebrannte Stellen vermeiden wollen. Schaben Sie von Zeit zu Zeit die Kruste vorsichtig und gleichmäßig von oben bis unten ab; das geht am besten mit einem Pfeifenschlüssel, den Sie genau im Pfeifenkopf zentrieren müssen.

Wenn eine Pfeife naß oder sauer zu schmecken beginnt, sollten Sie sie mit einem Pfeifenreiniger putzen und ihr ein wenig Ruhe gönnen, damit sie austrocknen kann. Viele Raucher, die eine ganze Pfeifensammlung besitzen, wechseln in regelmäßigen Abständen die Pfeife. Wenn sie allerdings anfängt, schlecht zu schmecken, ist das ein sicheres Zeichen dafür, daß Sie die Pfeife weglegen sollten.

Wenn eine Pfeife nicht mehr schön glänzt, können Sie das Holz leicht mit Pflanzenöl einreiben und dann das überschüssige Öl abwischen. Viele Raucher halten sich jedoch an ein anderes Rezept: Sie streichen mit dem Pfeifenkopf mehrmals an ihren Nasenflügeln entlang und verreiben mit der Hand den zurückbleibenden Fettfilm.

Eine gute Pfeife zu reparieren kann sehr schwierig sein. Kleine Sprünge oder sonstige Fehler in Kopf oder Holm lassen sich mit Kunstharz ausbessern; die Reparatur wird aber meist sichtbar bleiben. Große Sprünge oder durchgebrannte Stellen bedeuten, daß die Pfeife unbrauchbar geworden ist. Wenn das Originalmundstück im Holm abgebrochen ist, bekommt man meist nur schwer ein genau passendes Ersatzmundstück. In so einem Fall wenden Sie sich am besten an ein Pfeifengeschäft, das eine eigene Reparaturwerkstatt hat.

PLASTIKROHR-KONSTRUKTIONEN

Leicht und schnell gemacht

Von Herbert Gessner

Die Kunststoffrevolution hat die Möbelindustrie (wie viele andere Branchen) auf den Kopf gestellt. Als plötzlich eine Fülle neuer Materialien und Konstruktionsverfahren zur Verfügung standen, strömte eine Neuerung nach der anderen aus den Möbelfabriken in die Wohnungen. Solange herkömmliche Materialien verarbeitet wurden, waren die Handwerker oft dem Vorbild der Industrie gefolgt, doch die Verarbeitung von Kunststoff war im allgemeinen so kompliziert und teuer, daß der einzelne Handwerker sich nicht damit befassen konnte. Bis dann jemand auf den Gedanken kam, Möbel aus Plastik-Installationsrohren zu bauen. Anfangs hielten das die meisten nur für eine verrückte Idee – es gab Witze über Sofas, die man im Winter an die Warmwasserheizung und im Sommer an den Kühlschrank anschließen könne. Aber niemand lachte mehr, als man erkannte, daß Plastikrohre ideale Bausteine waren, die sich fast so leicht zusammenfügen ließen wie die Teile eines Baukastens für Kinder. Dann gingen auch einige Hersteller dazu über, schicke Möbel aus rohrartigen Teilen zusammenzusetzen, anstatt die Teile in kostspieligen Verfahren selber zu pressen, und schon wirkten die Rohrmöbel nicht mehr so ungewöhnlich.

Was Sie aus Plastikrohr machen können

Installationsrohr aus PVC (Polyvinylchlorid) wurde 1935 in Deutschland entwickelt. Innerhalb weniger Jahrzehnte hat es in vielen Häusern die herkömmlichen Rohrleitungen aus Metall abgelöst. Die Eigenschaften, die das Plastikrohr für den Installateur interessant machten – Haltbarkeit, leichtes Schneiden mit einer Bügelsäge, einfaches Verbinden mit PVC-Klebstoff, niedrige Kosten, geringes Gewicht –, gaben auch den Anstoß zu phantasievolleren Anwendungen. Beispielsweise können Sie aus PVC-Rohr und Segeltuch mit geringem Arbeitsaufwand Stühle, Hocker und Kinderbettchen bauen. Die Kosten sind erstaunlich niedrig, und die fertigen Möbel wirken gekonnt und sind funktionell. Zusammen mit einer starren, ebenen Oberfläche wie beispielsweise einer Preßspanplatte kann PVC-Rohr auch zur Anfertigung von Tischen, Bettgestellen (bis hin zu dreistöckigen Etagenbetten) und Bücherregalen verwendet werden. Erwärmt lassen sich die Plastikrohre leicht biegen, so daß Sie phantasievoll geformte Objekte bauen können, zum Beispiel eine gebogene Lampe, deren Kabel im Inneren des Rohrs versteckt werden. Beispiele für diese Möbel finden Sie unter den Projekten auf den nächsten Seiten. Das Photo auf der rechten Seite zeigt, wie die fertigen Möbel in einem Wohnzimmer wirken können.

Sicherlich kann man einwenden, daß viele Leute ihre Wohnung nicht gern mit selbstgemachten Möbeln aus Installationsrohren ausstatten wollen. Aber für nahezu jeden Garten und jede Terrasse sind solche Rohrmöbel ideal. Die tristen Standardfarben des Kunststoffs (meist Grau oder Beige) lassen sich mit leuchtenden Acryl- oder Chlorkautschukfarben übermalen, die binnen weniger Minuten eine feste chemische Verbindung mit dem Rohr eingehen. Falls Sie die glatte Oberfläche der Rohre abwandeln wollen, können Sie sie mit Lösungsmitteln behandeln, so daß die Oberfläche aufgerauht und unregelmäßig strukturiert wird.

Um zu verdeutlichen, wie einfach Plastikrohr zu verarbeiten ist, heißt es in einem Handbuch für Bastler, daß ein guter PVC-Installateur in einem gewöhnlichen Haus jede Rohrverbindung in genau zehn Minuten herstellen kann. Das mag ein bißchen übertrieben sein, aber es geht wirklich sehr rasch. Für den Anfang können Sie die einfachen Projekte auf den folgenden Seiten nachbauen und sich dabei die richtige Technik für das Schneiden und Verbinden der Rohre aneignen.

Für eine gemütliche Lesestunde geeignet sind diese Möbel aus PVC-Rohr, die alle im Laufe eines einzigen Tages entstanden sind. Auf den folgenden Seiten finden Sie die Arbeitsanleitungen für den Stuhl und das passende Fußteil (S. 28), das Bücherregal (S. 31) und für die Stehlampe mit geschwungenem Fuß (S. 34). Die Möbel sind nicht nur schnell und leicht zu machen, sondern auch preiswert.

Möbel für drinnen und draußen wie dieser Liegestuhl und das dazu passende Fußteil sind rasch aus Plastikrohr, Segeltuch und ein paar Befestigungsteilen zusammengebaut. Sie können solche maßgeschneiderten Möbel in zweistündiger Arbeit anfertigen.

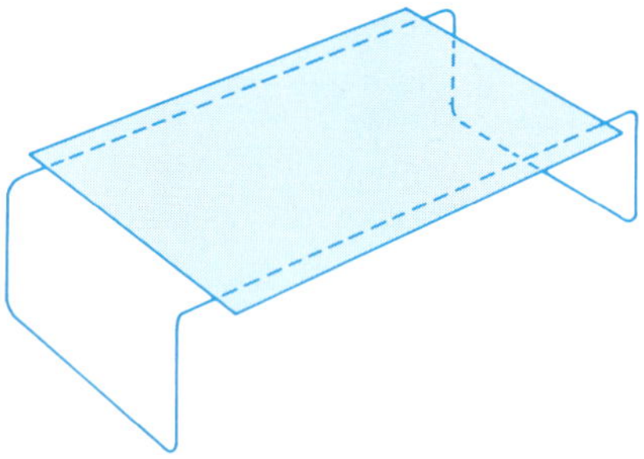

Kinderleicht
Der Hauptvorzug der Rohrkonstruktionen liegt in ihrer Einfachheit. Wie kinderleicht es ist, auf diese Weise Möbel zu bauen, zeigt die hier abgebildete Liege für Kinder; ihr Rahmen besteht aus acht kurzen Rohr- und acht Verbindungsstücken. Ein Brett wird mit Schellen an den Rohren befestigt (siehe Photo 8, S. 32), darauf kommt eine Matratze.

Glas- und Kunststoffarbeiten

Liegestuhl mit Fußteil

Um den oben abgebildeten Gartenstuhl und das Fußteil zu bauen – auch in abgewandelter Form –, machen Sie sich zunächst eine Konstruktionszeichnung (Zeichnung A). Die Maßangaben gelten für einen Stuhl, der für Erwachsene richtig ist. Sie können die abgebildete Konstruktion nachbauen oder sie in jeder gewünschten Weise abwandeln. Nach demselben Prinzip können Sie auch ein Kinderbett, einen Sessel mit Armlehnen oder eine Liege aus Rohr und Segeltuch anfertigen. Das Fußteil ist ein so grundlegendes und einfaches Element, daß Sie gleich mehrere davon in verschiedenen Größen als stapelbare Hocker bauen können.

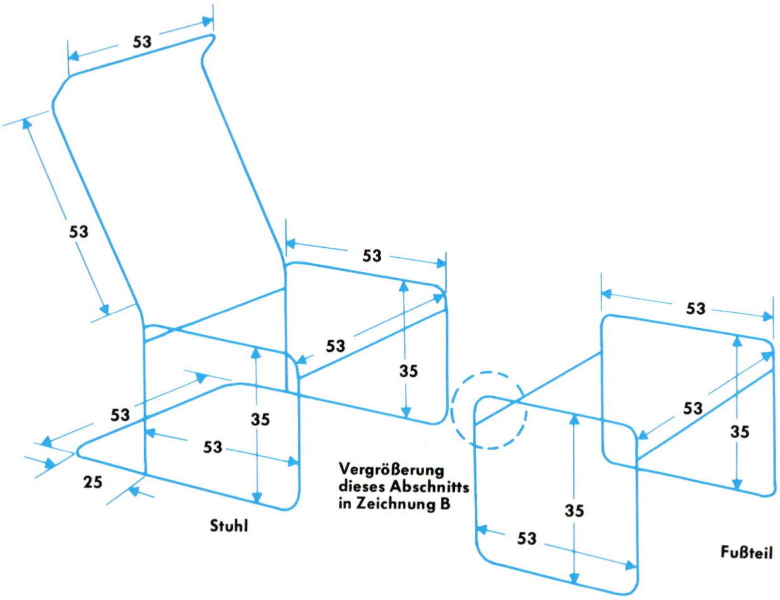

A

Zeichnung A: Aus dieser Konstruktionszeichnung für den Stuhl und das Fußteil ist zu ersehen, daß nirgends ein Rohrende offenbleibt. Die angegebenen Maße sind Außenmaße. Um die Länge zu errechnen, auf die die einzelnen Rohrstücke zugeschnitten werden müssen, ziehen Sie von den angegebenen Maßen die Länge der T-Stücke und Rohrbogen ab (genaue Angaben im Text). Bogen sind überall dort nötig, wo man die Richtung der geraden Rohre ändern will. Das eingekreiste Detail ist in Zeichnung B der gegenüberliegenden Seite vergrößert wiedergegeben.

Hinweise für die Konstruktion

Achten Sie bei der Linienführung darauf, daß nirgends ein offenes Ende entsteht. Jede Linie sollte entweder in ein T-Stück oder einen 45°- bzw. 90°-Bogen münden. Man kann natürlich ein Rohr auch mit einem Endstück abschließen, aber eine durchlaufende Konstruktion ohne freie Rohrenden sorgt für größere Stabilität. Versuchen Sie nicht, alle Kanten einer dreidimensionalen Form (z. B. eines Würfels) durch Rohr darzustellen; dazu wären Verbindungsstücke mit drei Richtungen erforderlich, und die sind im allgemeinen schwerer aufzutreiben als normale T-Stücke oder Bogen. So hat das abgebildete Fußteil zwar die Form eines Würfels, besteht aber tatsächlich nur aus zwei parallelen Quadraten, die mit zwei Querstreben verbunden sind.

Bei dem Gartenstuhl selbst wurden am hinteren Rand der Sitzfläche, unter den Knien und an den Vorderfüßen die Verbindungsrohre weggelassen – weil man so bequemer sitzt. Die vorspringende Querstrebe oben an der Rückenlehne bildet eine bequeme Kopfstütze – auch wenn es auf den ersten Blick nicht so aussieht. Drei weitere Verbindungsrohre – je eins vorn und hinten und eins am Grundrahmen – geben dem Stuhl die nötige Stabilität. Die Verlängerung des Grundrahmens nach hinten ist notwendig, damit der Stuhl nicht rücklings umkippen kann.

1: Grundbauteile aus PVC-Rohr, im Uhrzeigersinn, beginnend bei dem 45°-Bogen in der Hand: Endstück, 90°-Bogen, gerades Rohr und T-Stück. Alle Verbindungsstücke haben Muffen, die 3,1 cm Rohr aufnehmen.

Materialien

Für ein Projekt aus PVC-Rohr brauchen Sie: Rohr, Muffen und PVC-Klebstoff („Tangit", erhältlich in Geschäften für Installationsbedarf). Für die meisten Möbel eignen sich Rohre mit 1½ Zoll Durchmesser oder mit der handelsüblichen Nennweite (NW) 40. Genormte Verbindungsstücke in T-Form, als Endstück sowie als 45°-, 67,5°- und 90°-Bogen, sorgen dafür, daß die Rohrenden genau hineinpassen (Photo 1). Das Rohr läßt sich mit einer Bügelsäge ohne weiteres in Stücke von beliebiger Länge zerschneiden; die Rohrenden werden mit „Tangit", der eine feste chemische Verbindung zwischen den beiden Kunststoffoberflächen schafft, in die Muffen eingesetzt.

Einfache Berechnungen

Bei der Berechnung der Länge der einzelnen Rohrstücke müssen Sie beachten, daß das Rohr 3,1 cm tief in der Muffe des Verbindungsstücks verschwindet, daß das Verbindungsstück selbst aber auch Platz braucht. Legen Sie als erstes die Gesamtlänge von einem Ende zum andern fest. Ziehen Sie davon für jeden Rohrwinkel 9 cm und für jedes T-Stück 12 cm ab. Addieren Sie dann an jedem Ende 3,1 cm für die Muffe.

Verbindung zweier Muffen

Wenn zwei Verbindungsstücke unmittelbar aufeinanderstoßen sollen (Zeichnung B), können Sie sie dauerhaft zusammensetzen, indem Sie ein kurzes Rohrstück mit PVC-Klebstoff im Innern der beiden Muffen ankleben. Da die Muffentiefe jeweils 3,1 cm beträgt, muß das kurze Rohrstück etwa 6 cm lang sein (in Zeichnung B rot markiert), dann verschwindet es völlig in den Muffen.

Zusammenbau

Arbeiten Sie in einem gut gelüfteten Raum (das zum Klebstoff gehörige Lösungsmittel hat einen scharfen Geruch, von dem Ihnen übel werden könnte). Schneiden Sie mit einer Bügelsäge die Rohrstücke zurecht; sägen sie genau senkrecht, damit es beim Zusammenpassen keine Schwierigkeiten gibt. Streichen Sie mit Hilfe des Schwämmchens, das mit dem Klebstoff geliefert wird, das Rohrende (in 1,5 cm Breite) sowie die Innenseiten der Muffe großzügig mit Klebstoff ein (Photo 3). Schieben Sie das Rohr in die Muffe (Photo 4), und klopfen Sie es so weit es geht hinein (Photo 5).

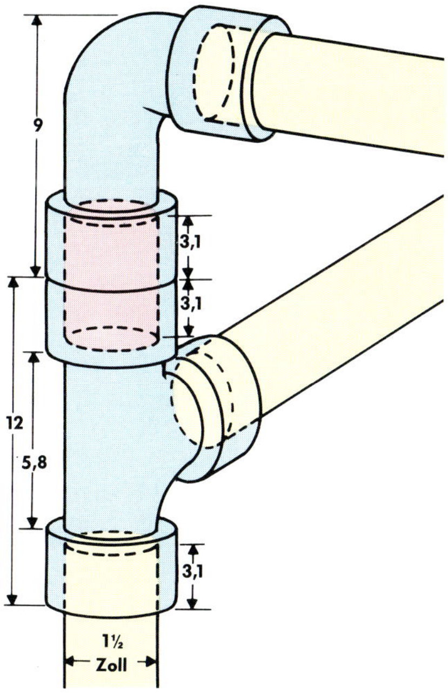

B

Zeichnung B: An den Verbindungsstellen das Rohr in die Muffe eines Rohrbogens stecken und mit PVC-Kleber festkleben. Wo zwei Muffen zusammenstoßen, kurzes Rohrstück einkleben (rot markiert). So werden beide Teile fest verbunden.

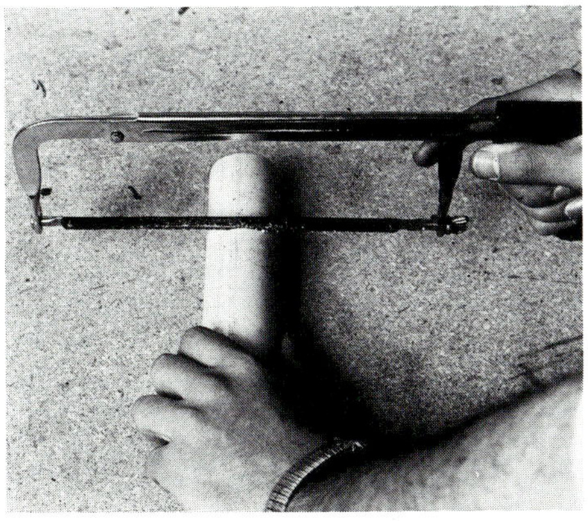

2: Das Rohr rechtwinklig absägen.

3: Klebstoff auf Rohrende und in Muffe streichen.

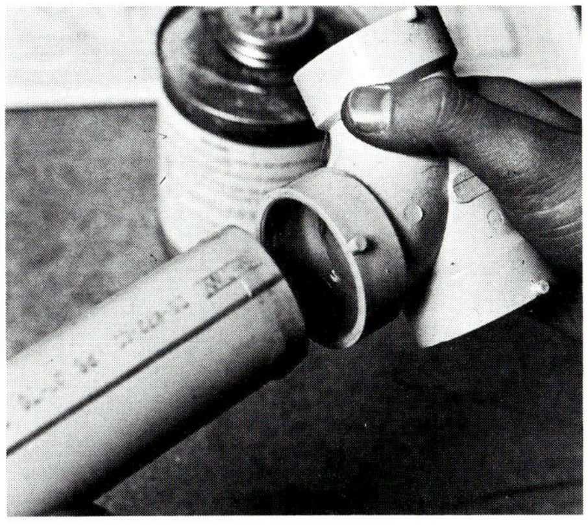

4: Rohr in die Muffe stecken.

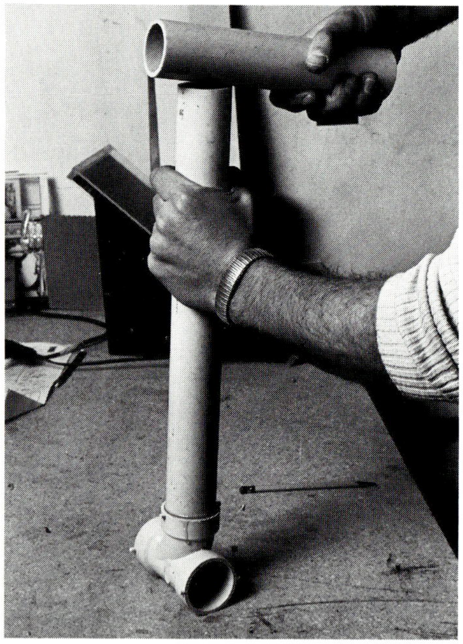

5: Mit einem Rohrstück als Hammer das Rohr vom anderen Ende her gut in die Muffe des Verbindungsstücks klopfen.

Verwenden Sie dabei ein anderes Rohrstück als Hammer. Drehen Sie das Rohr ein bißchen, sobald es in der Muffe steckt, damit der Klebstoff gut verteilt wird und die Verbindung hält. Rechte Winkel müssen genau stimmen – das Anbringen zweier 90°-Rohrwinkel an den Enden eines Rohrstücks garantiert noch nicht, daß die beiden Rohre, die von der anderen Seite in die Verbindungsstücke gesteckt werden, auch wirklich parallel sind. Um eine genaue Ausrichtung in allen drei Dimensionen zu erzielen, korrigieren Sie die Winkel der Verbindungsstücke, indem Sie sie auf eine ebene Fläche legen, bevor die Klebeverbindung fest wird (Photo 6).

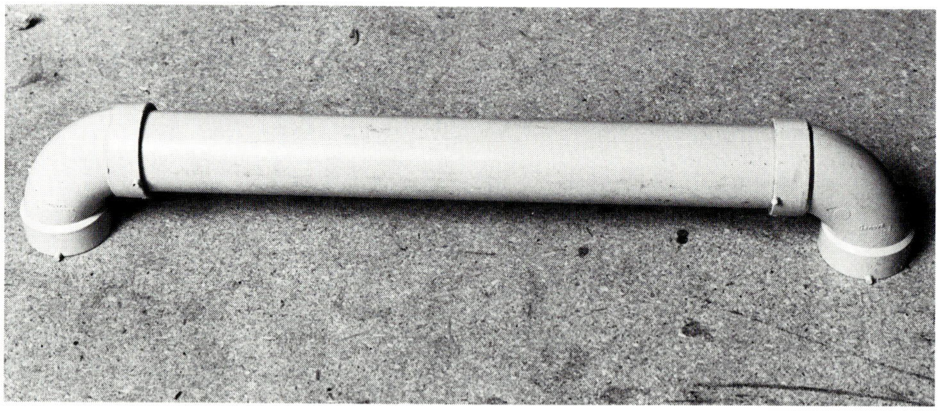

6: Rohrbogen durch Aufstoßen auf ebene Fläche vor dem Härten des Klebers in den richtigen Winkel bringen.

Segeltuch

Die einfachste Art, Leinwand über einen Rohrrahmen zu spannen (ob für ein Fußteil, einen Sitz, eine Rückenlehne oder eine andere Fläche), ist eine Verschnürung mit Hilfe von Ösen, ähnlich wie bei Schnürschuhen (Zeichnung C). Schneiden Sie das Segeltuch unter Zugabe von je 8 cm für zwei Säume so lang zu, daß Sie es um die beiden parallelen Rohre spannen können und zwischen den beiden Enden ein 7 bis 15 cm breiter Zwischenraum für die Verschnürung offenbleibt (Zeichnung D). In der Breite müssen Sie den Stoff so zuschneiden, daß er bei einer Saumzugabe von 16 cm den freien Raum zwischen den Rohren abdeckt, die Verbindungsstücke jedoch freibleiben. Steppen Sie dann mit der Nähmaschine einen 4 cm breiten Saum an allen vier Seiten des Segeltuchs.

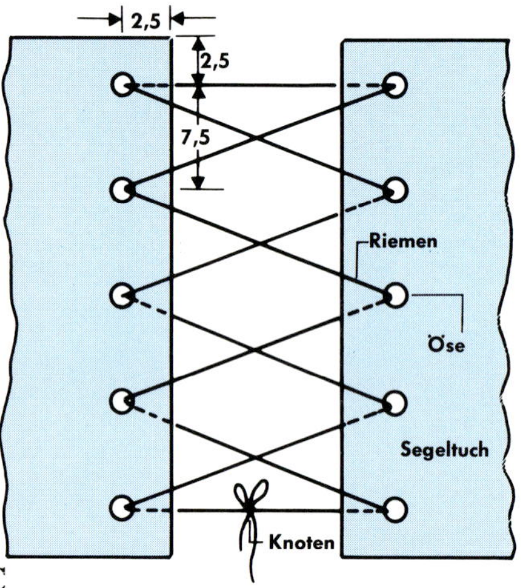

C

Zeichnung C: Löcher mit Ösen verstärken und wie abgebildet mit Riemen oder starker Schnur das Segeltuch durch Verschnüren spannen.

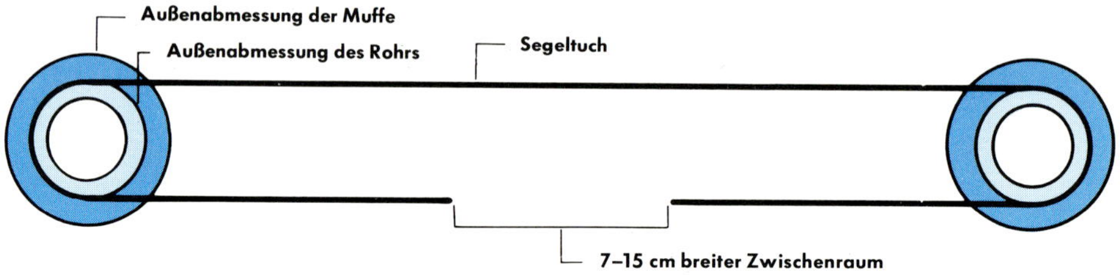

D

Zeichnung D: Das Segeltuch so lang zuschneiden, daß es sich um die beiden Rohre spannen läßt und für die Verschnürung ein Zwischenraum von 7 bis 15 cm bleibt.

Ösen

Um in Abständen von 7,5 cm und 2,5 cm vom Rand Ösen in das Segeltuch zu drücken, müssen Sie für jede Öse zwei kleine (3 mm) Kreuzschlitze in den Stoff schneiden. Stechen Sie zuerst mit einer Ahle oder einem anderen spitzen Werkzeug kleine Löcher durch beide Lagen des Saumes. Falten Sie das Segeltuch zwischen Daumen und Zeigefinger, so daß der Bruch durch das Loch läuft, und machen Sie mit der Scherenspitze oder einem spitzen Messer die Einschnitte. Bringen Sie im rechten Winkel dazu zwei weitere Einschnitte an. Stecken Sie 0,6-mm-Ösen in die Löcher, und drücken Sie sie mit einem Ösenstanzer (Photo 7) oder Öseisen zusammen. Diese Geräte gibt es in unterschiedlichen Ausführungen in Werkzeughandlungen. Falls sich eine solche Anschaffung für Sie nicht lohnt, können Sie die Ösen von einem Segelmacher oder Sattler setzen lassen. Spannen Sie das Segeltuch mit einem Riemen oder fester Schnur, und verknoten Sie die Enden.

Für den Anstrich des Möbelstücks finden Sie die Anleitung auf Seite 32.

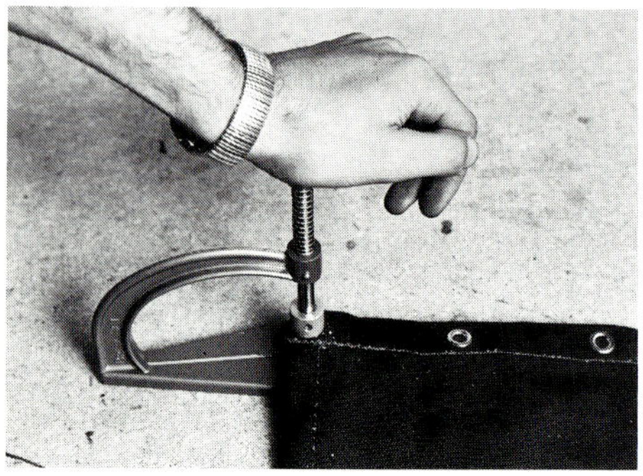

7: Mit einem Ösenstanzer die Metallösen an den mit Kreuzschlitzen versehenen Stellen des hier doppelt liegenden Stoffs eindrücken.

Dieses Regal aus PVC-Rohren, -Verbindungsstücken und gestrichenen Preßspanplatten hat Platz für Bücher, einen Fernseher und Zimmerpflanzen. Aus dem stabilen PVC-Rohr lassen sich Regale für verschiedenste Zwecke bauen.

Glas- und Kunststoffarbeiten

Regal und Klettergerüst

Trotz seines geringen Gewichts ist PVC-Rohr stabil genug, um mehrere Zentner Belastung auszuhalten. Das oben abgebildete Bücherregal könnte von oben bis unten mit Büchern vollgestellt werden, und die Belastung würde sich höchstens in einem leichten Durchbiegen der Regalbretter bemerkbar machen. Für Möbelstücke mit Böden oder Platten brauchen Sie außer den Rohren belastbares Plattenmaterial aus Holz, Glas oder Metall. Gut geeignet sind Preßspanplatten, weil sie leicht, preiswert und ohne Mühe zu zersägen sind.

Wie bei dem vorhergehenden Projekt haben Sie auch hier die Möglichkeit, mit wenigen Grundtechniken viele verschiedene Modelle zu bauen, beispielsweise Küchentische, Betten, Bänke und Schreibtische; wichtig ist nur, daß Sie eine Konstruktion mit breitem Untergestell und tiefliegendem Schwerpunkt entwerfen.

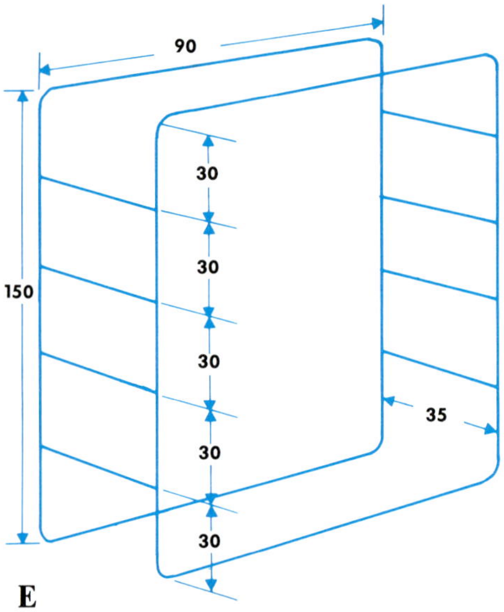

E
Zeichnung E: Konstruktionszeichnung für das Bücherregal. Die waagerecht verlaufenden Verbindungsrohre dienen gleichzeitig als Auflagen für die Borde.

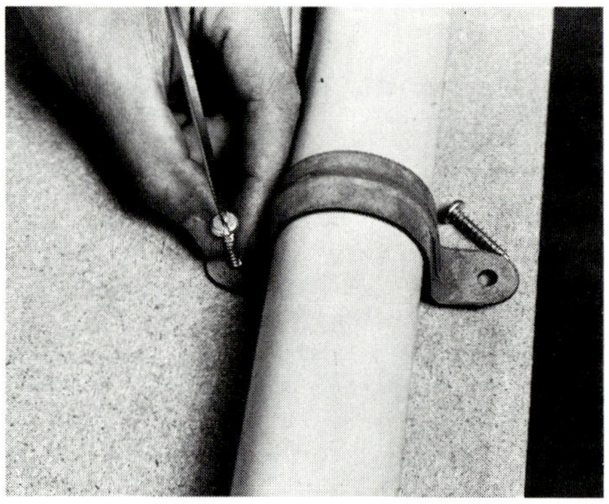

8: Das Plastikrohr mit handelsüblichen Rohrschellen und Schrauben an der Unterseite des Regalbretts befestigen.

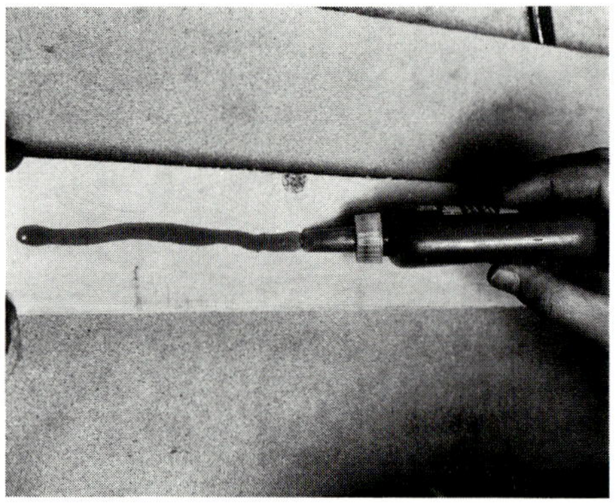

9: Zum Verstärken des Regalbretts und um zu verhindern, daß es verrutscht, ein Kantholz 2,5 × 7,5 cm an die Unterseite leimen.

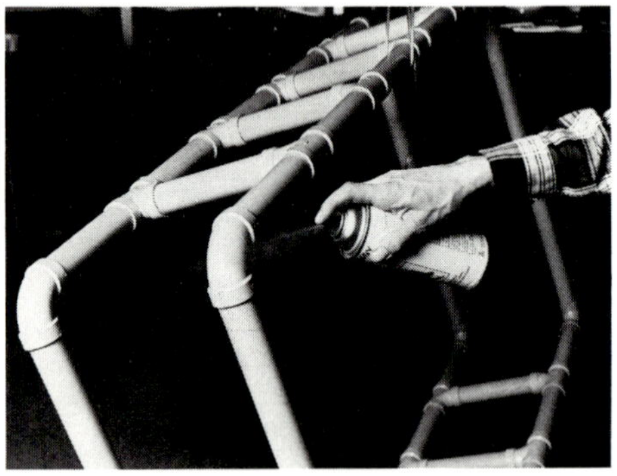

10: Zum Spritzen eines Rohrmöbels hängen Sie es an einem Seil auf, damit die Farbe in einem Arbeitsgang aufgetragen werden kann. In einem gut gelüfteten Raum arbeiten, besser noch im Freien.

Der Entwurf

Zum Bau des Bücherregals wenden Sie dieselben Schneid- und Verbindungstechniken an, wie sie für den segeltuchbespannten Stuhl und Hocker beschrieben wurden (Seite 28–30), nur müssen Sie jetzt überall dort Verbindungsrohre einbauen, wo ein Regalbrett sitzen soll. Wenn Sie ein Regal mit zwei oder mehr Fächern bauen wollen, können Sie alle Verbindungsrohre mit T-Stücken anbringen. Die Borde werden mit Rohrschellen an den Querrohren befestigt (Photo 8). Wenn Sie die Borde so zuschneiden, daß sie genau zwischen die senkrechten Rohre passen, können sie nicht seitlich verrutschen. Damit sie nicht der Länge nach verrutschen, können Sie statt der Rohrschellen auch Kanthölzer auf die Unterseite jedes Bords leimen; sie haben den zusätzlichen Vorteil, daß die Bretter sich dann kaum noch durchbiegen; die Kanthölzer sollten einen Querschnitt von 2,5 × 7,5 cm haben und von einem Verbindungsrohr zum andern reichen (Photo 9).

Das auf der vorhergehenden Seite abgebildete Bücherregal ist 1,50 m hoch, 90 cm breit und 35 cm tief. Eine Fachhöhe von 30 cm reicht für die meisten Bücher aus; besonders großformatige Bücher kommen auf das oberste Bord. Die Konstruktionszeichnung für dieses Regal ist in Zeichnung E wiedergegeben. Der Abstand zwischen den Fächern kann auch geringer sein – für die meisten Taschenbücher reichen 20 cm aus. Sie können die Fächer auch verschieden hoch machen, damit Bücher unterschiedlicher Größe, vielleicht der Fernseher, eine Stereoanlage oder Zimmerpflanzen Platz finden. Die in Zeichnung E angegebene Tiefe von 35 cm sollte jedoch nicht unterschritten werden, weil die senkrechten Rohre schon rund 8 cm beanspruchen. Wenn Sie ein Regal brauchen, das länger als 90 cm ist, sollten Sie es aus mehreren Elementen aufbauen, nicht weil die Rohre das zusätzliche Gewicht nicht aushalten, sondern weil sich die Holzbretter zu stark durchbiegen würden.

Anstrich und sonstige Oberflächenbehandlung

Für die Oberflächenbehandlung einer Plastikrohr-Konstruktion entfernen Sie zunächst alle unerwünschten Markierungen (wie Aufdrucke des Herstellers oder kleine Materialfehler) mit einer Feile, grobem Schleifpapier oder einem Messer. Spritzen Sie sie dann mit Acrylfarbe (Photo 10). Wenn möglich, hängen Sie die Konstruktion an einem Seil oder einem Plastikschlauch auf, damit Sie die ganze Oberfläche in einem einzigen Arbeitsgang spritzen können. Falls Sie Verbindungs- und Rohrstücke in kontrastierenden Farben spritzen möchten, hängen Sie die Teile auf ein Seil und spritzen sie, bevor Sie das Ganze zusammenbauen. Eine strukturierte Oberfläche können Sie vor dem Farbauftrag erzielen, indem Sie alle Rohre außen drei- bis viermal mit Lösungsmittel einstreichen, wobei Sie jeweils etwa zehn Minuten warten müssen, bevor Sie die nächste Schicht auftragen.

Kompliziertere Konstruktionen

Wenn Sie ein größeres Regal brauchen, können Sie beliebig viele kleinere Elemente in verschiedenen Winkeln zueinander und mit unterschiedlich hohen Borden kombinieren; auf diese Weise erhalten Sie einen langen Raumteiler (Zeichnung F, gegenüber) oder ein Regal, passend für eine unregelmäßige Nische oder Zimmerecke. Verbinden Sie die einzelnen Elemente durch gemeinsame Eckrohre und versetzt angeordnete Querverbindungen. Jedes Element sollte verschieden hoch und breit sein.

Wenn Sie erst einmal wissen, wie leicht es ist, auch komplizierteste Konstruktionen anzufertigen, können Sie mit Phantasie-Entwürfen experimentieren. Ein Klettergerüst für Kinder ist eine Möglichkeit, die sich geradezu anbietet, vor allem weil das PVC eine glatte Oberfläche hat und relativ weich ist. Ein weiterer Vorteil ist,

F

Zeichnung F: Mehrere Regalelemente ergeben einen idealen Raumteiler. Eine geschlossene, stabile Konstruktion erreicht man durch gemeinsame Eckpfosten. Münden mehrere Verbindungsrohre in dasselbe senkrechte Rohr, müssen sie versetzt angeordnet werden, damit die Bretter auf unterschiedlichen Höhen liegen. Bei der offenen Bauweise können Bücher und Geräte nach beiden Seiten schauen.

daß selbst solche Ungetüme wie das unten abgebildete Spielgerüst so leicht sind, daß man sie bei Regen ohne weiteres ins Haus tragen kann. Solche Projekte können ohne einen genauen Konstruktionsplan aus dem Stegreif gebaut werden. Lassen Sie das Gerüst aus sich heraus wachsen; achten Sie aber darauf, daß die Basis breit und stabil genug ist und daß alle neuen Rohrstücke an zwei oder mehr Stellen mit schon vorhandenen verbunden werden, damit die ganze Konstruktion genug Stabilität bekommt. Kinder sind fasziniert von langen, schräg ansteigenden Leitern oder frei hängenden, brückenartigen Konstruktionen. Kleben Sie solche Elemente sorgfältig zwischen zwei stabile Stützelemente. Wenn Sie einmal nicht mehr weiterwissen – oder Ihnen die Rohre ausgehen –, können Sie freie Rohrenden mit Endstücken abschließen oder auch als „Telephone" offenlassen; es gibt hübsche Echoeffekte, wenn man hineinspricht.

Dieses Klettergerüst für Kinder wurde aus Rohrabfällen gebaut. Die Brücke zwischen den beiden Türmen hält, weil der Kunststoff bei Belastung nachgibt, ohne zu brechen. Durch die Öffnungen in den Rohren können die Kinder miteinander „telephonieren". Das Gerät sollte verankert werden, damit es nicht umkippt.

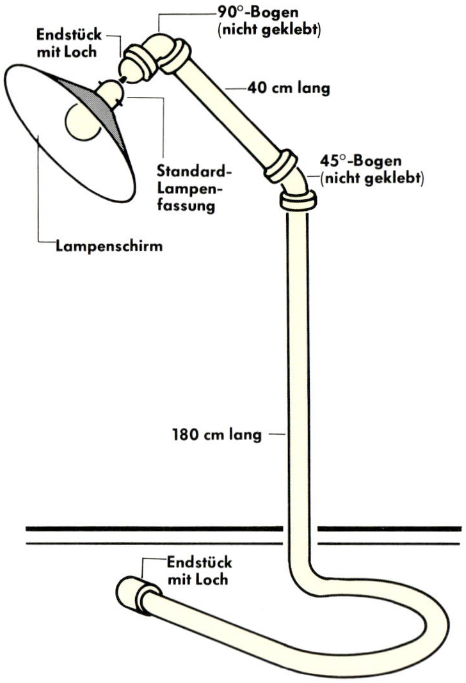

G

Zeichnung G: Die rechts abgebildete Lampe hat als Fuß ein 1,80 m langes Rohr, dessen untere Hälfte gebogen wird. Die Biegung beginnt etwa 45 cm vom unteren Ende des Rohrs und liegt im rechten Winkel zum senkrechten Teil.

Der geschlängelte Fuß dieser Lampe macht deutlich, wie man einer Konstruktion aus Plastikrohr durch einfaches Biegen einen künstlerischen Effekt geben kann. Durch Biegen des mit heißem Sand gefüllten Rohrs können Sie eine Lampe wie diese bauen oder auch eigene Entwürfe für einen Sessel mit gebogenen Stützen, einen Tisch oder ein rundes Bett verwirklichen.

11: Sand in einem ausgedienten Tiegel erhitzen, bis ein Stück PVC-Rohr darin weich wird. Zum Prüfen das Rohr mit behandschuhter Hand zusammendrücken.

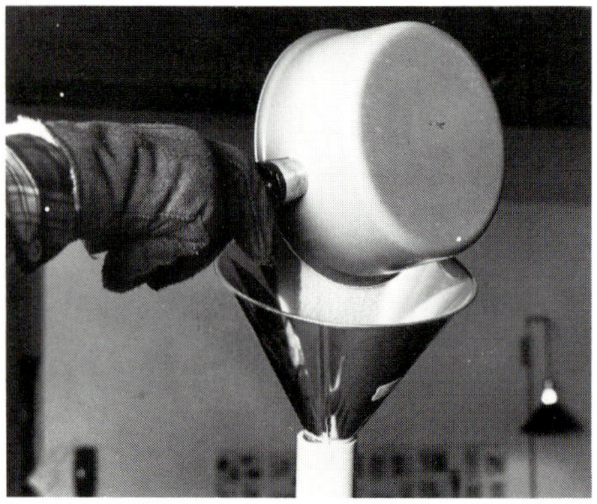

12: Den heißen Sand durch einen Trichter in das unten verschlossene Rohr einfüllen, bis dieses voll ist. Eventuell auf einen Stuhl steigen.

Glas- und Kunststoffarbeiten

Stehlampe

Da PVC-Rohre nur in geraden Stücken geliefert werden, ändert man ihre Richtung normalerweise mit den Standard-Verbindungsstücken, die auf Seite 29 abgebildet sind, und nicht durch Biegen des Rohrs. Bei der Verwendung der Rohre als Installationen würde jedes Biegen die Gefahr eines Rohrbruchs erhöhen. Für andere Verwendungszwecke kann man jedoch das Rohr unter Hitzeeinwirkung leicht biegen, wodurch sich die gestalterischen Möglichkeiten vervielfachen. Die moderne Leselampe auf dem Farbphoto oben ist ein Beispiel dafür, wie Sie diese Biegetechnik einsetzen können. Es ist nur eine geringe Erwärmung nötig, damit der Kunststoff weich wird. Niemals dürfen Sie das Rohr einer offenen Flamme aussetzen, nicht einmal einem brennenden Streichholz; PVC ist brennbar, und die entstehenden Dämpfe sind gesundheitsschädlich.

Von außen können Sie das Rohr mit einem Heizkissen erwärmen und es biegen, sobald es weich ist, aber Sie haben dabei nur wenig Kontrolle über die Form, die es annimmt. Wenn Sie ein Rohr in eine gleichmäßige Rundung biegen wollen, sollten Sie es mit folgendem Trick versuchen: Zunächst brauchen Sie einen Helfer; ziehen Sie dann dicke Handschuhe an, und erhitzen Sie etwas Sand in einem alten Topf oder einer Bratpfanne, bis ein PVC-Abfallstück darin weich und verformbar wird (Photo 11). Verschließen Sie vorübergehend ein Ende des Rohres, das Sie biegen möchten, mit einem Endstück (aber noch nicht festkleben), und

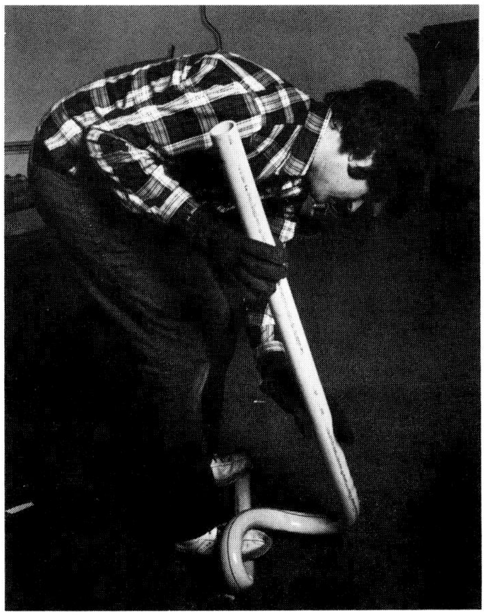

13: Bei freihändigem Biegen des Rohrs notfalls die Füße zu Hilfe nehmen. Wann die richtige Form erreicht ist, muß das Augenmaß entscheiden.

14: Um einen absolut runden Bogen zu erzielen, das Rohr um einen Eimer biegen. Das Rohr gut festhalten; sonst schnellt es zurück.

15: Das Rohr in der gewünschten Form festhalten und vom Helfer das Endstück zur Entleerung des Sandes abnehmen lassen; anschließend mit kaltem Wasser abspülen.

füllen Sie den Sand durch einen Trichter in das Rohr ein, bis dieses fast voll ist (Photo 12). Verschließen Sie nun auch noch das andere Ende, und Sie können anfangen, das Rohr in die erwünschte Form zu biegen. Da der Sand sowohl für eine gleichbleibend hohe Temperatur als auch für einen gleichbleibenden Druck im Rohr sorgt, können Sie das Rohr ohne Zuhilfenahme einer Form biegen (Photo 13); Sie können es aber auch um einen runden Gegenstand wie einen Eimer oder einen Blechkanister herumbiegen (Photo 14). Zeichnung G zeigt den Konstruktionsplan einer Lampe. Damit sie perfekt wird, sollten Sie die Biegungen so anlegen, daß der Lampenschirm mit Hilfe eines 45°- oder 90°-Verbindungsstücks so sitzt, daß das Licht in einem Winkel von 45° nach unten gerichtet ist. Als Höhe der fertigen Lampe sollten Sie etwa 1,50 m vorsehen. Wenn das Rohr gebogen ist, halten Sie es in der neuen Form fest, bis Ihr Helfer ein Endstück abgenommen hat und Sie den heißen Sand ausleeren können; lassen Sie dann den Helfer das Rohr mit kaltem Wasser abschrecken (Photo 15), bis es kühl und hart ist. Wenn die Biegungen fertig sind, bauen Sie die Lampe wie in den vorhergehenden Projekten mit Verbindungsstücken zusammen, kleben aber die Teilstücke erst zusammen, wenn die Verdrahtung fertig ist.

Installation

Die Installation der Lampe sollten Sie einem Elektro-Fachmann übergeben, nachdem Sie die erforderlichen Vorarbeiten durchgeführt haben. Für die Stromzuleitung müssen Sie in die beiden Endstücke des Rohrs Löcher bohren. Am Ende des Lampenfußes benutzen Sie am besten eine elektrische Bohrmaschine oder einen Lötkolben. Ziehen Sie ein Lampenkabel durch das Loch und schieben Sie es durch das Rohr; notfalls müssen Sie einen steifen Draht zur Hilfe nehmen.

Ein größeres Loch müssen Sie in den oberen Deckel bohren – für das Gewinde, auf das die Lampenfassung aufgeschraubt wird. Da die Lampenfassungen verschiedene Größen haben, müssen Sie dieses Loch nach dem Durchmesser des Gewinderöhrchens bemessen. Schrauben Sie im Innern des Rohrdeckels und der Kappe der Lampenfassung je eine Mutter auf das Gewinderöhrchen. Ziehen Sie das Kabel durch den Rohrdeckel, und kleben Sie diesen anschließend auf das PVC-Rohr.

Ein Lampenschirm

Der Lampenschirm kann vielerlei Gestalt haben; eine preiswerte Lösung, die gut zu der Rohrlampe paßt, ist ein trichterförmiger Aluminiumschirm, wie er für tragbare Spotlights, Photolampen und dergleichen verwendet wird. Beim Kauf des Lampenschirms müssen Sie darauf achten, daß Sie einen Drahtring bekommen, der auf den Schirm paßt und sich auf die Lampenfassung schrauben läßt. Befestigen Sie den Schirm mit dem Ring an der Lampenfassung. Nachdem die Kabel angeklemmt sind, kann die Fassung zusammengeschraubt werden.

Nun kleben Sie die Verbindungsstücke, die fest miteinander verbunden werden sollen, zusammen und ziehen das Kabel von der Steckerseite her straff. Ein Fußschalter erleichtert das Ein- und Ausschalten der Lampe.

Aus einem einzigen Schaumstoffblock wurden diese beiden Sitzmöbel, ein Sessel und ein Hocker, geschnitten. Der Schaumstoff braucht keinen Rahmen; er ist mit schwarzem Nylon-Stretch bezogen, der besonders anpassungsfähig ist.

Für diese Doppelliege wurde ein großer Schaumstoffblock nach zwei Phantasiemustern aus Karton zugeschnitten. Zusammengesetzt wirken sie wie Teile eines riesigen Puzzlespiels. Die beiden Teile wurden ebenfalls mit Nylon-Stretch bezogen, das eine in Schwarz und das andere in Rot.

MODERNE MÖBEL

Aus Schaumstoff und Sperrholz

Von Milu Cada

Wenn Sie nicht gerade ein sehr geräumiges Haus bewohnen, werden Sie wahrscheinlich festgestellt haben, daß die gebräuchlichen Möbel nur begrenzt zu verwenden sind. Zu einseitig zweckgebunden in ihrem Entwurf, ist es unmöglich, sie für etwas anderes zu benutzen als den jeweils konzipierten Verwendungszweck. Das hat zur Folge, daß konventionelle Tische, Stühle und Sofas immer nur einen Zweck erfüllen und tagaus, tagein in Ihrem Heim an ihren angestammten Plätzen stehen, nämlich dort, wo sie als neue Möbel einmal hingestellt wurden. Dagegen können Sie aus Materialien wie weichem Polyurethan-Schaumstoff und Holz Elemente bauen, die ohne weiteres zwei verschiedenen Zwecken dienen können und die man ohne allzuviel Aufwand selber machen kann. Der gegenüber abgebildete Sessel und der passende Hocker, beide aus Schaumstoff, können gut für sich allein stehen, aber auch mit identischen Elementen zu einer eleganten Wohnlandschaft kombiniert werden. Türblätter mit Rohrbeinen und Schaumstoffkissen (Seite 41) können Sie für eine größere Zusammenkunft zu einer großzügigen Sitzgruppe arrangieren. Nehmen Sie dagegen die Kissen ab und legen statt dessen Tischtücher darauf, haben Sie im Nu mehrere improvisierte Tische für ein Essen, bei dem man nach römischer Art auf dem Boden sitzt. Breiten Sie über eines der Elemente Decken und Laken, und Sie haben eine Liege für einen unerwarteten Gast. Genauso vielseitig sind die auf Seite 43 abgebildeten Rundmöbel. Wenn Sie auf den Tisch ein Tischtuch legen, wird eine Eßecke daraus. Mit einer Filzdecke verwandeln Sie ihn in einen klassischen Spieltisch. Und die Plattform auf der gebogenen Rückenlehne ergibt noch ein bequemes Liegeplätzchen.

Möbelarbeiten

Sessel und Hocker

Sehen Sie im Branchen-Telephonbuch unter „Schaumstoff" oder „Schaumgummi" nach, um in Ihrer Gegend ein Geschäft zu finden, in dem es Schaumstoff zu kaufen gibt. Erkundigen Sie sich, in welchen Größen Schaumstoffblöcke erhältlich sind und ob man Ihnen den Schaumstoff nach Ihren Angaben zuschneidet. Wenn Sie das in Erfahrung gebracht haben, können Sie Ihren Entwurf im Umriß auf ein Blatt Millimeterpapier zeichnen. Stimmen Sie die Maße des Entwurfs (Seite 38) auf die erhältliche Blockgröße ab, damit möglichst wenig Abfall und möglichst geringe Zuschneidekosten entstehen. Legen Sie Ihre Zeichnung am besten im Maßstab 1:10 an, dann können Sie ohne Schwierigkeiten den Entwurf in natürlicher Größe auf ein Schnittmuster aus Karton übertragen, das dann demjenigen, der den Schaumstoff zuschneidet, als Schablone dient. (Schaumstoff wird mit einer elektrischen Schneidemaschine oder einer Bandsäge geschnitten.)

Werkzeug und Materialien

Sessel und Hocker auf der linken Seite wurden aus einem einzigen Schaumstoffblock mit den Abmessungen 60 × 70 × 90 cm ausgeschnitten. Für die Anfertigung der Muster brauchen Sie: einen 70 × 90 cm großen Bogen Transparent- und Kohlepapier (Sie werden kleinere Bogen zusammenkleben müssen); ein 70 × 90 cm großes Stück Karton; eine 40 cm lange Schnur; Bleistift; Lineal; eine Reißschiene und ein Messer mit auswechselbarer Klinge. Zum Beziehen der Schaumstoffmöbel brauchen Sie: 60 cm doppeltes Klebeband; ein Bandmaß; eine schwere Schneider- oder Zickzackschere; Stecknadeln; Schneiderkreide; Nylon- oder Leinen-Nähgarn; eine Nadel und drei Meter Stoff (140 cm breit). Eine Nähmaschine ist nützlich, aber nicht unbedingt notwendig.

Sie können den Schaumstoff mit Nylon-Stretch, Kord oder Leinen beziehen; einfarbigen Stoff können Sie nach eigenen Entwürfen mit Textilfarbe bemalen. Oder nähen Sie den Bezug aus verschiedenen Stoffteilen zusammen, um einen Patchwork-Effekt zu erzielen. Vinyl können Sie auch nehmen, aber dann brauchen Sie zum Nähen eine Ahle, eine Dreikantledernadel und starken Leinenfaden. Bei schlecht gleitenden Stoffen sollten Sie aus billigem Material einen Innenbezug nähen, damit der obere Bezugstoff nicht so leicht Falten wirft.

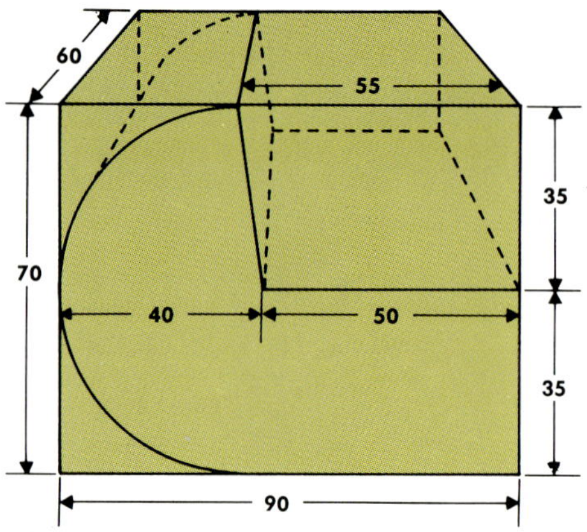

A

Zeichnung A: Ein Schaumstoffblock 60 × 70 × 90 cm wurde wie abgebildet in den Sessel und den Hocker zerschnitten, die auf dem Farbbild Seite 36 zu sehen sind.

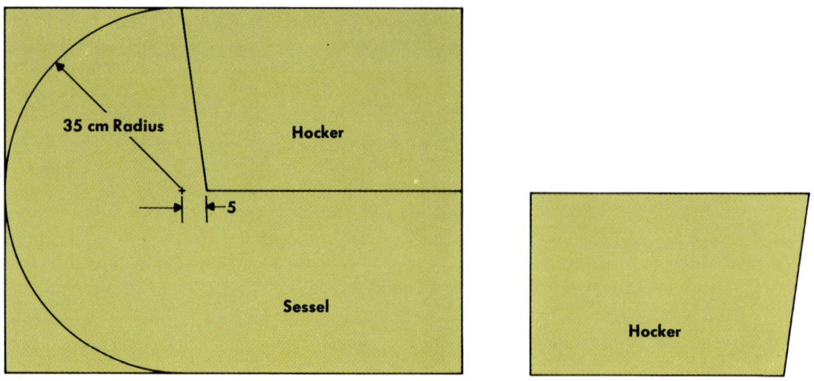

B

Zeichnung B: Um diese Muster für den Sessel und den Hocker auf die tatsächlichen Maße zu vergrößern, brauchen Sie Bleistift, Lineal, Reißschiene, Bindfaden und ein Stück Karton in der Größe 70 × 90 cm. Für den Zirkel, mit dem der Halbkreis gezogen wird, die Schnur mit dem einen Ende an den Bleistift binden und mit dem anderen mittels einer Schlaufe um den Zeigefinger drehen lassen.

Anfertigung der Muster

Wie die beiden 60 cm breiten Teile für den Sessel und den Hocker aus dem Schaumstoffblock geschnitten werden, ist in Zeichnung A dargestellt. Zur Anfertigung der Kartonschablonen vergrößern Sie das Muster auf Transparentpapier und übertragen es dann mit Kohlepapier auf einen 70 × 90 cm großen Karton (Zeichnung B).
Um für die Lehne des Sessels einen gleichmäßigen Bogen zu zeichnen, benutzen Sie eine 40 cm lange Schnur und einen Bleistift als Zirkel. Befestigen Sie das eine Ende der Schnur an dem Stift, und wickeln Sie sich das andere Ende so um den Zeigefinger, daß die Schnur im straffen Zustand 35 cm lang ist. Setzen Sie den Zeigefinger 5 cm hinter den Punkt, an dem Rückenlehne und Sitz zusammenstoßen (Zeichnung B). Halten Sie den Bleistift so, daß die Schnur straff ist, und beschreiben Sie einen Halbkreis mit 35 cm Durchmesser. Schneiden Sie die beiden Vorlagen aus, und geben Sie sie dem Schaumstoffhändler als Schnittvorlagen. Wenn die beiden Teile zugeschnitten sind, können Sie sie beziehen. Nach demselben Muster kann man einen 70 × 90 × 180 cm großen Schaumstoffblock in drei Sessel und drei Hocker von je 60 cm Breite zerschneiden lassen. Schaumstoffblöcke lassen sich auch in Phantasieformen schneiden, wie das puzzleartig zusammengesetzte Bett, das auf Seite 36 abgebildet ist. Phantasieformen müssen jedoch so gestaltet sein, daß sie das Gewicht eines Erwachsenen aushalten.

Beziehen der Möbel

Bevor Sie den Bezug zuschneiden, müssen Sie die Dehnungsrichtung des Stoffes ermitteln – die Richtung, in der er sich am leichtesten ziehen läßt. Dadurch, daß Sie beim Beziehen den Stoff gut strammziehen, verhindern Sie, daß er durch die Benutzung bald ausleiert und dann Falten wirft. Straffer Sitz des Stoffes rundet auch die Kanten des Schaumstoffs ab, was den Möbeln ein perfektes Aussehen gibt.

Nylon-Stretch eignet sich gut zum Bespannen solcher Möbel, weil es in vielen verschiedenen Farben erhältlich und leicht zu reinigen ist, ein geringes Gewicht hat und sich weich anfühlt. Wenn Sie sich für eine helle Farbe entscheiden, dann achten Sie darauf, daß der Stoff, ohne einzulaufen, in der Maschine gewaschen werden kann, und nähen Sie einen Reißverschluß ein, damit der Bezug leicht abzunehmen ist.

Das Beziehen der Möbel ist kinderleicht. Der Stoff für die Seiten wird mit Hilfe der Schablonen, die für den Schaumstoffschnitt benutzt wurden, mit einer 5 mm breiten Nahtzugabe zugeschnitten. Die anderen Flächen beziehen Sie, indem Sie sie mit einer einzigen Stoffbahn umwickeln, wobei Sie den Stoff laufend straffziehen und mit Stecknadeln feststecken. Falls Sie nicht die Nähmaschine benutzen wollen, können Sie die Seitenteile direkt an die Stoffbahn annähen.

Beziehen Sie zuerst den Hocker. Legen Sie die Kartonschablone für den Hocker auf die rechte Stoffseite, und fahren Sie die Umrisse mit weißer Kreide nach, wobei Sie ringsherum 5 mm für die Naht zugeben. Schneiden Sie das Teil mit einer Zickzackschere aus. Legen Sie dann dieselbe Schablone auf die linke Stoffseite. Zeichnen Sie wieder die Umrisse nach, und schneiden Sie das Teil aus. Spannen Sie, an einer Unterkante beginnend, ein drittes Stück Stoff mit der rechten Seite nach außen um den ganzen Schaumstoffblock, bis Sie dort ankommen, wo Sie begonnen haben (siehe Pfeile, Zeichnung C); dabei stecken Sie den Stoff immer wieder mit Stecknadeln an. Beschneiden Sie diesen Stoffteil so, daß an allen Kanten eine 5 mm breite Nahtzugabe stehenbleibt. Wenn Sie mit der Hand nähen, schlagen Sie die Nahtzugabe der Seitenteile nach der linken Seite um und drücken sie an.

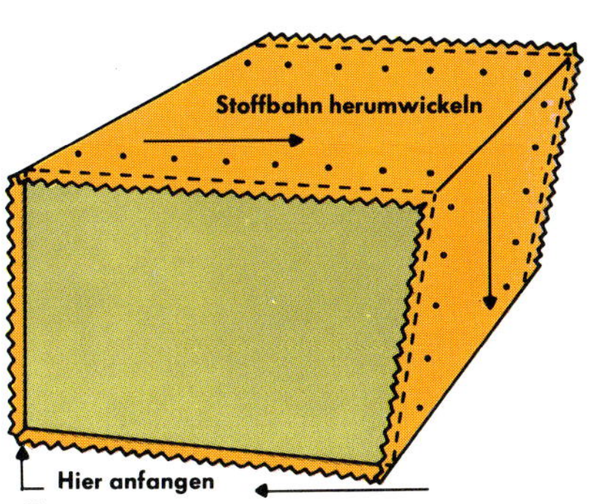

C

Zeichnung C: Den Schaumstoffblock mit einer Bahn Möbelstoff umwickeln (vom angegebenen Punkt aus in Pfeilrichtung). Dann mit einer Zickzackschere die Ränder mit einer Nahtzugabe von 5 mm sauber beschneiden.

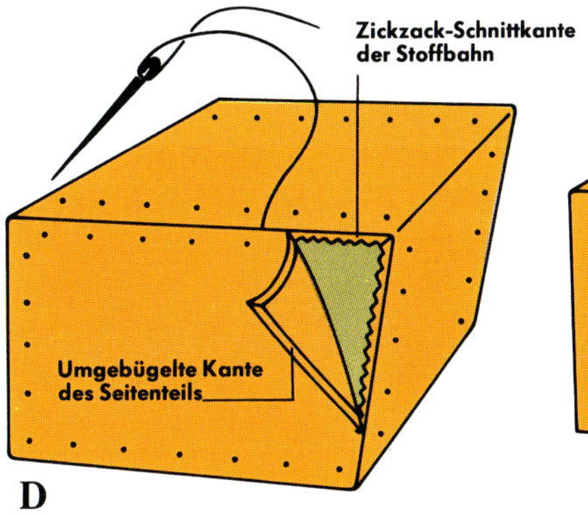

D

Zeichnung D: Zum Nähen des Bezugstoffes von Hand (an dem Block) zuerst die Nahtzugaben der Seitenteile umbügeln. Dann mit Staffierstichen (Zeichnung F) die umgebügelte Kante an den ungesäumten Rand des Hauptteils annähen.

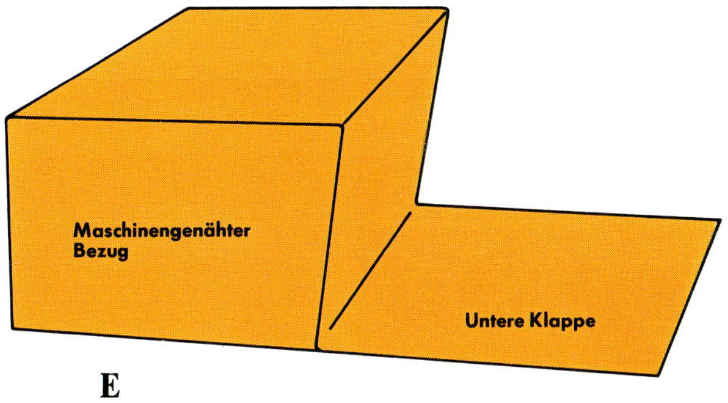

E

Zeichnung E: Falls eine Nähmaschine vorhanden ist, die Stoffteile auf der linken Seite zusammennähen, dabei drei Nähte am Boden offenlassen. Reißverschluß einnähen oder die Nähte von Hand am Schaumstoffblock schließen.

Stecken Sie dann den Stoff an den Seiten des Schaumstoffblocks fest, und zwar so, daß die Nahtzugabe auf den gezackten Rand des langen Stoffteils kommt. Nähen Sie die umgeschlagenen Kanten des Seitenteils mit Staffierstichen an das Hauptteil an (Zeichnung F). Der Staffierstich ist fast unsichtbar, wenn Sie die Nadel durch den Saum ziehen und ein paar Fäden von dem darunterliegenden Stoff damit aufnehmen. Machen Sie möglichst kleine Stiche.

Wenn Sie lieber mit der Maschine nähen, nehmen Sie den Stoff vom Schaumstoffblock ab und steppen die Seitenteile mit der linken Stoffseite oben an der Ober- und zwei Seitenkanten an das Hauptteil an. Nähen Sie in die drei offenen Nähte Reißverschlüsse ein, wenn Sie das wollen. Andernfalls ziehen Sie den Bezug über den Schaumstoffblock, mit der rechten Seite nach außen (Zeichnung E), und schließen diese drei Nähte von außen mit Staffierstichen.

Gehen Sie sinngemäß ebenso vor, um den Sessel zu beziehen (Zeichnung G). Schneiden Sie die Bezüge für die Seitenteile des Sessels zu, indem Sie die Schablone einmal mit der einen und einmal mit der anderen Seite nach oben auf den Stoff legen; geben Sie auch hier jeweils ringsherum 5 mm für die Naht zu. Bügeln Sie die auf die linke Seite umgeschlagene Nahtzugabe an. Umwickeln Sie die anderen Flächen des Sessels mit einer Stoffbahn, indem Sie an der Unterkante der Sessel-Rückseite beginnen und den Pfeilen in Zeichnung G folgen. Kleben Sie einen 60 cm langen Streifen doppelseitiges Klebeband dort hin, wo Sitz und Lehne eine Kante bilden (in Zeichnung G durch die gepunktete Linie angedeutet). Dieser Klebestreifen verhindert, daß der Stoff verrutscht, bevor die Seitenteile angenäht sind. Ziehen Sie den Stoff weiter straff über die Vorderseite und den Boden des Sessels. Spannen Sie den Stoff dabei überall so stark, daß er keine Falten wirft, und stecken Sie ihn fest. Schneiden Sie mit der Zickzackschere die Ränder dieses Stoffteils zurecht. Stecken Sie dann die Seitenteile mit der rechten Stoffseite nach außen an die Seiten des Sessels, und nähen Sie den Bezug zusammen.

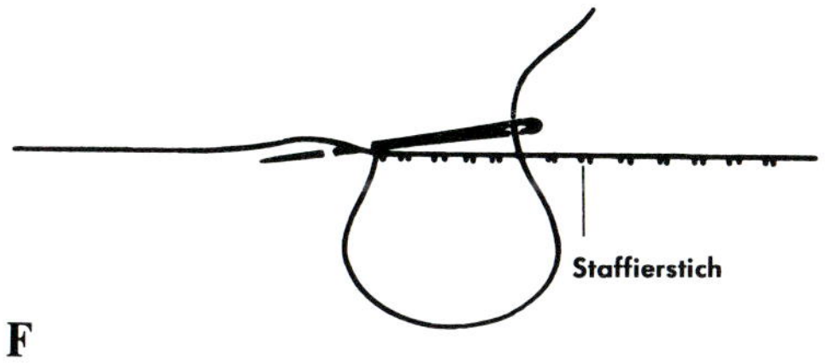

F

Zeichnung F: Zum Nähen mit Staffierstichen die Nadel durch den umgeschlagenen Stoff führen und jeweils einen Faden vom Rand des darunterliegenden Stoffes aufnehmen. Wenn die Stiche in gleichmäßigen Abständen von 5 mm gemacht werden, sind sie fast unsichtbar.

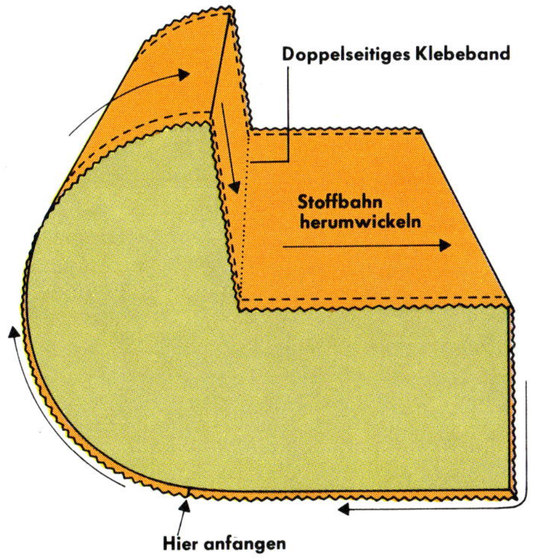

G

Zeichnung G: Den Möbelstoff in Pfeilrichtung um Rückseite und Sitz des Sessels wickeln. Die gepunktete Linie gibt an, wo das doppelseitige Klebeband hinkommt, das den Stoff am Verrutschen hindert.

Möbelarbeiten

Polsterbänke

Von Spiros Zakas und Jim Allen
Sperrholz-Türblätter auf Beinen, mit Schaumstoff gepolstert und mit Stoff bezogen, können zu praktischen Möbeln werden. Sie können die einzelnen Elemente für fast jeden Raum passend anordnen (Zeichnung H zeigt ein paar Vorschläge für mögliche Anordnungen). Jede dieser Polsterbänke kann als Sitzgelegenheit, Tisch oder Liege dienen; außerdem gewinnt man Stellplätze für Zimmerpflanzen oder Skulpturen, so daß man wenig andere Möbel braucht.

Stellplan

Die auf dem großen Photo rechts abgebildeten Bänke wurden in wenigen Stunden aus fünf glatten, furnierten Türblättern zusammengebaut. Um festzustellen, wie viele solcher Bänke Sie unterbringen können, zeichnen Sie den Grundriß Ihres Raumes im Maßstab 1:10 oder 1:20 auf einen Bogen Millimeterpapier. Zeichnen Sie die Lage von Türen und Fenstern ein. Skizzieren Sie verschiedene Stellmöglichkeiten der Möbel auf Transparentpapier, das Sie über den Grundriß legen; so können Sie zahlreiche Variationen durchprobieren, ohne jedesmal den Grundriß neu zeichnen zu müssen. Um den Eindruck komfortabler Geräumigkeit hervorzurufen, können Sie versuchen, alle Bänke von den Wänden abzurücken (Zeichnung H, unten links). Um einen kleinen Raum größer erscheinen zu lassen, sollten Sie es mit einer der abgebildeten Winkelstellungen probieren (Zeichnung H, unten rechts). Sie sollten bestrebt sein, Ihrem Bedarf entsprechend möglichst wenige Bänke zu verwenden, damit noch genug freier Raum bleibt und das Zimmer nicht verstellt wirkt.

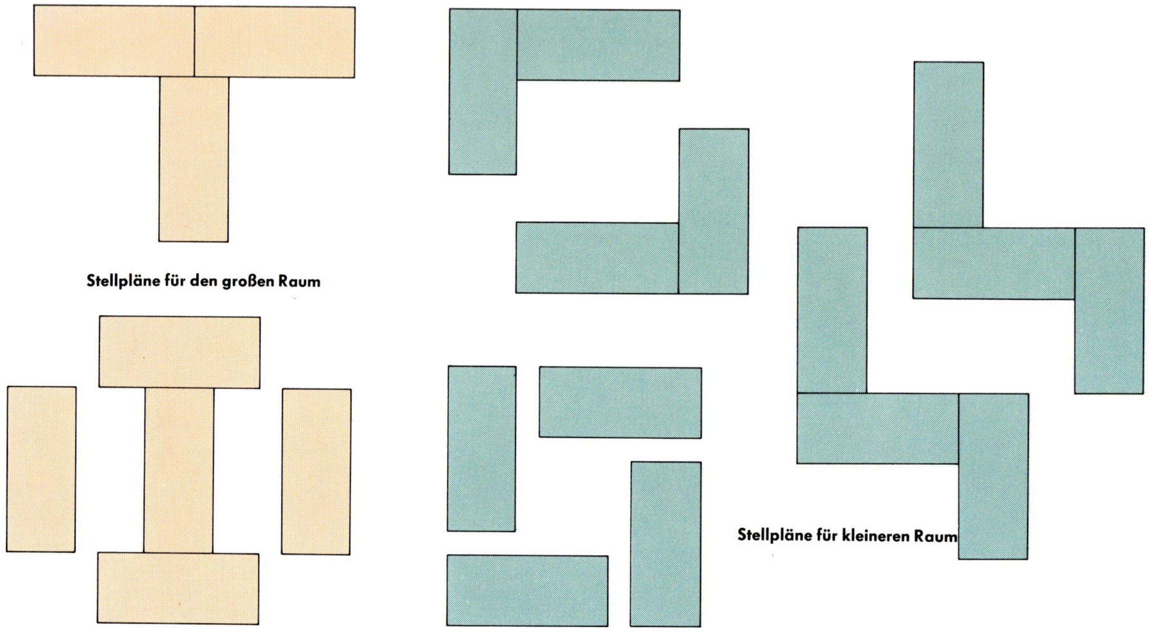

H

Zeichnung H: Die beiden Anordnungen links sind für einen großen Raum zu empfehlen. In einem kleinen oder unregelmäßig begrenzten Raum bewährt sich dagegen eher ein Arrangement aus sich wiederholenden und versetzt angeordneten Winkelkombinationen.

Platz für viele bieten diese schaumstoffgepolsterten, mit Möbelstoff bezogenen Bänke aus Türblättern. Man kann sie leicht umstellen und in immer neuen Anordnungen gruppieren.

Werkzeug und Materialien

Für jede Bank brauchen Sie: ein massives, 4 cm starkes Türblatt in der Größe 90 × 200 cm. Das Türblatt braucht nicht von bester Qualität zu sein – kaufen Sie eins mit kleinen Fehlern, das kommt billiger. Außerdem brauchen Sie: Bleistift; Reißschiene; Bandmaß; 4 verzinkte einzöllige Stahlrohre, 45 cm lang, die an beiden Enden mit Gewinden versehen sein müssen; 4 vierzöllige, 45 cm lange PVC-Rohre mit den passenden Endstücken (aus einem Geschäft für Installationsbedarf); 8 Rosetten mit etwa 3 Zoll Durchmesser und einzölligem Gewindeloch; 16 lange 13-mm-Holzschrauben, die in die Rosetten passen; Klebstoff oder Gummilösung; Schraubenzieher; Bohrmaschine und Bohrer; Heftmaschine; Schneiderschere und, falls Sie den Schaumstoff selbst zuschneiden wollen, eine elektrische Schneidemaschine oder eine Bandsäge. Zum Polstern des Türblatts brauchen Sie eine 7,5 cm dicke Schaumstoffmatratze der Größe 90 × 200 cm; ein 120 × 240 cm großes Stück Polyätherschaum in 2–3 mm Dicke und ein 125 × 245 cm großes Stück strapazierfähigen Bezugstoff, wie Plüsch, Vinyl, Velours, Deckenstoff oder Samt. Wenn Sie die PVC-Rohre noch verzieren wollen, können Sie sie mit Aluminium- oder selbstklebender Kunststoff-Folie bekleben, mit Stoff bespannen oder anstreichen.

Diese bequemen Sessel wirken wie überlebensgroße Schuhe mit hohen Absätzen und Plateausohlen. Auch hier ist Schaumstoff das hauptsächlich verarbeitete Material. Fast jede originelle Idee können Sie mit Schaumstoff verwirklichen.

I

Zeichnung I: Auf der Unterseite des Türblatts in jede Ecke ein 15 × 30 cm großes Rechteck zeichnen. Die innere Ecke markiert den Punkt, an dem jeweils die Rosette angeschraubt wird. Die Rosette auf diesen Punkt legen und die Schraubenlöcher anzeichnen. Für die Schraube Löcher im Holz vorbohren.

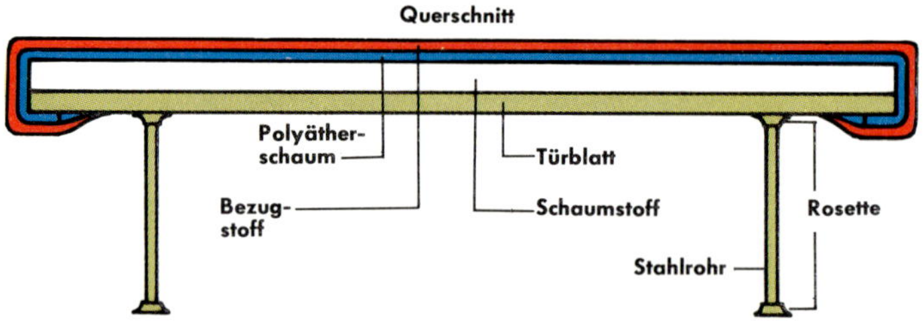

J

Zeichnung J: Dieser Querschnitt durch eins der mit Schaumstoff gepolsterten Türblätter zeigt, wie der Schaumstoff (weiß) auf das glatte Türblatt gelegt und mit Polyätherschaum (blau) und Möbelstoff (rot) bezogen wurde. Die zwei oberen Schichten wurden um das Schaumstoffpolster gewickelt und auf der Unterseite des Türblatts angeheftet. Der Stoff ist etwas größer als der Polyätherschaum, so daß er diesen an allen Rändern verdeckt.

Zusammenbau

Schrauben Sie als erstes die Rosetten an die Ecken des Türblatts (Zeichnung I). Stecken Sie in die Löcher jeder Rosette den Bleistift, und zeichnen Sie damit die Bohrstellen an. Nehmen Sie die Rosetten herunter, und bohren Sie für jede Schraube ein 5 mm tiefes Loch vor (mit einem kleineren Durchmesser als die Schraube). Setzen Sie die Rosetten über die Bohrlöcher, und drehen Sie die Schrauben ein. Schrauben Sie nun in jede Rosette eines der Stahlrohre und versehen Sie dann jedes freie Rohrende mit einer weiteren Rosette.

Stellen Sie die Tür auf die Beine. Legen Sie die Schaumstoffmatratze darauf (Zeichnung J). Wenn die Matratze nicht genau das richtige Format hat, schneiden Sie sie mit einer elektrischen Schneidemaschine oder einer Bandsäge zu.

Legen Sie den Polyätherschaum mitten auf die Matratze. Damit diese nicht mehr verrutschen kann, heften Sie den Polyätherschaum zunächst einmal in der Mitte jeder Seite an die Unterseite des Türblatts (die Heftklammern etwa 5 mm vom Rand des Polyätherschaums anbringen). Dann heften Sie ihn ringsherum in Abständen von 10 cm an die Unterseite des Türblatts. Lassen Sie die Bank währenddessen auf den Beinen stehen, damit die Matratze nicht verrutscht. Um sich die Arbeit zu erleichtern, können Sie die Bank jedoch etwas schrägstellen, sobald der Polyätherschaum so weit angeheftet ist, daß die Matratze nicht mehr verrutschen kann.

Schneiden Sie den Bezugsstoff etwas größer zu als den Polyätherschaum, damit Sie ihn an den Kanten einschlagen und trotzdem so anheften können, daß der Polyätherschaum nicht hervorguckt. Sollte der Stoff zu dick sein, um sich sauber falten zu lassen, dann beschneiden Sie die Ränder mit einer Zickzackschere. Heften Sie zuerst die langen Seiten des Bezugs an die Unterseite des Türblatts. Schlagen Sie die ungesäumte Kante des Stoffes nach unten um, und heften Sie ihn über dem Polyätherschaum an. Falten Sie dann den Stoff sorgfältig an den Ecken, so daß es saubere Kanten gibt, und heften Sie auch die kurzen Seiten an.

Verzieren Sie die PVC-Rohre, und schieben Sie sie über die Stahlbeine. Sie können sie mit einer zum Bezugstoff passenden Acrylfarbe anstreichen. Wenn Sie sie mit einem geometrischen Muster bemalen möchten, decken Sie die Stellen, die freibleiben sollen, mit Klebeband ab, bemalen die übrigen Stellen und ziehen das Band wieder ab.

Setzen Sie das mit Klebstoff bestrichene PVC-Endstück auf das PVC-Rohr und zentrieren Sie die Rosette des inneren Stahlrohrs. Dadurch verhindern Sie, daß scharfe Kanten Teppich oder Fußboden beschädigen, und gleichzeitig befestigen Sie das äußere PVC-Rohr am inneren Stahlrohr.

Diese in die Raumecke eingefügte Rundbank nutzt Platz aus, der sonst vielleicht verloren wäre, zumal die erhöhte Plattform in der Ecke als Liegeplatz benutzt werden kann. Plattform und Bänke sind mit Schaumstoff gepolstert. Man kann sie und den Tisch mit dem Bezugstoff versehen, der dem vorgesehenen Zweck – z. B. Essen, Abendunterhaltung, Spielen, Handarbeiten – am besten entspricht.

Möbelarbeiten

Tisch und Rundbänke

Die oben abgebildete Sitzgruppe erlaubt es, einen runden Tisch ohne Platzverschwendung in einer rechtwinklig begrenzten Raumecke unterzubringen.
Die Gruppe besteht aus einem runden Tisch auf Füßen aus Metallrohr, zwei halbkreisförmigen Sitzbänken (eine mit gepolsterter Lehne) und einer gepolsterten Plattform in Fenstersimshöhe, die die ganze Ecke ausfüllt und auf der man sich's mit Kissen gemütlich machen, ein Buch lesen und, falls die Ecke ein Fenster hat, die Aussicht und die Sonne genießen kann. Vor allem in Altbauwohnungen verlaufen oft gerade in den Zimmerecken Rohre oder über Putz verlegte Lichtleitungen an der Wand. Das ist jedoch kein besonderes Problem. Sie brauchen die Plattform nur an der richtigen Stelle einzuschneiden. Die Rundbänke bieten Platz für acht Leute. Ihre halbkreisförmige Gestaltung läßt zu beiden Seiten einen Gang frei, der den Zugang erleichtert. Die Tischplatte können Sie mit den verschiedensten Materialien belegen (zum Beispiel Vinyl, Filz oder Kork), die sich zur Abwechslung leicht austauschen lassen und eine vielseitige Benutzung erlauben.

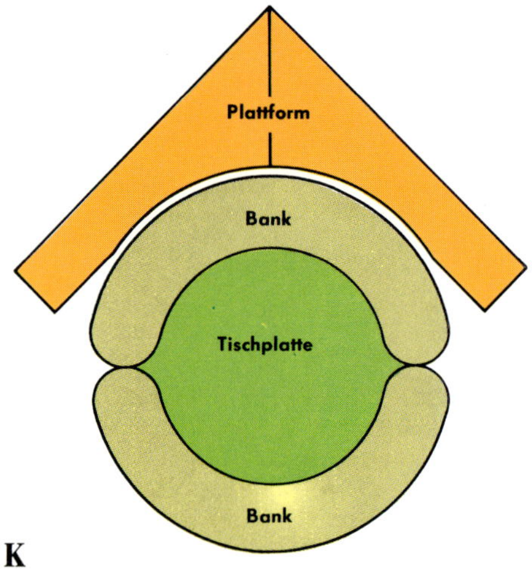

K

Zeichnung K: Diese Aufsichtszeichnung zeigt, wie die Elemente der Sitzgruppe in der Zimmerecke angeordnet werden.

1: Zum Anreißen einer Plattformhälfte auf der Spanplatte den Außenrand einer ausgeschnittenen Bankhälfte als Schablone für die Verbindung der zwei Endpunkte der Linien in Zeichnung L (unten links) benutzen.

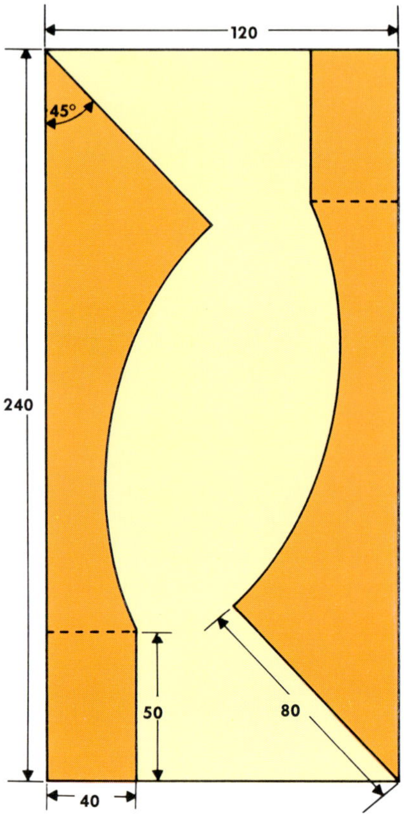

L

Zeichnung L: Zum Ausschneiden der Plattformteile aus einer Spanplatte 120 × 240 cm von gegenüberliegenden Ecken aus eine 80 cm lange Linie im 45°-Winkel einzeichnen. Dann in den beiden anderen Ecken je eine 50 cm lange Linie 40 cm von der langen Seite und parallel zu ihr einzeichnen. Die Endpunkte der Linien auf einer Seite mit einer Sitzfläche der Bank als Schablone verbinden (Zeichnung M). Das erste Plattformteil aussägen und als Schablone für das zweite nehmen.

Werkzeug und Materialien

Für die Rundbänke brauchen Sie: 3 Spanplatten 120 × 240 cm und 19 mm dick; 6 je 240 cm lange Kanthölzer 5 × 10 cm; einen 15 cm breiten und 380 cm langen Streifen Sperrholz, Hartfaserplatte oder kräftigen Karton in 6 mm Dicke (wahrscheinlich werden Sie den Streifen zusammensetzen müssen); zwei Hartfaserplatten

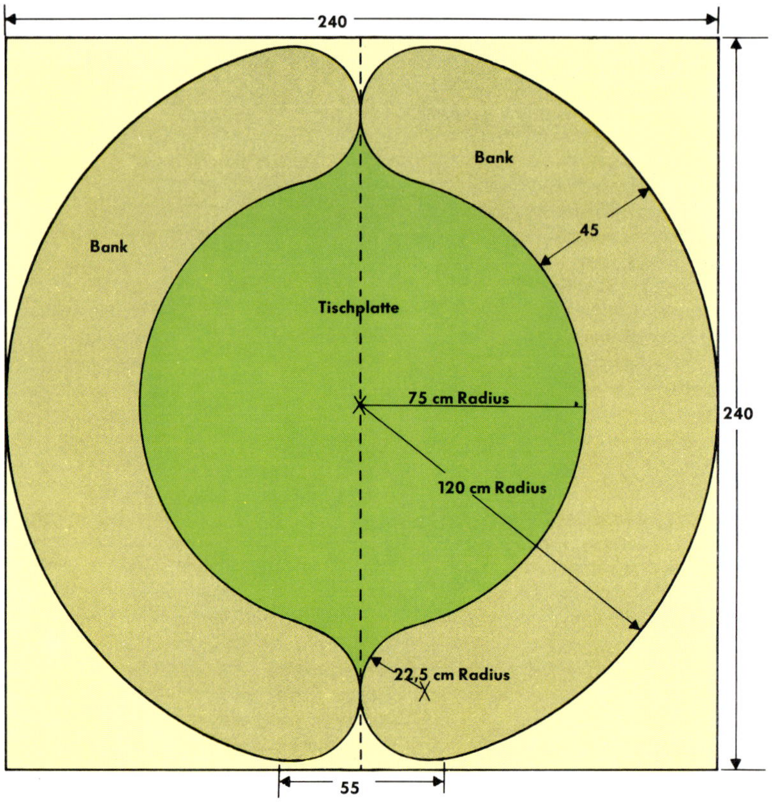

M

Zeichnung M: Zum Anreißen von Tischplatte und Bänken für das Aussägen zwei Spanplatten 120 × 240 cm nebeneinander auf den Boden legen. Den Mittelpunkt bestimmen und um ihn herum einen Kreis mit 150 cm Durchmesser beschreiben. Dann noch einen Kreis mit 240 cm Durchmesser beschreiben. Schließlich an den Enden der Sitzflächen je einen Halbkreis mit 22,5 cm Durchmesser beschreiben. Den notwendigen Zirkel machen Sie sich aus einem Bleistift und einem Stück Schnur.

2: Zum Anreißen des deckungsgleichen zweiten Teils der Plattform das erste Teil umdrehen, die 240 cm langen Seiten übereinanderlegen und die gebogene Kante nachfahren.

40 × 70 cm und 6 mm dick und 17 verzinkte und an beiden Enden mit Gewinden versehene einzöllige Stahlrohre, und zwar 12 in 35 cm Länge und 5 in 65 cm Länge. Außerdem brauchen Sie: Bleistift; Bandmaß; Reißschiene; Wasserwaage; Winkelmesser; Bindfaden; Sägeböcke; eine elektrische Stichsäge; eine Handsäge zum Schneiden der Kanthölzer; Hammer; Stahlnägel (falls Sie Kanthölzer an Mauerwerk nageln wollen); gewöhnliche Nägel; Drahtstifte; Bohrmaschine und Bohrer; Schraubenzieher; 17 Stahlkappen und 17 Rosetten mit 7,5 cm Durchmesser, beide mit Gewindelöchern von 1 Zoll Durchmesser; 13 mm lange Holzschrauben für die Rosetten; Heftmaschine; eine elektrische Schneidemaschine oder eine Bandsäge zum Zuschneiden des Schaumstoffs; Zickzackschere und Klebeband. Zum Polstern der Eckbank brauchen Sie: 10 m Polyätherschaum in 120 cm Breite; drei Blöcke Schaumstoff, davon einen 10 × 30 × 380 cm (für die gepolsterte Rückenlehne) und die anderen beiden 10 × 50 × 240 cm (für die Sitzflächen). Als Bezug für die Tischplatte brauchen Sie: ein 165 × 165 cm großes Stück Vinyl oder Filz; zum Beziehen der Sitzbänke und der Plattform brauchen Sie: 8 bis 10 m Möbelstoff.

Anreißen der Muster

Zum Anreißen der Spanplatte für den Zuschnitt der Tischplatte und der Sitzflächen der Bänke legen Sie zunächst zwei der 120 × 240 cm großen Spanplatten nebeneinander auf den Boden – so daß Sie ein Quadrat mit der Seitenlänge 240 cm bilden (Zeichnung M). Bestimmen Sie den Mittelpunkt des Quadrats, und markieren Sie ihn mit einem X. Binden Sie eine 80 cm lange Schnur mit dem einen Ende an einen Bleistift, und befestigen Sie das andere Ende mit einer Reißzwecke an dem Punkt X, und zwar so, daß die Schnur im gespannten Zustand 75 cm lang ist. Zeichnen Sie mit Bleistift und Schnur als Zirkel in die Mitte des Quadrats einen Kreis.

Zum Anreißen des äußeren Rands der Bänke machen Sie sich einen Schnur-Zirkel mit einem Radius von 120 cm und ziehen um den Punkt X einen Kreis mit 240 cm Durchmesser. Zum Anreißen der runden Enden der Bänke machen Sie sich einen Zirkel mit einem Radius von 22,5 cm und ziehen damit an jedem Bankende einen Halbkreis (Zeichnung M). Sägen Sie nun Bänke und Tischplatte aus.

Auf die dritte Spanplatte zeichnen Sie zwei identische Muster für die Plattform-Oberseite (Zeichnung L). Zeichnen Sie mit Hilfe eines Winkelmessers an der linken oberen und rechten unteren Ecke je einen Winkel von 45° an. Ziehen Sie dann mit einem Lineal von den Ecken aus 80 cm lange Linien in diesem Winkel. An den anderen beiden Ecken der Spanplatte ziehen Sie 40 cm von der Längsseite und parallel zu ihr je eine 50 cm lange Linie. Verbinden Sie die Endpunkte der beiden geraden Linien auf jeder Seite miteinander, und zwar mit einem ausgeschnittenen Sitzbankteil als Schablone. Legen Sie dazu das Sitzbankteil so auf die Spanplatte, daß seine Außenkante durch die beiden Punkte verläuft, und fahren Sie den Umriß des Teils mit dem Bleistift nach (Photo 1). Sägen Sie das angezeichnete Teil aus, das jetzt als Schablone zum Anreißen der zweiten Plattformhälfte dient (Photo 2).

3: Für den Unterbau der Plattform je zwei Kanthölzer 5 × 10 cm in den Ecken und an den äußeren Enden an die Wand nageln und durch waagerechte Kanthölzer 5 × 10 cm verbinden, die ebenfalls an die Wand genagelt werden.

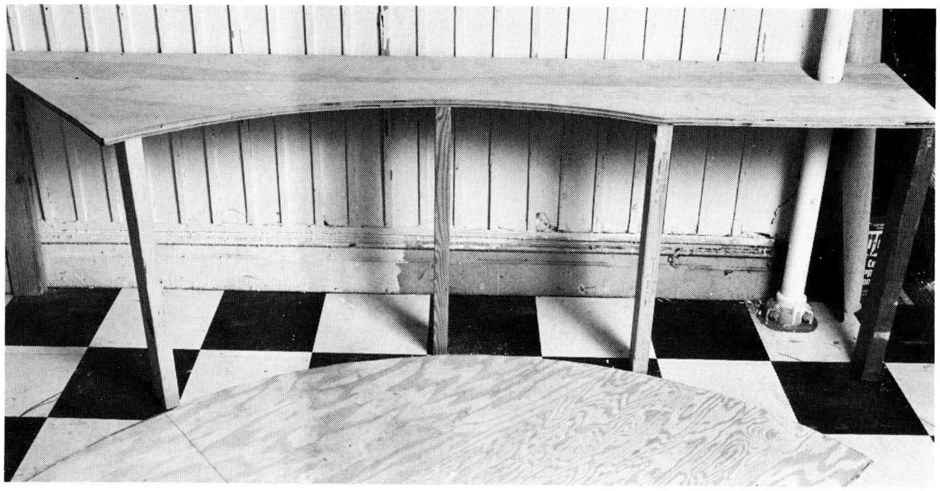

4: Vier Kanthölzer 5 × 10 cm gleichmäßig über die Vorderkante einer Plattformhälfte verteilen (bei der hier abgebildeten Rundbank ist die Ecke links). Die Plattform an die Kanthölzer nageln und dann diese mit schräg eingeschlagenen Nägeln am Fußboden befestigen. Bei der anderen Plattformhälfte genauso verfahren.

5: Kurze Kantholzstücke 5 × 10 cm quer über die Fuge zwischen den beiden Tischplattenhälften nageln. Die Rosetten für die Beine ebenfalls an die Unterseite schrauben. Aus Stabilitätsgründen zwei davon über der Fuge anbringen.

6: Eine Bankhälfte auf den Boden legen. Sechs Rosetten im Abstand von 45 cm auf die Mittellinie legen, die 22,5 cm von der Vorder- und Hinterkante verläuft. Vorbohren und die Rosetten anschrauben; mit der anderen Hälfte genauso verfahren.

Unterbau der Plattform

Als hintere Auflage für die Plattform nageln Sie sechs Kanthölzer (5 × 10 cm) senkrecht und zwei waagerecht an die Wand. Bei einer Holzwand müssen Sie darauf achten, daß die Nägel in die Balken hinter den Brettern gehen. Bei gemauerten Wänden nehmen Sie Stahlnägel, bei verputztem Mauerwerk Dübel und Schrauben. Die waagerechten Kanthölzer sind hier 240 cm und die senkrechten 60 cm lang, aber Sie können die Höhe der Plattform nach Belieben festsetzen. Nehmen Sie an jeder hinteren Außenecke und an jeder Innenecke zwei senkrechte Teile nebeneinander (Photo 3). Prüfen Sie mit der Wasserwaage, ob die waagerechten, 240 cm langen Kanthölzer auch wirklich genau waagerecht auf den senkrechten Stützen liegen, und nageln Sie sie an die Wand.

Acht weitere Kanthölzer 5 × 10 cm unterstützen die Vorderkanten der beiden Plattformteile. Sie müssen um die Höhe der Kanthölzer höher sein als die hinteren Stützen, also in diesem Beispiel 70 cm. Verteilen Sie die Streben, wie auf Photo 4 zu sehen, und nageln Sie die Platte darauf. Befestigen Sie dann die unteren Enden der Stützen am Boden, indem Sie Nägel schräg einschlagen oder kleine Eisenwinkel an Stützen und Fußboden schrauben. Wenn die Stützen im Boden verankert sind und die Platte auch an die hinteren Stützen angenagelt ist, ist die Konstruktion stabil.

Unterbau für Tisch und Rundbänke

Um die beiden Teile der Tischplatte zu verbinden, nageln Sie drei Kanthölzer 5 × 10 cm, und zwar eins 35 cm und zwei je 25 cm lang, quer über die Mittelfuge (Photo 5), 37 cm vom Rand und mit 23 cm Abstand. Schrauben Sie dann fünf Rosetten an die Unterseite der Tischplatte. Halten Sie sich dabei an die Anleitungen, die auf Seite 42 für den Zusammenbau der Polsterbänke gegeben werden. Schrauben Sie die fünf 65 cm langen Stahlrohre in die Rosetten, und versehen Sie die Rohre am unteren Ende mit Kappen.

Legen Sie die Sitzflächen der Bänke mit der Unterseite nach oben auf den Boden. Zeichnen Sie mit Hilfe eines Lineals die Position von sechs Rosetten in der Mitte der Bank in 45 cm Abstand voneinander an (Photo 6). Schrauben Sie die 35 cm langen Beine ein, und versehen Sie diese wie beim Tisch mit Endkappen; stellen Sie die Bänke auf. Da die Beine einen Halbkreis bilden, besitzt die Bank genügend Stabilität.

Polstern

Schneiden Sie für die beiden Hälften der Plattform je ein Stück Polyätherschaum zu, das ringsherum 5 cm übersteht. Heften Sie es mit der Heftmaschine an den Hinterkanten und dort, wo die beiden Teile zusammenstoßen, von unten an die Spanplatte. Ziehen Sie den Schaumstoff dann straff und heften Sie ihn auch an den übrigen Kanten unten an.

Schneiden Sie mit der Zickzackschere den Möbelstoff genauso zu, doch geben Sie hierbei an allen sichtbaren Kanten 10 cm, am hinteren Rand 5 cm und an der Stelle, wo die beiden Teile zusammenstoßen, 2,5 cm zu. Bügeln Sie an den hinteren Rändern den Stoff 5 cm breit nach der linken Seite um. Nähen Sie die beiden Stoffteile auf der linken Seite aneinander. Bitten Sie einen Helfer, den Stoff so zu halten, daß die rechte Seite zur Wand zeigt und die umgebügelte Kante gerade bis auf die Plattform

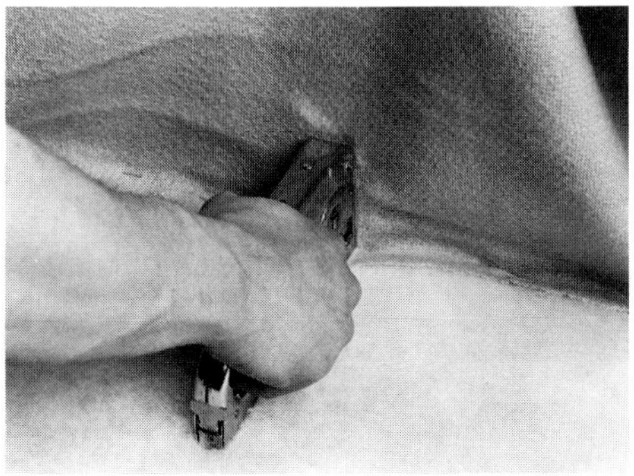

7: Während ein Helfer den Möbelstoff mit der rechten Seite nach außen so an die Wand hält, daß die umgebügelte Kante den oberen Rand der Plattform berührt, die umgebügelte Kante an den hinteren Rand der Plattform heften.

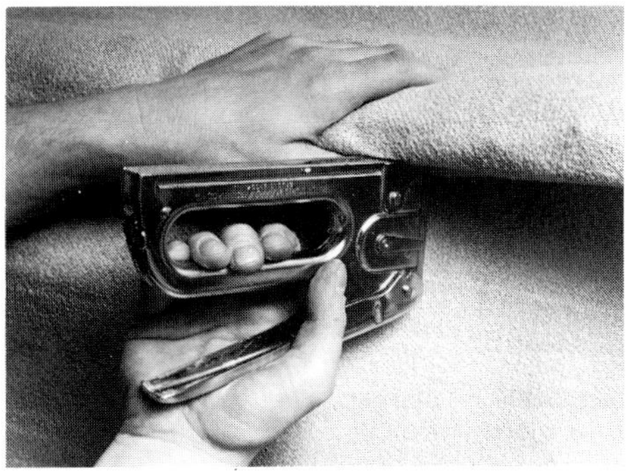

8: Den Stoff stramm über die bereits mit Polyätherschaum gepolsterte Plattform ziehen. Den Stoff etwa alle 2,5 cm von unten mit der Heftmaschine an die Vorder- und Seitenkante der Plattform heften.

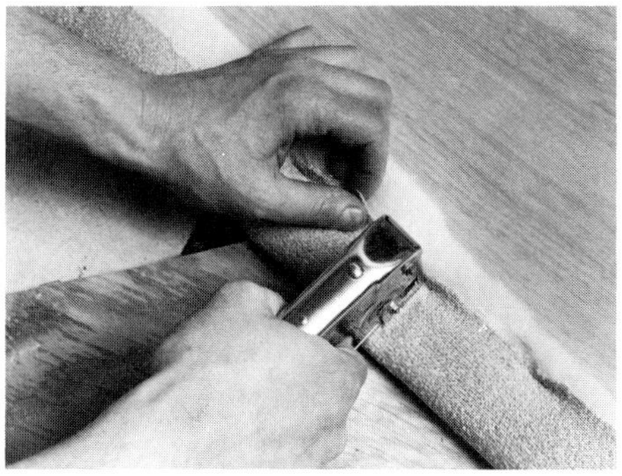

9: Vor dem Anbringen der Hartfaser-Blende Polyätherschaum und darüber Bezugstoff an der Oberkante von hinten an die Blende heften. Die Materialien werden in diesem Arbeitsgang nur an einer Seite angeheftet.

herabreicht. Heften Sie den Stoff mit der umgebügelten Kante an den hinteren Rand der Plattform (Photo 7). Setzen Sie die Klammern in Abständen von gut 1 cm ein. Wenn Sie den Stoff mit der umgeschlagenen Kante an beide Plattformhälften geheftet haben, ziehen Sie ihn stramm nach vorne und heften ihn von unten an die Vorder- und Seitenkanten der Plattformhälften (Photo 8).

Für das Rückenpolster aus Schaumstoff müssen Sie zuerst den vorderen Rand der Plattform mit einer 6 mm starken und 15 × 380 cm großen Blende aus Hartfaserplatte versehen. In dieser Länge werden Sie die Hartfaserplatte wohl kaum bekommen, aber Sie können die Blende ohne weiteres aus mehreren Stücken zusammensetzen, um auf die erforderliche Länge zu kommen. Bevor Sie die Blende an der Plattform anbringen, schneiden Sie sich ein etwa 2,5 cm dickes und 25 × 390 cm großes Stück Polyätherschaum zurecht. Heften Sie es der Länge nach an die Rückseite der Blende. Schneiden Sie dann ein Stück Möbelstoff in der Größe 30 × 395 cm zu und heften Sie es über den Polyätherschaum (Photo 9). Beachten Sie, daß diese Materialien nur auf einer Seite angeheftet werden. Halten Sie die Blende mit der gehefteten Kante nach oben an die gebogene Kante der Plattform, und bringen Sie die Oberkante der Blende genau auf die Höhe der Plattform-Oberfläche. Heben Sie den Bezugstoff und den Polyätherschaumstoff hoch und schlagen Sie beides nach hinten auf die Plattform um; nageln Sie nun die Hartfaserplatte an die Kante der Plattform (Photo 10).

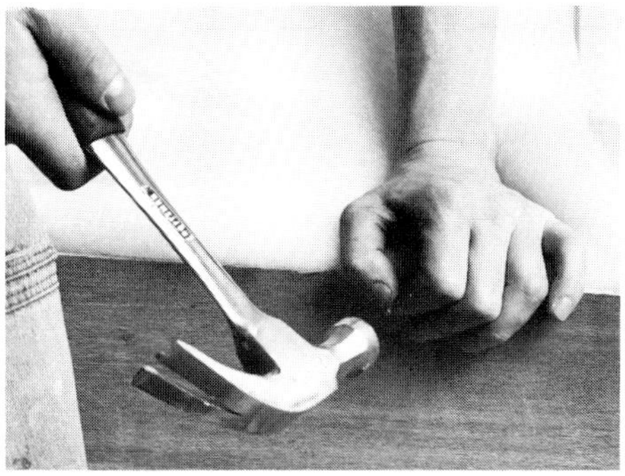

10: Polsterschaum und Bezugstoff auf die Plattform hochschlagen und die flexible Blende an die Vorderkante der Plattform nageln. Den oberen Rand der Blende mit der Plattform-Oberfläche genau abschließen lassen.

Wenn die Blende aus Hartfaserplatte angebracht ist, falten Sie ein 10 cm dickes und 30 × 380 cm großes Stück Schaumstoff der Länge nach in der Mitte, so daß Sie ein 20 cm dickes und 15 × 380 cm großes Polster erhalten. Kleben Sie die losen Enden mit Klebeband zusammen. Halten Sie das Polster mit dem Knick nach oben an die Blende, und schlagen Sie den auf der Plattform liegenden Polyätherschaum nach unten (Photo 11). Ziehen Sie ihn über dem dickeren Polster straff und heften Sie ihn am unteren Rand auf die Rückseite der Blende. Holen Sie nun auch den Bezugstoff über das Rückenpolster herunter, spannen Sie ihn ebenfalls über die Schaumstoffpolsterung, und heften Sie ihn hinten an die Blende.

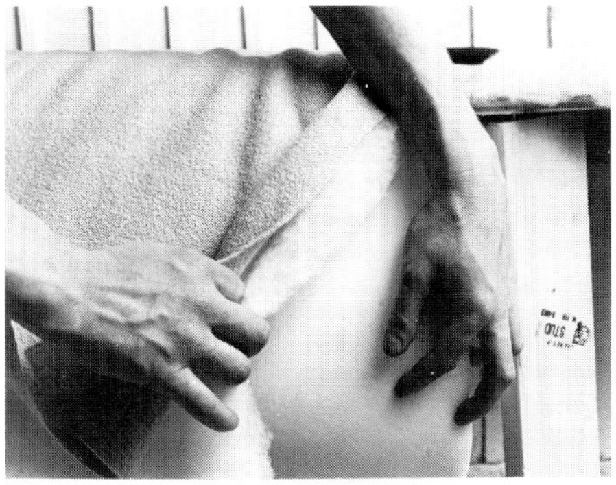

11: Polyätherschaum und Bezugstoff straff über den gefalteten und mit Klebeband zusammengehaltenen Schaumstoff spannen. Beide Materialien von hinten an die Unterkante der Blende heften.

Nehmen Sie zwei Teile in der Größe 40 × 70 cm aus 6 mm dicker Hartfaserplatte als Verkleidungen der offenen Seiten der Plattform. Beziehen Sie beide mit Möbelstoff ohne sie zu polstern, indem Sie zuerst auf jeder Seite in der Mitte eine Klammer anbringen und dann ringsherum in Abständen von etwa 5 bis 10 cm heften. Befestigen Sie diese Verkleidungen mit Drahtstiften an beiden Enden des Rahmens.

Schneiden Sie das Material, das Sie für die Tischplatte gewählt haben, im Format 165 × 165 cm zu. Spannen Sie das Material über die Tischplatte, und heften Sie es zunächst an gegenüberliegenden Punkten an die Unterseite; ziehen Sie es dann alle 5 bis 10 cm straff, und heften Sie es an. Das überstehende Material an den Ecken schneiden Sie mit einer Zickzackschere ab.

Schneiden Sie sich je ein 50 × 240 cm großes Stück 10 cm dicken Schaumstoff für die Sitze der beiden Bankhälften zu. Legen Sie diese Polster auf die Bank. Schneiden Sie sich dann für jede Bankhälfte ein 60 × 250 cm großes Stück 2,5 cm dicken Polyätherschaum zurecht, beschneiden Sie die Teile so, daß sie in etwa der Form der Sitzflächen entsprechen, legen Sie sie über den Schaumstoff, und heften Sie sie von unten an die Spanplatte. Sie werden den Polyätherschaum beim Heften ziehen müssen, damit er sich der Halbkreisform der Bank anpaßt. Schneiden Sie dann zwei Bezüge aus Möbelstoff in der Größe 60 × 250 cm zu, spannen Sie den Stoff fest über die beiden Bankteile und heften Sie ihn an die Unterseite. Falls Sie den Tisch oder die Sitzbänke dauerhaft am Fußboden befestigen wollen, müssen Sie statt der 17 Fußkappen Rosetten besorgen und damit die Teile am Boden festschrauben.

ALLERLEI AUS PFLANZENMATERIAL

Gaben der Natur

Von Betty Sharp

Obwohl Sie sicher schon öfter die Zapfen von Kiefern und anderen Nadelbäumen zum Basteln von Weihnachtsschmuck verwendet haben, sind Sie vielleicht noch nicht darauf gekommen, daß man aus ihnen auch viele andere hübsche Dinge basteln kann. Zapfen, Samenkapseln und andere Pflanzenteile sind das Ausgangsmaterial für die Tiere, die unten und auf den Seiten 50 bis 54 abgebildet sind, sowie für den Kerzenständer, den Kranz, den Wandschmuck und das Bäumchen, für die Sie die Anleitungen auf den letzten Seiten des Kapitels finden.

Solche Basteleien liefern nicht nur einen willkommenen Vorwand für ausgedehnte Spaziergänge, sondern Sie sind sogar geradezu gezwungen, an die frische Luft zu gehen; eine Fahrt in die Berge, ein Rundgang in Ihrem Garten oder ein Familienausflug an einen See sind gute Gelegenheiten, dekorative Pflanzenteile zu sammeln. Sie brauchen aber nicht unbedingt in die Ferne zu schweifen, denn überall dort, wo Pflanzen wachsen, unter jedem Baum oder Busch findet man die nötigen Materialien.

Stadtbewohner, die wenig aufs Land kommen, haben es schwerer, aber wenn alle Stricke reißen, gibt es sicher auch in Ihrer Nähe einen Händler, der Zapfen und Samenkapseln verkauft. Sehen Sie im Branchen-Fernsprechbuch unter „Bindereibedarf“ oder „Gärtnereibedarf“ nach. Bei den dort aufgeführten Firmen können Sie auch anderes Material, wie Plastikbinder und Stützdrähte, bekommen.

Sammeln und Aufbewahren

Die schönsten Zapfen und Samenkapseln findet man in den meisten Gegenden im Oktober, aber je nach Klima und Höhenlage kann sich die beste Zeit zum Sammeln um mehrere Wochen verschieben. Sammeln Sie Ihre Exemplare an einem schönen Tag, weil sie dann trockener sind. Um auch schwer erreichbare Zapfen und Kapseln von niedrigen Büschen zu pflücken, können Sie sich einen Spazierstock mitnehmen. Kapseln können Sie pflücken, sobald sie reif, wenn auch noch grün sind. Bei Zapfen sollten Sie warten, bis sie mit geschlossenen Schuppen goldbraun geworden sind.

Die Farben von Kapseln und Zapfen verändern sich durch Sonne und Feuchtigkeit. Damit sie ihre ursprüngliche Färbung behalten, sollten Sie sie in einer mit Luftlöchern versehenen flachen Schachtel im Dunkeln aufbewahren, am besten in einem geschlossenen Schrank. Sie können Kapseln braun und Zapfen grau werden lassen, indem Sie sie ein bis zwei Tage in die Sonne legen, aber holen Sie sie am Abend wieder herein, vor allem bei hoher Luftfeuchtigkeit. Nüsse sollten Sie zum Trocknen erst in flache Schachteln tun, dann eine Woche in einer offenen Konservenbüchse auf die Heizung stellen. Flechten und Moos breiten Sie am besten auf einer Glasscheibe aus und lassen sie an einem dunklen Ort trocknen.

Wenn sie längere Zeit Licht oder Feuchtigkeit ausgesetzt sind, können all diese Materialien unbrauchbar werden. Sobald sie getrocknet sind, sollten Sie sie an einem vor Licht und Staub geschützten, trockenen Ort aufheben, also etwa in einem Schrank. Sortieren Sie das Pflanzenmaterial nach Größe und Verwendungszweck. Wenn Sie den Verdacht haben, daß sich in den Samenkapseln Insekten befinden, sprühen Sie sie mit einem Insektenvertilgungsmittel ein. Kleine Samenkapseln können Sie in Eierkartons oder Schuhschachteln aufbewahren, größere in Kartons mit Luftlöchern. Zur Verhütung von Schimmel können Sie jede Kapsel und jeden Zapfen mit einem weichen Pinsel vom anhaftenden Staub befreien, bevor Sie sie verwahren. Schichten Sie die Materialien nicht übereinander; die Luft sollte ungehindert zirkulieren können. (Geeignetes Material wie Nüsse und Samen können Sie übrigens auch in Lebensmittelgeschäften und Zoohandlungen kaufen.)

Was haben der Löwe, das Lama und das Krokodil gemeinsam? Sie wurden alle drei aus Nadelbaumzapfen und Samenkapseln sowie gängigem Bastelmaterial, wie Filz, Perlen, Pfeifenreinigern und Tesaband, angefertigt. Die Tiere können Sie dann zur Freude der Kinder auch noch in eine leckere Umgebung stellen.

1: Für den Hals des Lamas einen Pfeifenreiniger wie abgebildet zu einem „M“ biegen. Den mittleren Knick mit Klebstoff einstreichen. Den Knick unter den Stiel des Zapfens schieben und an die Unterseite des Zapfens drücken. Festhalten, bis der Klebstoff getrocknet ist.

Gestalterische Grundsätze

Achten Sie beim Sammeln des Materials auf die Form einer Knospe, die Linie eines Zweiges oder den feinen Farbton eines Zapfens. Eine gute Komposition mit getrocknetem Material beruht auf der geschickten Ausnutzung solcher natürlichen Eigenschaften. Versuchen Sie, sich bei der Auswahl der einzelnen Teile stets das fertige Arrangement vorzustellen. Gleichen Sie rauhes Material durch glattes aus, sorgen Sie für Farbkontraste und setzen Sie ein bis zwei auffallende Akzente.

Tiere aus Tannenzapfen

Zapfen verschiedenster Form und Größe werden für alle hier gezeigten Tiere und auch für die Vögel auf den Seiten 52 und 54 verwendet. Die Tiere lassen sich leicht mit Hilfsmitteln zusammenbasteln, die Sie sicherlich im Haus haben – zwischen die Schuppen von Tannenzapfen gewickelte Garnreste ergeben hübsche Felle; Hälse und Beine macht man aus Pfeifenreinigern. Ein paar geschickt placierte Federn vervollständigen einen Vogel. Die benötigten Materialien sind für jede Arbeit aufgeführt; ebenso ist jeweils angegeben, welche Art von Zapfen genommen werden. Bestimmte Zapfen werden nicht überall aufzutreiben sein, aber notfalls werden Sie sicherlich einen von ähnlicher Form und Größe finden. Wenn ein Zapfen sich noch nicht geöffnet hat, brauchen Sie ihn nur ein paar Minuten bei niedriger Hitze in die Backröhre zu legen. Die Tiere werden aus ganzen Zapfen gemacht, aber für Einzelheiten wie Ohren, Panzer, Zehen oder Mähne werden auch einzelne, von anderen Zapfen abgeschnittene Schuppen angeklebt. Schneiden Sie die Schuppen mit einer stabilen Allzweckschere oder einer Rosenschere dicht über der Spindel des Zapfens ab. Wenn nicht anders angegeben, werden die Schuppen stets mit dem abgeschnittenen Ende angeklebt. Welches Ende des Zapfens (Spitze oder Stiel) das Vorderteil bildet, hängt von der Gestalt des jeweiligen Tieres ab.

2: Den M-förmigen Pfeifenreiniger zu einem Hals zusammendrücken und das lose Ende zu einem knapp 2 cm langen Kopf umbiegen; dann eine große Schuppe (schwarz bemalt) von oben und eine kleinere (ebenfalls schwarz) von unten als Mund an den Kopf kleben.

Entwurf und Gestaltung

Lama

Das wollige Lama, das auf Seite 48 auf einem kleinen Felsen herumklettert, wurde aus einem Weymouthskiefernzapfen gebastelt, aber jeder andere etwa 7 cm lange Zapfen eignet sich genausogut. Für die Ohren und den Mund brauchen Sie noch vier Schuppen von einem Zapfen gleicher Art. Außerdem sind erforderlich: zwei Pfeifenreiniger, ein schwarzer und ein weißer; 1,50 m weiße Teppichwolle; zwei kleine schwarze Perlen; ein roter Samt- oder Filzrest; Klebstoff; schwarzes und weißes Farbspray (oder Plakafarbe).

Schneiden Sie zunächst von der Spitze des Zapfens zwei Schuppen ab. Kürzen Sie dann den Stiel am andern Ende auf gut 1 cm. Sprühen Sie den Zapfen mit weißer Farbe ein. Der Zapfen stellt den Rumpf des Lamas dar. Schneiden Sie von einem anderen Zapfen vier Schuppen für die Ohren und den Mund des Lamas ab. Drei davon sollten dieselbe Größe haben; für die Unterlippe nehmen Sie einen etwas kleineren. Sprühen Sie die Ohren-Schuppen mit weißer und die Mund-Schuppen mit schwarzer Farbe ein, und zwar auf beiden Seiten. Legen Sie sie zum Trocknen beiseite. Schneiden Sie den roten Stoffrest so zurecht, daß er als Zunge auf die untere Mund-Schuppe paßt, und kleben Sie ihn an.

Für den Hals biegen Sie den weißen Pfeifenreiniger zu einem „M“. Kleben Sie den Pfeifenreiniger unter den Stiel und an die Unterseite des Zapfens (Photo 1). Wenn der Klebstoff getrocknet ist, drücken Sie die Teile des „M“ zusammen und verschlingen sie miteinander. Biegen Sie diesen Hals leicht nach vorne, und biegen Sie am oberen Ende ein kurzes Stück davon (2 cm) für den Kopf nach unten. Kleben Sie die beiden Mundteile an (Photo 2).

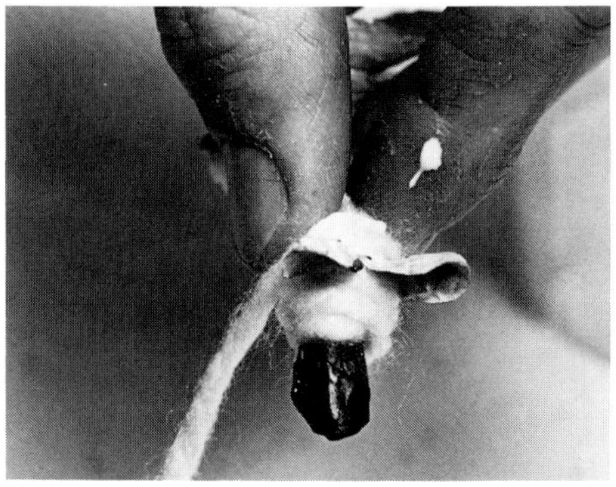

3: Zum Umwickeln des Kopfes die Wolle mit einem Ende in etwas Klebstoff tauchen und an der Unterseite des Lamakopfes beginnen. Bis an die Biegung wickeln. Die weißgestrichenen Schuppen für die Ohren an Pfeifenreiniger und Wolle festkleben; dann die Wolle noch viermal hinter den Ohren herumwickeln.

Umwickeln mit Wolle

Wickeln Sie 60 cm Teppichwolle ab, bestreichen Sie ein Ende mit Klebstoff, und wickeln Sie es um den Kopf, am Mund beginnend. Wickeln Sie weiter, bis Sie die Biegung im Pfeifenreiniger erreichen. Kleben Sie dort die Ohren an (Photo 3), und umwickeln Sie den Hals mit dem Garn. Streichen Sie die Zapfenunterseite mit Klebstoff ein, um das Garn an dieser Stelle zu befestigen; umwickeln Sie dann den ganzen Zapfen, indem Sie das Garn so zwischen den Schuppen hindurchführen, daß nur noch ihre Spitzen herausschauen. An manchen Stellen werden Sie dafür vielleicht das Garn in mehreren Lagen wickeln müssen.

Entwurf und Gestaltung

Löwe

Der Löwe auf Seite 48 ist aus Teilen von sieben Zapfen hergestellt. Der Rumpf wurde aus einem etwa 4,5×5 cm langen Pechföhrenzapfen gemacht; die Schuppen für Mähne und Gesicht wurden von sechs Weymouthskiefernzapfen abgeschnitten. Außerdem brauchen Sie: kräftiges Papier; Zirkel; Bleistift; Schere; Stecknadeln; eine Styroporkugel mit 5 cm Durchmesser; Klebstoff (Ponal); klaren Sprühlack; drei Stücke goldbraunen Filz in der Größe 7,5×7,5, 10×17,5 und 27,5×35 cm; Kohlepapier und Transparentpapier; eine Rundzange; schwarzen Zwirn; eine Pinzette; zwei kleine Samen; zwei schwarze Perlen; einen roten Filzrest; einen kleinen Spieß oder Zahnstocher; zwei 6 cm lange Stücke Dübelholz mit 6 mm Durchmesser; einen 9 cm und zwei 7,5 cm lange Pfeifenreiniger in Goldgelb und 30 cm goldbraune Wolle.

Zusammenbau des Löwen

Schneiden Sie einen Papierkreis mit 3,5 cm Durchmesser, und stecken Sie ihn auf die Styroporkugel. Schneiden Sie etwa 50 Schuppen von den großen Zapfen ab, und machen Sie die Mähne (Photo 4). Kleben Sie für jeden Fuß drei Schuppen zusammen; lassen Sie die Schuppen an den Schnittenden so überlappen, daß die beiden seitlichen Zehen einen 45°-Winkel mit der mittleren Zehe bilden. Suchen Sie sich geeignete Schuppen für die Nase und die Ohren aus, und nehmen Sie eine mit fünf bis sechs Schuppen besetzte Zapfenspitze als Schwanz. Spitzen Sie das Schnittende der Nase zu. Legen Sie Zehen, Ohren, Nase, Schwanz und die Styroporkugel mit der Mähne auf Zeitungspapier, und sprühen Sie alles mit Klarlack ein.

Übertragen Sie das Muster für das Gesicht des Löwen (Zeichnung A) auf das 7,5×7,5 cm große Stück Filz und schneiden Sie es aus. Tragen Sie auf den Filz eine dünne Linie Klebstoff auf, entsprechend den gepunkteten Linien um das Gesicht. Formen Sie das Gesicht (Photo 5). Schneiden Sie sich einen 6×19 mm großen Filzstreifen zu, und schneiden Sie am einen Rand Fransen hinein. Kleben Sie dieses Teil mit einer Pinzette zwischen die Ohren (obere gepunktete Linie in Zeichnung A). Schneiden Sie den Gesichts-Filz an den gestrichelten Linien (Zeichnung A) ein, um Schlitze für die Ohren und Fransen zu machen. Vervollständigen Sie das Gesicht, indem Sie die Nasen- und Ohren-Schuppen ankleben und drei 2,5 cm lange Zwirnsfäden als Schnurrhaare, zwei kleine Samen als Nasenlöcher, ein Stückchen roten Filz als Zunge und zwei schwarze Perlen als Augen anbringen.

Fertigen Sie die Beine des Löwen an, indem Sie die Dübelhölzer (Vorderbeine) und die Pfeifenreiniger (Hinterbeine) mit goldbraunem Filz bekleben. Kleben Sie den Filz so um die Dübelhölzer, daß sich die beiden Enden an der Nahtstelle überlappen und ein Ende des Dübelholzes freibleibt. Tauchen Sie das freie Ende jedes Holzes in Klebstoff. Stecken Sie sie im Abstand von gut 1 cm unmittelbar hinter der Mähne in die Styroporkugel. Schneiden Sie sich einen 2,5×6 cm großen Streifen aus Filz, und schneiden Sie an einer Längsseite Fransen hinein. Kleben Sie diesen Streifen mit den Fransen nach unten quer über die Oberteile der Beine und um die Dübelhölzer, um diese zu befestigen. Für die Hinterbeine bekleben Sie nun noch die beiden 7,5 cm langen Pfeifenreiniger mit Filz.

A

Zeichnung A: Dieses Muster in derselben Größe für das Löwengesicht auf Transparentpapier abpausen und mit Kohlepapier auf den Filz übertragen; dann alle Linien mit einem Filzschreiber nachziehen. Das Gesicht an den durchgezogenen Umrißlinien ausschneiden.

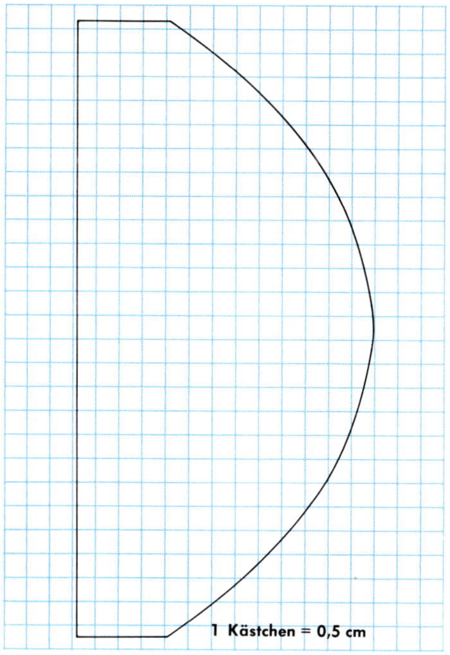

B

Zeichnung B: Dieses Schnittmuster ist für das Fell des Löwen. Einen Bogen Papier in Kästchen mit 0,5 cm Seitenlänge einteilen und das Muster Kästchen für Kästchen übertragen. (Siehe auch „Fachliche Hinweise" zum Vergrößern eines Musters, Seite 92.)

4: Die Löwenmähne aus vier konzentrischen Schuppenringen machen, von denen der erste dicht um den Papierkreis gesteckt wird. Jede Schuppe in Klebstoff tauchen und in die Styroporkugel drücken. Dann die Schuppen mit Klarlack einsprühen. Anstelle des Papiers wird nachher das Gesicht aufgeklebt.

5: Das Gesicht an den im Muster (oben rechts) gepunkteten Linien mit Klebstoff bestreichen. Den Filz nach oben falzen und mit einer Rundzange zusammenkneifen, bis der Klebstoff trocken ist. Dann den Filz an den gestrichelten Linien (Zeichnung A) einschneiden, um Fransen und Ohrenschlitze zu machen.

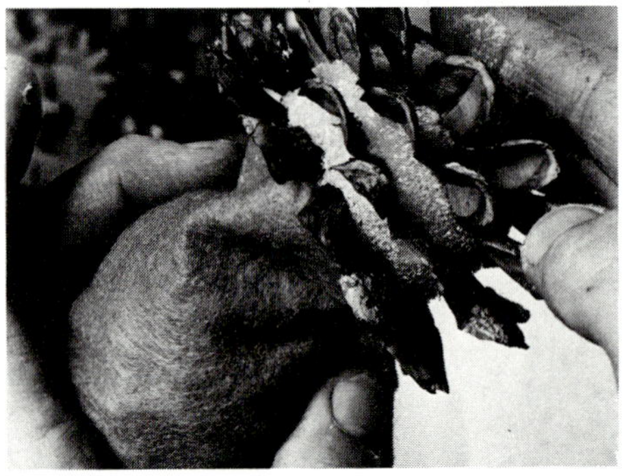

6: Zur Befestigung des Löwenkopfes am Rumpf, Klebstoff auf die Spitze des Zapfens unter dem Filzfell und auf den Innenrand des Fells auftragen. Die Zapfenspitze in die Rückseite des Kopfes hinter die Mähne und Vorderbeine stecken und den Filz ankleben.

7: Die Hinterbeine des Löwen – filzbezogene Pfeifenreiniger – und den Schwanz – mit Wolle umwickelte Pfeifenreiniger – an die Unterseite des Rumpfzapfens kleben. Zurechtbiegen, wenn der Klebstoff getrocknet ist.

Mit Schere, Klebstoff und Pfeifenreinigern den Zapfenrumpf des Straußes zusammenbauen. Als Verzierung die Beine mit braunem Tesaband und weißer Teppichwolle umwickeln; Federkleid und Hals mit einzelnen Schuppen besetzen.

Schneiden Sie das Fell des Löwen (Zeichnung B, Seite 51) aus dem 10×17,5 cm großen Filzstück aus, und kleben Sie es so um den Zapfenrumpf, daß die Enden sich 5 mm überlappen. Kleben Sie die Filzränder zusammen, lassen Sie aber den vorderen Teil frei, damit dieser an den Hinterkopf angeklebt werden kann. Setzen Sie Rumpf und Kopf zusammen (Photo 6), indem Sie die Zapfenspitze in die Styroporkugel stecken und den Filz an die Kugel kleben.

Für den Schwanz kleben Sie die kleine Zapfenspitze an den 9 cm langen Pfeifenreiniger. Umwickeln Sie den Pfeifenreiniger mit goldbrauner Wolle, lassen Sie aber an einem Ende gut 1 cm frei, und umwickeln Sie am andern Ende auch die Zapfenspitze. Befestigen Sie die Enden des Fadens mit Klebstoff. Kleben Sie der Reihenfolge nach die Einzelteile an: die Hinterbeine und den Schwanz an das Ende des Rumpfzapfens (Photo 7), die Füße, zuletzt das Gesicht auf die Kugel.

Entwurf und Gestaltung

Strauß

In diesem Strauß (unten links) steckt mehr, als man ihm ansieht. Nicht weniger als fünf Zapfen wurden für dieses Kerlchen verarbeitet: für den Rumpf ein 6 cm langer Douglastannenzapfen, für den Kopf zwei 5 cm lange Zapfen einer Hemlocktanne, für den Schwanz ein 7 cm langer Weymouthskiefernzapfen und zum Verzieren des Federkleids die Schuppen eines 7 cm langen Fichtenzapfens. Sie können aber auch andere Zapfen nehmen, wenn sie nur ungefähr diese Maße haben. An sonstigem Material brauchen Sie: zwei braune Pfeifenreiniger; zwei weiße Pfeifenreiniger 25 cm weiße Teppichwolle; braunes Tesaband; Klebstoff; klaren Sprühlack; einen Stützdraht; einen Locher; weiße und schwarze Papierreste und eine Schere.

Befestigen Sie als erstes ein 7,5 cm langes Stück von einem braunen Pfeifenreiniger als Hals am Rumpfzapfen und biegen Sie es in S-Form. Durchstechen Sie dafür das Stielende des Zapfens mit dem Stützdraht, streichen Sie ein Ende des Pfeifenreinigers mit Klebstoff ein, und stecken Sie es in das Loch. Schneiden Sie für den Kopf etwa 1 cm von der Spitze jedes der beiden kleinen Zapfen ab, und kleben Sie diese an das freie Ende des Pfeifenreinigers. Lassen Sie den Klebstoff trocknen. Schneiden Sie für den Schwanz die Spitze von einem 7 cm langen Zapfen ab. Er sollte ungefähr acht Schuppen haben; entfernen Sie zwei davon und heben Sie sie für den Schnabel auf. Schneiden Sie den übrigen Schwanzteil der Länge nach in zwei Hälften, und kleben Sie eine davon mit der flachen Seite nach unten am oberen Ende des Rumpfes unter eine Schuppenreihe (Photo 8). Schneiden Sie etwa 20 kleine Schuppen von bereits zerschnittenen Zapfen ab, und bekleben Sie damit den Hals (Photo 9).

Machen Sie die Beine aus braunen Pfeifenreinigern, die Sie so zurechtschneiden und biegen, daß jedes Bein drei Zehen bekommt. Umwickeln Sie die Beine mit schmalem braunen Tesaband (Photo 10) und dann oben beginnend mit weißer Wolle auf einer Länge von knapp 2 cm; wickeln Sie dann wieder aufwärts bis an den Ausgangspunkt. Kleben Sie die Enden der Wolle fest und die Beine im Abstand von etwa 1 cm zwischen den Schuppen an – vier oder fünf Reihen hinter dem Hals.

Für das Federkleid wickeln Sie zwei weiße Pfeifenreiniger um einen Bleistift. Ziehen Sie die Spiralen vom Bleistift ab, ziehen Sie sie leicht auseinander, und kleben Sie sie an (Photo 11). Verzieren Sie das Federkleid anschließend mit zehn großen Schuppen. Kleben Sie die beiden Schnabelteile, die Sie bereits zugeschnitten haben, an die Spitze des Kopfes. Machen Sie Augen aus weißen und schwarzen Papierschnitzeln, und kleben Sie sie an. Sprühen Sie den fertigen Strauß mit Klarlack ein.

8: Die Hälfte einer Zapfenspitze mit der flachen Seite nach unten als Schwanz ans obere Ende des Rumpfs kleben. Der Kopf besteht aus den Spitzen zweier kleiner Zapfen; beide werden ans Ende eines Pfeifenreinigers geklebt.

9: Für den dürren Hals etwa 20 kleine abgeschnittene Schuppen nehmen. Sie werden leicht überlappend vom Ende des Zapfens bis an den Kopf auf beiden Seiten des Pfeifenreinigers dicht an dicht geklebt.

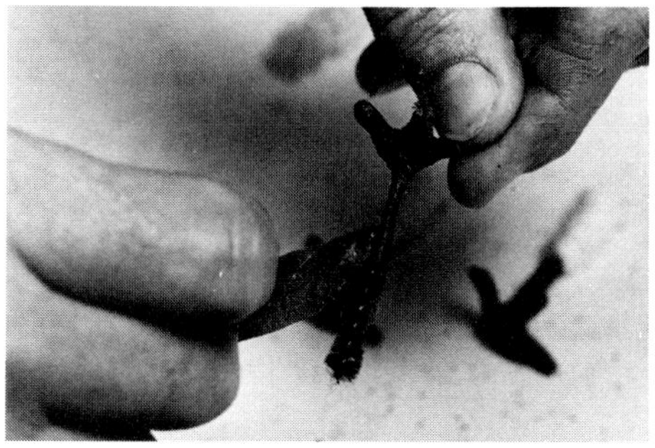

10: Für ein Bein einen 7,5 cm langen Pfeifenreiniger so biegen, daß drei Zehen entstehen. Bein samt Zehen mit Tesaband und die Schenkel zusätzlich mit weißer Wolle umwickeln.

11: Für das Gefieder zwei Pfeifenreiniger um einen Bleistift zu Spiralen wickeln; eine davon direkt über den Schwanz und die andere dicht davor kleben.

12: Zum Einkleben des Schwanzes aus einer Blasenstrauchschote in den Papprumpf des Krokodils die zusammengeklebten Teile mit einem Garnröllchen und Gummiband zusammenhalten.

Entwurf und Gestaltung

Krokodil

Für das auf Seite 49 abgebildete Krokokil brauchen Sie: eine ungefähr 8 cm lange Kartonröhre mit 3 cm Durchmesser; drei 6 cm und vier 8 cm lange Zapfen; eine Blasenstrauchschote; rote, goldgelbe und weiße Filzreste; zwei kleine gelbe oder goldene Perlen; zwei grüne Pfeifenreiniger; ein leeres Garnröllchen; grünes Tesaband oder Plastikbinder (in Blumenhandlungen als Zubehör für Gestecke erhältlich); grüne und goldene Sprayfarbe; einen kugeligen Knopf; Zeitungspapier; Zickzackschere; eine gewöhnliche Schere; Klebstoff; Bleistift; Lineal und Bandmaß.

Legen Sie Ihren Arbeitsplatz mit Zeitungspapier aus. Sprühen Sie alle Zapfen bis auf je einen großen und kleinen mit grüner Farbe ein, die anderen beiden mit Goldfarbe. Lassen Sie die Zapfen trocknen, und schneiden Sie dann sämtliche Schuppen ab. Machen Sie drei Häufchen mit kleinen, mittelgroßen und großen Schuppen. Schneiden Sie sich eine 8 cm lange Röhre aus Pappe zurecht. Teilen Sie diese Röhre mit Hilfe von Lineal, Bleistift und Bandmaß der Länge nach in zwei halbkreisförmige Schalen, und zwar eine mit 5 cm Umfang (für den Körper des Krokodils) und die andere mit 4 cm Umfang (für die Schnauze). Schneiden Sie dann die Schnauze noch einmal der Länge nach in zwei gleichgroße Teile.

Schneiden Sie vom Stielende einer Blasenstrauchschote ein 10 cm langes Stück für den Schwanz ab. Kleben Sie die Schote an einem Ende unter den Pappkörper (Photo 12). Bekleben Sie anschließend den Rumpf und den Schwanz mit grünen Schuppen, wie auf Photo 13 gezeigt.

Machen Sie die Beine und Füße aus zwei 11 cm langen grünen Pfeifenreinigern. Biegen Sie die Pfeifenreiniger an beiden Enden 2,5 cm lang um, so daß je zwei Beine entstehen; biegen Sie dann für die Füße noch einmal jedes Bein in einer Länge von etwa 1 cm um. Umwickeln Sie die Pfeifenreiniger doppelt mit schmalem grünen Tesaband, und drücken Sie es an den Füßen platt. Kleben Sie die Beine im Innern des Rumpfes an (Photo 14).

Schneiden Sie ein 4×15 cm großes Stück goldgelben Filz als Verkleidung für die Unterseite von Rumpf und Schwanz zurecht. Kleben Sie dieses Teil an. Für die Schnauze legen Sie die beiden Teile, in die Sie die halbe Kartonröhre zerschnitten haben, übereinander, und schneiden Sie sie an den vorderen Enden halbrund zu. Schneiden Sie vom hinteren Ende des oberen Teils 5 mm ab. Beziehen Sie beide Teile innen mit rotem Filz und dann die Unterseite des unteren Teils mit goldgelbem Filz. Die Oberseite der Schnauze wird mit grünen Schuppen verkleidet, genau wie Sie es mit dem Rumpf gemacht haben, und zwar so, daß die runden Kanten der Schuppen nach vorne zeigen. Drei Längsreihen mit je fünf Schuppen müßten ausreichen.

Schneiden Sie mit der Zickzackschere zwei Streifen weißen Filz in der Größe $0,5 \times 11$ cm für die Zähne aus. Beschneiden Sie diese Filzstreifen so, daß sie sich um die Ränder der Schnauzen-Teile legen und kleben lassen. Wenn die Teile getrocknet sind, setzen Sie die Schnauze mit dem beschuppten Teil nach oben zusammen und kleben einen kleinen kugeligen Knopf, einen Kieselstein oder eine Bohne in den Schlund ein, damit der Rachen offenbleibt (Photo 15).

Kleben Sie die Schnauze zwischen Papprücken und Filzbauch und halten Sie die Teile zusammen, bis der Klebstoff getrocknet ist. Schneiden Sie für die Augen eine große grüne Schuppe der Länge nach durch, und kleben Sie die beiden Hälften quer auf die Mitte des vorderen Endes des Rumpfes. Kleben Sie darauf Perlen und verdecken Sie das Loch jeder Perle mit einem runden Stückchen aus rotem Filz. Wenn der Klebstoff getrocknet ist, bekleben Sie den Filzbauch des Krokodils mit drei Längsreihen sich überlappender Goldschuppen.

13: Den Papprumpf mit fünf Reihen großer grüner Schuppen bekleben; die Schuppen zeigen mit den beschnittenen Kanten nach vorne und überlappen sich. Von hinten anfangen und die mittlere Reihe als erste fertigstellen. Den Schwanz genauso mit mittelgroßen grünen Schuppen bekleben.

14: Beide Pfeifenreiniger-Beinpaare bilden eine Verstrebung, an die der Bauchfilz geklebt werden kann. Die Beine an den unteren Innenrand des Rumpfes kleben.

15: Zum Zusammenbau der Schnauze die hinteren Enden zur Deckung bringen, wobei das kürzere Teil unten liegt. Die hinteren Enden zusammenkleben und, damit der Rachen offenbleibt, einen kleinen (1 cm) Knopf oder Kieselstein einkleben. Dann die Schnauze in das Vorderteil des Rumpfs kleben.

Solche kleinen Truthähne machen sich besonders im Herbst gut als Tischdekoration. Sie sind so leicht zusammenzubasteln, daß auch Ihre Kinder Spaß daran haben werden, Ihnen beim Basteln zu helfen.

Entwurf und Gestaltung

Truthahn

Der Truthahn auf dem Bild links wurde aus einem Kiefernzapfen (Rumpf) und dem Zapfen einer Zirbelkiefer (Kopf) gebastelt, aber Sie können auch andere 5 cm bzw. 2 cm lange Zapfen nehmen. Für den Sockel brauchen Sie einen knapp 4 cm dicken Ast und eine Handsäge. Außerdem benötigen Sie: eine Baumschere; Zeitungspapier; klaren Sprühlack; einen roten Pfeifenreiniger; Klebstoff; eine Rundzange; einen Zahnstocher und mehrere kleine Federn.

Schneiden Sie mit der Säge ein gut 1 cm dickes Stück von dem Ast ab, und zwar schräg, so daß die Oberfläche ungefähr 4×6 cm groß wird. Knipsen Sie auf einer Seite des großen Zapfens von so vielen Schuppen die Spitzen ab, bis er flach auf dem Sockel liegenbleibt; kleben Sie ihn dann an. Wenn der Klebstoff getrocknet ist, sprühen Sie Zapfen und Sockel mit Klarlack ein. Befestigen Sie ein 15 cm langes Stück Pfeifenreiniger an der Spitze des Zapfens (Photo 16); nehmen Sie dazu ein spitzes Werkzeug, um eine Schlinge des Pfeifenreinigers gut zwischen die Schuppen zu schieben. Für den Kopf kleben Sie den kleinen Zapfen an den Pfeifenreiniger (Photo 17). Achten Sie darauf, daß zwischen dem Kopf des Truthahns und der Unterseite des Rumpfes ein Abstand von knapp 3 cm bleibt.

Kürzen Sie die Federn an der Kielseite, bis sie alle gleich lang sind. Tauchen Sie die Kiele in Klebstoff, und befestigen Sie sie jeweils zwischen zwei Schuppenreihen.

16: Die Schuppen auf der Seite des Zapfens, auf der er stehen soll, beschneiden und den Zapfen als Rumpf auf die Holzscheibe kleben. Wenn der Klebstoff getrocknet ist, Zapfen und Sockel mit Klarlack einsprühen und einen Pfeifenreiniger als Hals um den Stiel des Zapfens wickeln.

Entwurf und Gestaltung

Kerzenhalter

Einen hübschen Kerzenständer (rechte Seite oben) können Sie aus einer festen Unterlage anfertigen, die Sie mit einem Sortiment kleiner Zapfen, Nüsse und Samenkapseln verzieren. Außer den getrockneten Pflanzenteilen brauchen Sie noch: eine 3 mm dicke runde Scheibe aus Hartfaserplatte oder steifem Karton mit 15 cm Durchmesser; Klebstoff; Schere; klaren Sprühlack; eine nichttropfende Kerze und einen Kerzenhalter. In Blumengeschäften und Drogerien gibt es Kerzenhalter aus Messing mit kleiner Grundplatte; Sie können aber auch einen etwa 4×6 cm großen Glas-Kerzenhalter nehmen, wie man ihn in Haushaltswarenläden bekommt.

Schneiden Sie 35 Schuppen von drei großen Zapfen ab. Kleben Sie die Schuppen ringsherum an den Rand der Scheibe und den Kerzenhalter in die Mitte.

Suchen Sie sich etwa ein halbes Dutzend knapp 4 cm lange Zapfen zusammen, von Bäumen wie Fichte, Kiefer oder Douglastanne. Manche Zapfen werden Sie vielleicht am Stielende beschneiden müssen, damit sie plan auf der Unterlage stehen. Gruppieren Sie diese Zapfen um den Kerzenhalter und kleben Sie sie an (Photo 19).

Kleben Sie nun in konzentrischen Kreisen von der Mitte nach außen weitere neun bis zehn kleinere Zapfen (von Lärchen oder Erlen) und große Nüsse auf; mit kleinen Nüssen und Samenkapseln bedecken Sie dann noch die Schnittkanten der Schuppen, die den Rand der Scheibe verzieren, und füllen Sie die Lücken zwischen den größeren Zapfen und Nüssen aus. Wenn der Klebstoff getrocknet ist, sprühen Sie das ganze Arrangement mit Klarlack ein.

17: Klebstoff in 3 mm breitem Band rings um einen knapp 2 cm großen runden Zapfen für den Kopf des Truthahns auftragen. Das freie Ende des Pfeifenreinigers auf dem Klebstoff um den Zapfen wickeln.

18: Den Kerzenhalter in die Mitte der Hartfaserscheibe kleben, die mit einem Kranz aus großen Schuppen beklebt wurde. Die Schuppen zeigen mit der Spitze nach außen, und die konkave Seite ist oben (siehe auch Photo 19).

19: Sechs mittelgroße Zapfen, aufrecht angeklebt, verdecken den Kerzenhalter. Wenn nötig, die Zapfen auf der Stielseite mit einer Baumschere beschneiden, damit sie plan auf der Unterlage stehen. Das gilt auch für alle folgenden Pflanzenteile.

Entwurf und Gestaltung

Adventskranz

Für den auf dem unteren Farbbild gezeigten Kranz aus Tannenzapfen brauchen Sie die folgenden Materialien, die Sie in Warenhäusern, Werkzeug- oder Eisenwarenhandlungen bekommen: eine kleine Plastikwanne; sechs Dutzend 45 cm lange Stücke grünen Blumendraht 0,3 mm; Seitenschneider; Rundzange; klaren Sprühlack und 60 cm langes, etwa 4 cm breites rotes Samtband. Für den abgebildeten Kranz wurden Fichten- und Lärchenzapfen genommen; Sie brauchen 30 Zapfen mit 17 cm, 24 mit 12 cm und 8 mit 8 cm Länge; dazu 7 runde Zapfen, 2,5 cm lang.

Für das Drahtgestell (Photo 20) müssen Sie sich in einem Lampenfachgeschäft 4 Drahtringe kaufen, zwei mit 30 cm und zwei mit 27 cm Durchmesser. Außerdem brauchen Sie 80 cm 0,9 mm starken Draht und einen Lötkolben. Schneiden Sie den Draht in acht Stücke von 9 cm Länge, und biegen Sie sie zu U-Formen mit rechten Winkeln und 3 cm langen Seiten. Legen Sie einen kleinen und einen großen Ring in die Ecken einer U-Form, und löten Sie sie an. Ebenso verbinden Sie die übrigen sieben gebogenen Drähte in gleichem Abstand mit den Ringen. Löten Sie dann an die Enden der Drähte die beiden anderen Ringe, so daß sie parallel zu den unteren Drahtringen stehen.

Füllen Sie eine Plastikwanne mit warmem Wasser, und weichen Sie 24 der 17 cm langen Zapfen zwei Minuten lang ein. Dadurch werden die Zapfen weich und schließen sich, so daß sie sich mit dem Stielende nach innen durch die äußeren Ringe des Kranzrahmens schieben lassen (Photo 20). Lassen Sie dann die Zapfen trocknen.

Ein solcher Kerzenständer aus getrockneten Samenkapseln, Nüssen und Zapfen wirkt auf dem Tisch wie auch auf einer Kommode gleichermaßen dekorativ, vor allem in der Adventszeit.

20: Die im Wasser aufgeweichten großen Zapfen mit den Stielenden nach innen in die acht Abschnitte des Drahtgestells stecken. Die Drahtringe halten die Zapfen fest, wenn sie getrocknet sind.

21: Den Draht um die Mitte eines Zapfens schlingen, fest miteinander verschlingen, die freien Enden auseinanderbiegen, eines davon um den inneren Ring biegen und beide miteinander verschlingen.

Ein solcher Kranz aus verschiedenen Tannenzapfen kann drinnen oder draußen aufgehängt (er ist wetterfest) und das Jahr über bis zur nächsten Weihnachtszeit aufbewahrt werden.

Als nächstes bringen Sie über jedem der Querdrähte, die den äußeren Ring halten, einen 17 cm langen Zapfen an. Umwickeln Sie ihn dazu in der Mitte so mit einem 45 cm langen Stück Blumendraht, daß dieser unsichtbar zwischen zwei Schuppenreihen liegt, und schließen Sie die Schlinge auf der anderen Seite. Biegen Sie die freien Enden des Blumendrahts leicht auseinander, führen Sie sie um die Drähte des inneren Ringes und verschlingen Sie sie miteinander, um den Zapfen zu befestigen (Photo 21). Dasselbe Verfahren – den Zapfen mit Draht umwickeln, die Enden aufbiegen und sie hinter dem Drahtring oder bereits befestigtem Pflanzenmaterial miteinander verschlingen – dient zur Befestigung aller übrigen Zapfen. Schneiden Sie die überflüssigen Drahtenden jeweils ab, und verstecken Sie die Enden zwischen den Schuppen. Zeichnung C zeigt, wie die einzelnen Zapfen unterschiedlicher Länge angeordnet werden sollen.

Befestigen Sie, ebenfalls mit Blumendraht, die 12 cm langen Zapfen so über den zuerst angebrachten 24 Zapfen, daß diese zum Kranzinneren hin etwa 4 cm freibleiben (Zeichnung C). Schneiden Sie vier Blumendrahtstücke in der Mitte durch, und umwicklen Sie damit die 8 cm langen Zapfen in der Mitte. Befestigen Sie diese waagerecht in den Lücken unter den zuletzt angebrachten 12-cm-Zapfen. Die acht Zapfen sollen alle in die gleiche Richtung weisen.

Schneiden Sie weitere Drahtstücke in der Mitte durch, und wickeln Sie sie um das Stielende der sieben runden Zapfen. Befestigen Sie diese wie abgebildet auf dem Kranz. Dann sitzen die Zapfen dicht nebeneinander. Zum Schluß besprühen Sie den Kranz mit Klarlack. Stecken Sie einen Draht hinter eine rote Samtschleife, und befestigen Sie sie damit am inneren Rand des Kranzes.

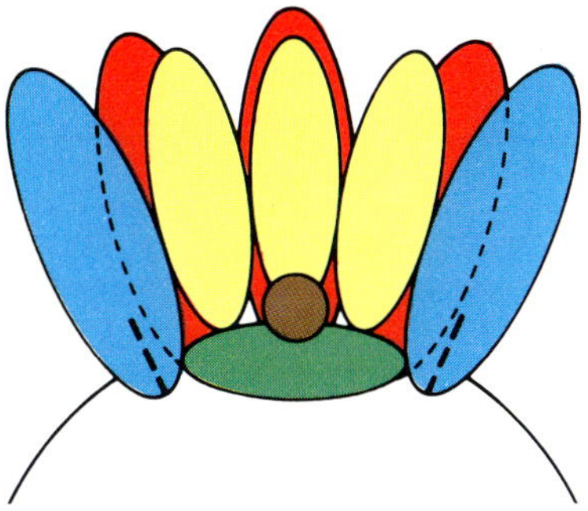

C

Zeichnung C: Diese Zeichnung zeigt einen kompletten Kranzabschnitt. Die drei 17 cm großen Zapfen, die in den Drahtringen stecken, sind rot; bei den beiden blauen handelt es sich um die Zapfen, die mit Draht am oberen Ring befestigt wurden; die drei 12 cm langen, mit Draht befestigten Zapfen sind gelb, und der eine 8 cm lange, waagerecht befestigte Zapfen ist grün getönt; der eine runde Zapfen ist braun.

Entwurf und Gestaltung

Wanddekoration

Von Eleanor Van Rensselaer
Getrocknetes Pflanzenmaterial, auf einem Ausflug gesammelt, wurde zu dem unten links abgebildeten reizvollen Wandschmuck arrangiert. Die verwendeten Pflanzen werden in der Bildunterschrift angegeben. Vielleicht probieren Sie es aber auch einmal mit so gefälligen Pflanzen wie Rohrkolben, Strandhafer, Weizen und anderen Getreidearten, leuchtend gefärbtem Strandflieder oder Zweigen mit Beeren.

Zusammenbau des Schaukastens

Um einen Schaukasten für die Pflanzen zu bauen, brauchen Sie: gebeizte Sperrholzstreifen in den folgenden Abmessungen: 0,5×2×22,5 cm (ein Stück); 2×5×22,5 cm (zwei Stück); 0,5×4×32,5 cm (sieben Stück) und 1×2×12,5 cm (acht Stück). Außerdem brauchen Sie: 5 Dutzend 13 mm lange Stifte; Hammer; Handsäge; einen Bilderhaken; eine Rolle 0,8-mm-Kupferdraht; Stecknadeln; Klebstoff; Seitenschneider; Rundzange und Heftmaschine. Auf den Boden des Kastens wurde ein 5×4×20 cm großer Block aus Mosy gelegt, in den die einzelnen Pflanzen gesteckt wurden. (Falls Sie einen weißen Styroporblock verwenden, färben Sie ihn mit brauner flüssiger Schuhcreme ein, damit er überall dort, wo er zu sehen ist, wie Erde wirkt.)

Der links abgebildete Schaukasten ist 5 cm tief, 22,5 cm breit und 32,5 cm hoch. Um ihn zusammenzubauen, fertigen Sie zunächst den Rahmen an, indem Sie zwei 4×32,5 cm große Sperrholzteile an die Enden zweier 5×22,5 cm großer Teile nageln, so daß der Kasten außen gemessen 32,5 cm hoch und 23,5 cm breit wird. Nageln Sie die 0,5×2×22,5 cm messende Leiste 8 cm über der Unterkante des Kastens zwischen die Seitenteile, um die oberen Teile des Lattenzaunes daran zu befestigen.

Schneiden Sie die acht 2×12,5 cm großen Leisten an einem Ende spitz zu wie Zaunpfähle. Legen Sie, auf einer Seite des Kastens beginnend, den ersten dieser Pfähle über die Querleiste, richten Sie ihn so aus, daß er mit der Unterkante des Kastens bündig ist, und nageln Sie ihn an der unteren Leiste und an der Querleiste an. Verfahren Sie mit den übrigen zugespitzten Leisten ebenso, lassen Sie jeweils 1 cm Abstand. Drehen Sie den Kasten um, kleben Sie den Mosyblock ein, und nageln Sie die restlichen 5 Latten von 4×32,5 cm im Abstand von 1 cm oben und unten an.

Dieser Schaukasten aus Sperrholz dient als Rahmen für Pflanzen, die auf einem Ausflug ins Grüne gesammelt wurden. Die größte Pflanze in diesem Arrangement ist ein Samenstand der Iris, dann folgen, in abnehmender Größe, eine Schleier-Statize, eine Eukalyptuskapsel, eine aus einer Japanischen Quitte geschnittene Phantasieblume und ein Schmetterling aus Drachenbaumblättern sowie ein Korkzieherhasel.

Arrangieren der Pflanzen

Bedecken Sie Ober- und Vorderseite des Mosystücks mit grünem Sumpfmoos oder künstlichem Moos, das Sie mit Stecknadeln anstecken. Beim Anbringen des Pflanzenmaterials arbeiten Sie am besten von hinten nach vorne, um keine zarten Blättchen oder Stengel zu beschädigen. Stecken Sie die größten Pflanzen hinten ein. Um Pflanzen mit dünnen Stengeln zu verstärken und ihre Befestigung in der Mosy-Einlage zu erleichtern, schneiden Sie sich ein Stück Kupferdraht in der Länge des Stengels zurecht und biegen ihn lose in der Mitte um (Zeichnung D, gegenüber). Legen Sie ihn dort auf den Stengel, wo er am schwächsten scheint. Umwickeln Sie möglichst fest mit dem einen Drahtende das andere und den Stengel dreimal, und stecken Sie den so verstärkten Stengel in den Mosyblock. Wenn die Stengel holzig sind, schneiden Sie sie am unteren Ende schräg an und stecken sie mit diesem angespitzten Ende in den Block. In manchen Fällen werden Sie mit einer Stricknadel, einem Schraubenzieher oder einem Eispfriem für einen spröden Stengel ein Loch vorstechen müssen.

Nicht immer werden ganze Pflanzen verwendet. Die Phantasieblume des Arrangements ist eine Scheibe der Japanischen Rosenquitte, die mehrere Stunden lang bei 65° gedörrt wurde. Weil solche Pflanzenteile keine eigenen Stengel haben, muß entsprechend lang zugeschnittener Kupferdraht diese ersetzen. Biegen Sie ein Ende zu einem gut 1 cm langen Haken um, ziehen Sie den Haken etwas unterhalb des oberen Randes durch die Pflanze, und drehen Sie das kurze Ende des Hakens um den Hauptteil des Drahtes. Wenn der Haken sichtbar ist, wie bei der Quittenscheibe, verdecken Sie ihn, indem Sie eine Samenkapsel oder Schote darüberkleben und diese vielleicht noch mit ein paar Blütenblättern verzieren. Aus Pflanzenteilen wurde auch der Schmetterling im abgebildeten Arrangement gebastelt. Zwei Drachenbaumblätter werden übereinandergelegt und Rücken an Rücken zusammengeheftet. Mit einer Stecknadel sticht man an beiden Enden der Heftklammer ein Loch für den Draht in die Blätter und klebt dann ein Stückchen von einem dünnen Zweig als Körper zwischen die Flügel des Schmetterlings. Zum Schluß befestigen Sie einen Drahtstiel an dem Phantasietier (Photo 22, gegenüber). Damit der Schmetterling frei vor den Pflanzen schwebt, biegen Sie das lange Drahtende nach hinten und dann erst nach unten. Das Ende stecken Sie in das Mosystück.

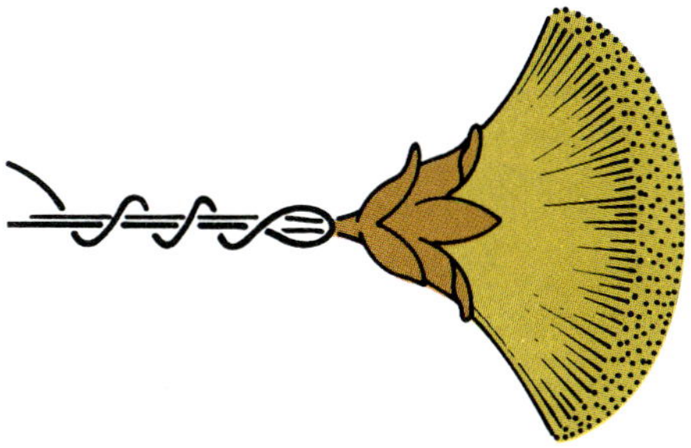

D

Zeichnung D: Um einen schwachen Stengel zu stützen, um den oberen Teil das eine Ende eines umgebogenen Kupferdrahtes wickeln; mindestens drei feste Windungen machen und dann die Drahtenden zusammendrehen. Der Draht sollte so lang sein, daß man ihn in den Mosyblock stecken kann.

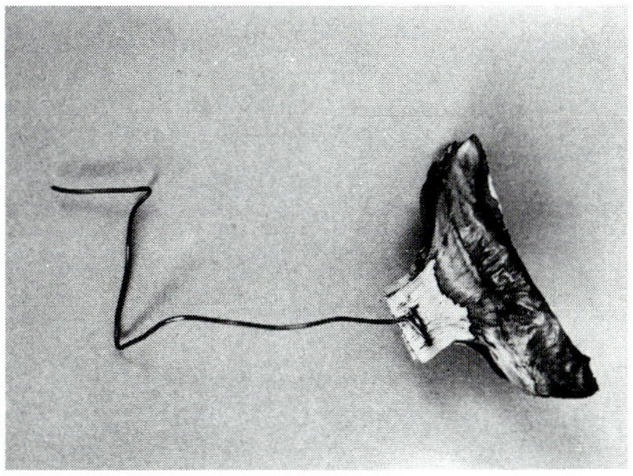

22: Zur Befestigung des Schmetterlings an einem Stiel einen Draht zu einem Haken umbiegen, 2 cm vom Ende entfernt. Zuerst das längere Ende durch ein Loch in den getrockneten Blättern führen; dann das kürzere Ende durch ein zweites Loch führen und das kurze Ende zum Befestigen um das lange biegen.

Entwurf und Gestaltung

Zapfenbäumchen

Kleine dekorative Zapfenbäumchen tragen Festtagsstimmung in jedes Zimmer. Für solche Bäumchen eignet sich am besten ein Kegel aus Drahtgeflecht, an dem getrocknetes Pflanzenmaterial befestigt wird. Ein solches Drahtgeflecht-Bäumchen sieht viel gekonnter aus als ähnliche Bäumchen, bei denen die Pflanzenteile auf einen Kegel aus Pappe oder Kunststoff geklebt werden.

Werkzeuge und Materialien

Für den hier abgebildeten Baum brauchen Sie: einen 50×70 cm großen Bogen Transparentpapier; Bleistift; Lineal und Tesafilm; ein 37,5×40 cm großes Stück Drahtgeflecht mit 6 mm Maschengröße (als Kükendraht in Eisenwarenhandlungen erhältlich); Blech- oder Drahtschere; Zange; dünnen Draht und eine gebogene Segelmachernadel. Außerdem brauchen Sie Baumwollschnur; Sicherheitsnadeln; Reißzwecken; einen breiten flachen Pinsel; einen kleinen Drahtpinsel und eine Dose klaren Mattlack oder Etisso-Blattbalsam. Zum Anbringen der Samenkapseln und Zapfen mit Draht brauchen Sie: mehrere Rollen weichen Eisendraht 0,46 mm und 0,56 mm; eine Handbohrmaschine mit einem Einsatz von 5 mm Stärke; Blechschere und Rundzange. Für die Anfertigung eines Ständers für den Baum brauchen Sie: Zirkel; ein 15×15 cm großes Blatt Transparentpapier; ein ebenso großes Stück Karton; Klebstoff; Zwei-Komponenten-Kleber und ein auf den Kopf gestelltes Gefäß mit den Abmessungen 6×9 cm, beispielsweise eine Schüssel oder einen Blumentopf. Zum Dekorieren des Baumes nehmen Sie: etwa 100 Bucheckern; 86 Mammutbaum-Zapfen; 86 Pfaffenhütchen; 86 Zapfen der Sicheltanne; 8 Schuppen des Zapfens einer Indischen Zeder; Isländisch Moos und einen Mahagoni-Zapfen. Anstelle der genannten Zapfen und Kapseln können Sie fast uneingeschränkt alle anderen nehmen, die Ihnen gefallen; beschränken Sie sich aber auf einige wenige Arten und wählen Sie die Exemplare so aus, daß sie sich in Größe, Farbe und Struktur voneinander abheben. (An Samenkapseln kann man beispielsweise die von Magnolien, Malwen, Mohn oder Eukalyptus empfehlen. Auch viele kleine Zapfen, wie die der Hemlocktanne, Erle, Zypresse oder Drehnadelkiefer und sogar Früchte wie die Eicheln vieler Eichenarten samt ihren Hütchen eignen sich sehr gut.)

Zusammenbau des Grundkegels

Vergrößern Sie das Muster für den Kegel (Zeichnung E, rechts) auf Transparentpapier, und schneiden Sie es aus. Schließen Sie drei kurze Streifen Tesafilm mit der klebenden Seite nach außen zu Ringen, und befestigen Sie je einen davon an den Ecken des Musters. Drehen Sie nun das Muster um, und kleben Sie es so auf das Drahtgeflecht, daß eine der beiden geraden Seiten mit der befestigten Originalkante des Drahtgeflechts bündig abschließt. Schneiden Sie mit der Blechschere das Drahtgeflecht in der Form des Musters zu; rollen Sie es dann zu einem Kegel zusammen, wobei der von Ihnen geschnittene Rand die befestigte Kante um 0,5 mm überlappen soll.
Um die Naht zu schließen, schieben Sie die abstehenden Drahtenden in die Maschen der befestigten Kante und biegen sie im Innern des Kegels um. Nähen Sie dann die beiden Ränder mit einer Segelmachernadel und feinem Draht zusammen. Damit Sie

Zapfen und Kapseln von Buche, Mammutbaum, Sicheltanne und Pfaffenhütchen wurden für diesen weihnachtlichen Baum spiralförmig an einem Kegel aus Drahtgeflecht angebracht.

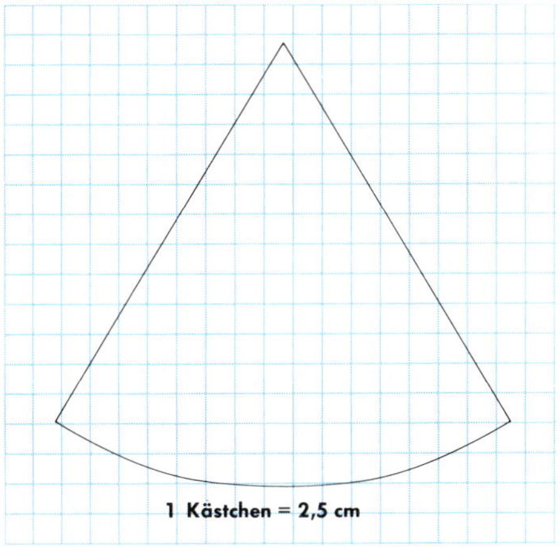

E

Zeichnung E: Zum Vergrößern dieses Musters für den 37,5×40 cm großen Kegel ein 50×70 cm großes Blatt Transparentpapier in Kästchen mit 2,5 cm Seitenlänge einteilen. Dann den Umriß Kästchen für Kästchen auf das Papier übertragen. (Siehe auch „Fachliche Hinweise“, S. 92.)

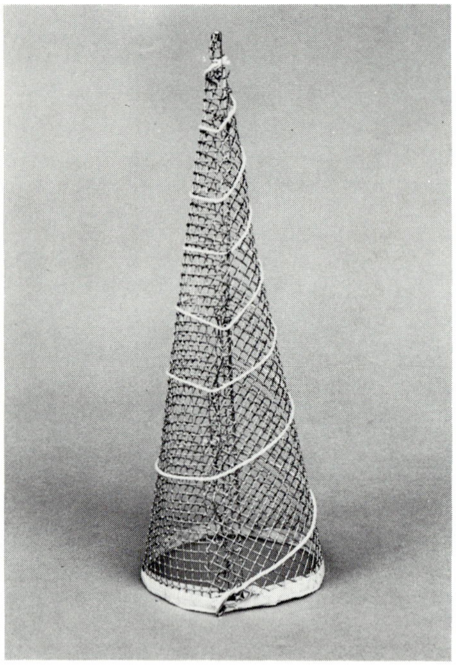

23: Das zugeschnittene Drahtgeflecht zu einem Kegel zusammenbiegen. Der zugeschnittene Rand sollte die befestigte Kante 5 mm überlappen. Zum Schließen der Naht abstehenden Draht durch das Geflecht ziehen. Den unteren Rand mit Klebeband einfassen. Die Schnur mit einer Sicherheitsnadel unten anstecken und spiralförmig nach oben führen. Die Schnur auch oben anstecken; sie dient als Richtschnur für die erste Spiralreihe aus Pflanzenteilen.

sich beim Anbringen der Kapseln und Zapfen nicht an den Händen verletzen, fassen Sie den unteren Rand des Kegels mit Klebeband ein und zwicken alle an der Naht hervorstehenden spitzen Drahtenden mit dem Seitenschneider ab.

Gestalterische Planung

Suchen Sie sich vier verschiedene Arten von Kapseln und Zapfen in verschiedenen Größen und Farben aus; für einen Baum dieser Größe brauchen Sie etwa 100 Stück. Jede Art soll eine spiralförmige Reihe auf dem Baum ergeben.

Für die Spiralen brauchen Sie eine Hilfskonstruktion. Befestigen Sie ein Ende einer 1,40 m langen Baumwollschnur mit einer Sicherheitsnadel an der Nahtstelle am

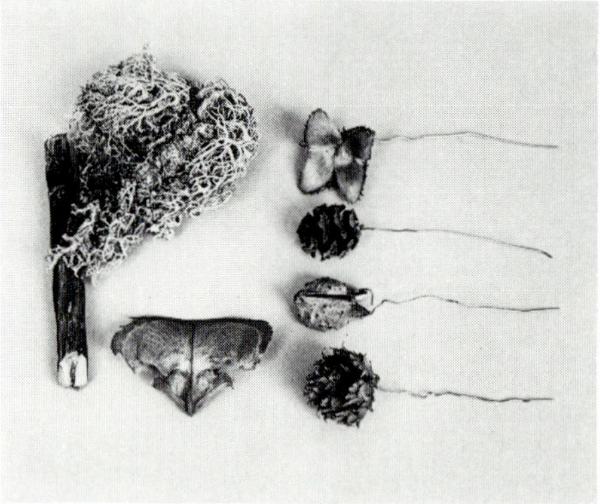

24: Das Pflanzenmaterial, das zur Dekoration des Bäumchens auf S. 57 verwendet wurde: oben links, Isländisch Moos; unten Mitte, Schuppen des Zapfens einer Indischen Zeder; rechts, von oben nach unten, Bucheckern, Mammutbaum-Zapfen, Pfaffenhütchen und Zapfen der Sicheltanne. Die Kapseln und Zapfen mit Draht an dem Drahtgeflechtkegel befestigen (Anleitung siehe „Fachliche Hinweise").

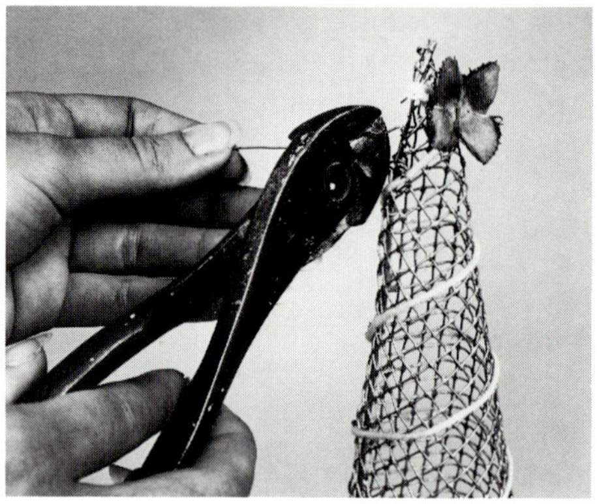

25: Zum Befestigen der mit Draht versehenen Zapfen und Kapseln an der Spitze des Baumes die Drahtstiele durch das Drahtgeflecht schieben. Das hervorstehende Drahtende abzwicken, aber so, daß noch ein Stück stehenbleibt, das zur Befestigung umgebogen werden kann. Die Pflanzenteile auf diese Weise anbringen, bis Sie weiter unten dann mit der Hand in den Kegel fahren können.

unteren Kegelrand. Wickeln Sie die Schnur nun sechsmal spiralförmig bis zur Spitze um den Kegel (Photo 23). Zwischen den einzelnen Windungen bringen Sie vier Spiralreihen unter. Um zu ermitteln, wie groß diese Abstände sein müssen, messen Sie die Gesamtbreite von vier Exemplaren der Sorten, die Sie ausgesucht haben. Lassen Sie die Abstände etwas kürzer werden, wenn Sie sich der Spitze nähern; es sieht nämlich am besten aus, wenn die größten Exemplare unten und die kleinsten oben zur Spitze hin plaziert werden.

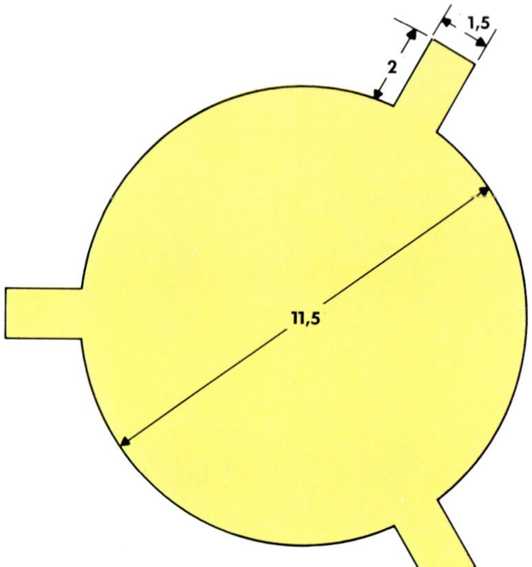

F

Zeichnung F: Zum Vergrößern dieses Musters für den Pappboden des Baumes mit dem Zirkel einen Kreis mit 11,5 cm Durchmesser in die Mitte auf ein 15 × 15 cm großes Stück Pappe zeichnen. Die drei gleichmäßig verteilten Laschen in der angegebenen Größe zeichnen und dann den Boden ausschneiden.

Anbringen des Pflanzenmaterials

Entscheiden Sie, welches Pflanzenmaterial Sie für die erste Reihe nehmen wollen (hier wurde mit den in Photo 24 abgebildeten Bucheckern angefangen). Sortieren Sie die Stücke längs einer 1,40 m langen, gespannten Schnur.

Je nachdem, wie robust oder empfindlich das getrocknete Material ist, entfernen Sie anhaftenden Schmutz mit einem weichen Pinsel oder einem Drahtpinsel. Befestigen Sie an etwa 30 von den kleineren Zapfen Drähte, wie in den „Fachlichen Hinweisen" auf der rechten Seite beschrieben ist. Bringen Sie den kleinsten Zapfen dicht über der Schnur an der Kegelspitze an, so wie es unter Photo 25 erklärt ist. Befestigen Sie alle weiteren Zapfen auf dieselbe Weise dicht über der Schnur, so daß die Zapfen eine nach unten führende Spirale ergeben. Etwa von der Mitte an können Sie mit der Hand in den Kegel fahren. Anstatt die Drahtstiele ganz durch die Maschen des Kegels zu stecken, können Sie sie nun jeweils an dem nächsthöheren Stiel festmachen, so daß sich im Inneren des Kegels eine Haarnadelkette ergibt; Sie müssen jeden hinzukommenden Draht nur einmal umbiegen (siehe „Fachliche Hinweise", rechte Seite). Befestigen Sie auch rund um den Fuß des Kegels Zapfen der ersten Sorte.

Ausfüllen der Zwischenräume

Zum Ausfüllen der Zwischenräume zwischen den Oberflächenmaterialien wurde hier Isländisch Moos genommen. Diese Flechten kann man auf Baumstämmen und Ästen finden. Polstern Sie bei jeder fertiggestellten Reihe die Zwischenräume zwischen den einzelnen Zapfen jeweils gleich mit Flechten, Moos, künstlichem Moos oder anderem weichen Material aus. Für die zweite Spirale nehmen Sie eine Zapfen- oder Kapselart, die mit der ersten kontrastiert. Sortieren Sie die Zapfen auch jetzt wieder nach ihrer Größe, bringen Sie die Drähte an, und befestigen Sie die Zapfen damit am Drahtgeflecht, dicht unter der ersten Reihe. Stellen Sie die letzten beiden Spiralen auf dieselbe Art fertig.

Ständer für den Baum

Zur Anfertigung einer Grundplatte für den Baum vergrößern Sie das Muster in Zeichnung F. Schneiden Sie es aus, und biegen Sie die drei Laschen nach unten um. Klemmen Sie diese Scheibe als Boden in den Kegel. Die Laschen werden mit Tesafilm an das Drahtgeflecht geklebt. Wenn der Baum auf dem Kaminsims oder einem hohen Regalbrett stehen soll, so daß der untere Rand zu sehen ist, verzieren Sie diesen mit abgeschnittenen Schuppen.

Entscheiden Sie sich, was für einen Ständer Sie dem Baum geben wollen. Hier wurde eine umgedrehte Kompottschüssel genommen, Sie können aber auch jeden anderen Behälter verwenden, der hübsch aussieht. Streichen Sie die Fläche, auf die der Baum geklebt werden soll, mit Zwei-Komponenten-Kleber ein, und setzen Sie sie genau in die Mitte des Pappbodens. Bekleben Sie die freibleibenden Teile der Pappscheibe mit Moos (Photo 26).

Um den Baum fertigzustellen, befestigen Sie noch einen Zapfen oder eine Kapsel an der Spitze, indem Sie den Haltedraht in das Drahtgitter einführen. Sprühen Sie den Baum anschließend mit Mattlack oder Blattbalsam ein, das die Zapfen und Kapseln aufhellt, ohne ihnen einen unnatürlichen Glanz zu geben.

26: Für den Ständer des Baumes eine Schüssel umgekehrt in die Mitte des Pappbodens kleben, der in den Kegel geklemmt wurde. Den Pappboden dann mit Flechten oder Moos und den inneren Rand des Kegels mit Schuppen von Zapfen einer Indischen Zeder bekleben.

FACHLICHE HINWEISE

Zapfen und Kapseln kann man auf verschiedene Arten an Unterlagen befestigen, aber es sieht am besten aus und hält am längsten, wenn man Draht dafür nimmt – mit Klebstoff angeklebte Pflanzenteile wirken steif und fallen nach einiger Zeit leicht ab. Schwarzer Eisendraht, wie man ihn in Eisenwarenhandlungen bekommt, eignet sich gut zur Anbringung von getrockneten Pflanzenteilen. Man macht daraus Stiele, die an dem Pflanzenteil und dem Drahtgeflecht befestigt werden. Die Stärke des Drahtes richtet sich nach Größe und Zerbrechlichkeit des Pflanzenmaterials: 0,71-mm-Draht ist der dickste und 0,38 mm der feinste Draht; mittelschwere Materialien kann man mit Draht von 0,56 mm bis 0,46 mm anbringen.

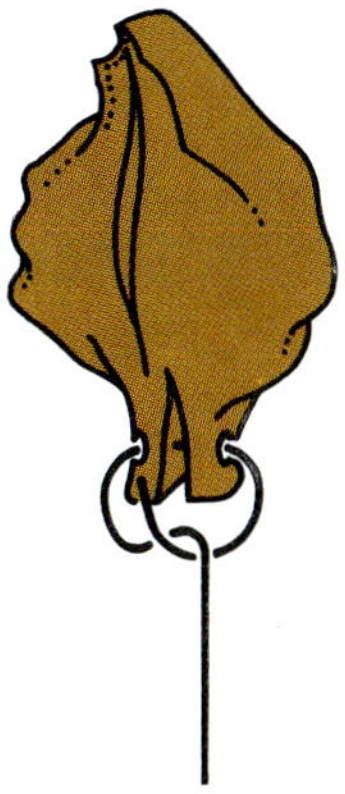

Drahtstiele für Kapseln

Um eine Samenkapsel oder Schote mit einem Drahtstiel zu versehen, zunächst das Stielende beschneiden. Dann dicht über dem Stiel ein Loch in die Kapsel bohren oder stechen. Für große Exemplare braucht man oft einen Bohrer; bei einer zerbrechlichen Kapsel ist eine dicke Nadel oder eine Ahle besser geeignet. 2 cm Draht durch das Loch stecken und dieses kurze Ende um das lange drehen.

Drahtstiele für Zapfen

Um an einem Zapfen eines Nadelbaums einen Drahtstiel zu befestigen, den Stiel abzwicken, 2 cm Draht zwischen die unteren Schuppenreihen wickeln und ihn dabei dicht an den Kern heranziehen. Das kurze Ende um das lange drehen.

Befestigung an einem Drahtgeflecht

Zur Befestigung von Zapfen und Kapseln aneinander im Innern einer Form aus Drahtgeflecht entweder mit einer Haarnadelkette oder doppeltem Verschlingen arbeiten. Die Haarnadelkette sorgt

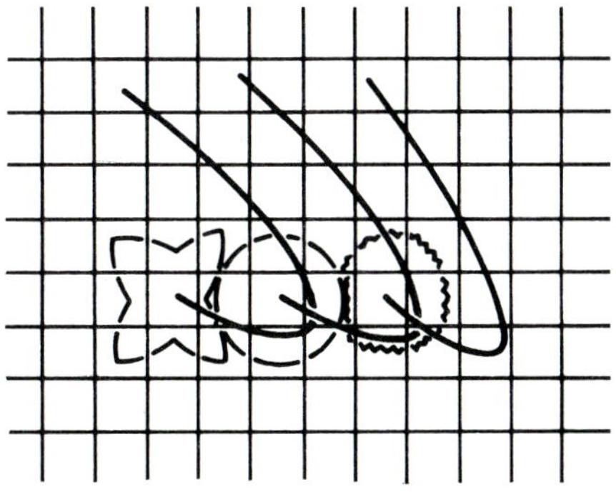

für besseren Halt des Pflanzenmaterials, ist aber schwieriger.

Haarnadelketten verbinden die Pflanzenteile untereinander und zugleich mit dem Drahtgeflecht. Der Drahtstiel eines Zapfens oder einer Kapsel wird durch eine Masche des Drahtgeflechts gesteckt. Ein weiterer Drahtstiel wird zwei Maschen weiter nach rechts in gleicher Höhe eingesteckt. Von innen her werden beide Drahtstiele festgezogen. Der erste Stiel wird dann unter und über den zweiten geführt, indem man ihn etwa zur Form einer Haarnadel biegt, und danach flach an das Drahtgeflecht gedrückt. In diesem Sinne macht man

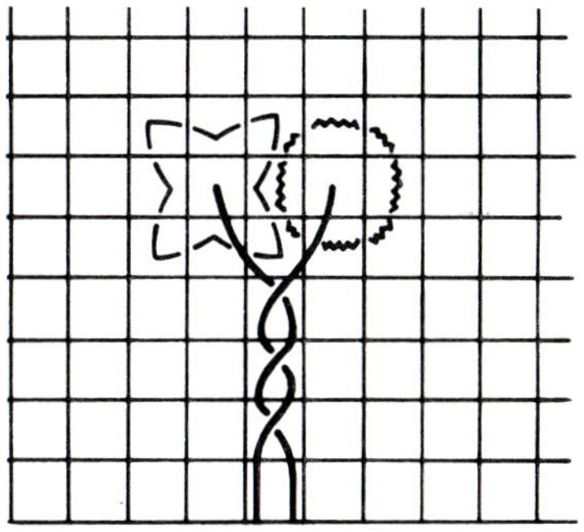

weiter, so daß mehrere Haarnadelketten entstehen.

Die andere Methode ist einfacher. Man führt zwei Drahtstiele in benachbarte Maschen des Drahtgeflechts auf gleicher Höhe ein. Im Innern der Form werden die Drähte nur leicht unter den Zapfen oder die Kapsel gebogen und miteinander verschlungen.

Wenn das Drahtgestell zu schmal ist, um mit der Hand hineinzufahren, befestigt man an dem Zapfen oder der Kapsel einen längeren Draht und steckt ihn quer durch, so daß er auf der anderen Seite herausschaut. Dort schneidet man ihn ab, läßt aber so viel stehen, daß man ihn zur Befestigung zu einem Häkchen umbiegen kann.

RIECHTÖPFE UND DUFTKUGELN

Duftende Potpourris

Von Amelia Bassin

Es ist etwas Nostalgisches um die würzigen Duftkugeln und die mit allerlei duftenden Blütenblättern gefüllten Riechtöpfe, die augenblicklich jedes Zimmer gemütlicher und einladender machen. Vielleicht liegt das daran, daß wir uns an die Großmutter erinnert fühlen, die stets von einem zarten Lavendelduft umgeben war, oder an die Tage unserer Kindheit, als wir in der Küche halfen.

Unter einem Riechtopf versteht man eine Mischung aus getrockneten Blumen, Gewürzen, Kräutern und ätherischen Ölen – Essenzen, die den charakteristischen Duft einer Pflanze verbreiten –, die aufgestellt werden, der Luft in einem Wohnraum einen feinen Duft zu verleihen. Kleine Mengen eines solchen Gemisches kann man fast pulverfein stoßen und in kleine Stoffsäckchen abfüllen, die man als sogenannte Sachets oder Duftkissen in Schränke und Schubladen legt. Mit Duftmischungen aus voluminöseren Bestandteilen kann man anstelle von Schaumstoff Sofakissen füllen.

Bei Duftkugeln handelt es sich meist um Früchte, die zur Erzielung eines würzigen Geruchs mit Nelken gespickt werden. Früher, als Deodorants und das tägliche Bad noch nicht üblich waren, war das Tragen einer Duftkugel fast unumgänglich.
Oft waren diese Kugeln aus Edelmetallen gefertigt und mit Edelsteinen besetzt oder aus kunstvoll verziertem und mit Bändern versehenem Porzellan. Die Kugeln selbst waren durchlöchert, damit der Duft ausströmen konnte, der von exotischen und teuren Gewürzen erzeugt wurde, die man, zu einem Brei zerstoßen, in die Kugel tat. Solch üppige Parfümkugeln waren hauptsächlich den Reichen und Adligen vorbehalten. Die einfacheren Leute machten sich natürliche Duftkugeln aus Früchten.

Düfte

Riechtöpfe

Es gibt zwei Arten von Riechtöpfen, feuchte und trockene, aber die trockene Version ist beliebter, weil sie weniger Aufwand an Zeit und Arbeit erfordert. Getrocknete Blumenblüten, Kräuter und Gewürze, die man nach ihrem Geruch und ihren gedämpften Farben auswählt, sind die Hauptbestandteile; Samen, Hölzer, Moose, Wurzeln, Harze und die aus diesen Materialien gewonnenen ätherischen Öle werden zur Abrundung der Duftkomposition beigegeben.

Rezepte finden Sie auf Seite 62; Sie brauchen natürlich nur die Zutaten zu nehmen, die Ihnen angenehm sind, und können die angegebenen Mengen je nach Belieben und Geldbeutel auch auf die Hälfte oder ein Viertel verringern. Ein kleines Gefäß wird mit 50 bis 75 g Duftmischung gefüllt, während für ein Sachet schon 25 g oder weniger ausreichen. Meist müssen Sie jedoch von jeder Zutat 100 g kaufen.

Weil die Blüten und die Mengen immer verschieden sind, gleicht niemals ein Riechtopf genau einem anderen. Mit der Zeit verändert sich auch der Duft eines Riechtopfes – er wird feiner –, und vielleicht gefällt er Ihnen nach einem halben Jahr noch besser als gleich nach der Herstellung.

Als Gefäß für Ihre Mischung können Sie das traditionelle Apothekerglas mit Glasstöpsel nehmen oder auch einen modernen Behälter wie etwa einen Kunststoffwürfel. Nehmen Sie aber keinen Kunststoff, falls Ihre Mischung flüssige aromatische Öle enthält, die ihn verfärben könnten. Wenn ein Riechtopf nach der Farbe oder Form der Zutaten zusammengestellt wird, muß das Gefäß natürlich durchsichtig sein.

Die althergebrachte Art, eine Duftmischung zu verwenden, besteht darin, daß man sie in einem verschlossenen Gefäß aufbewahrt, das man täglich nur für etwa eine halbe Stunde öffnet, damit der Duft ausströmen kann. Wenn Sie aber den ganzen Tag von einem reinen, frischen Duft umgeben sein möchten, müssen Sie die Mischung in eine offene Schüssel oder einen Korb tun. (Falls Sie einen durchbrochenen Korb nehmen, legen Sie ihn unten und an den Seiten mit Alufolie aus, damit die Zutaten nicht durchfallen.) Der Duft verliert sich rascher, wenn die Mischung offen aufbewahrt wird, aber Sie können ihn mit ein paar Tropfen ätherischem Öl oder Weinbrand auffrischen. Eine offene Mischung hält sich etwa ein Jahr, während eine verschlossen aufbewahrte ihren Duft über mehrere Jahre hin behalten kann. Durch Zerstoßen einiger der größeren Blätter können Sie ebenfalls den Duft einer schon fast erschöpften Mischung noch einmal auffrischen.

Riechtöpfe und Duftkugeln für ein wohlriechendes Heim kann man in den verschiedensten Formen und Größen anfertigen. Duftmischungen aus getrockneten Blumen werden in Schalen, Leinensäckchen oder Kissen gefüllt; andere Duftquellen können aus nelkengespickten Früchten, aus getrockneten Orangenschalen, die zu Rosetten gedreht werden, oder aus natürlichen, mit Ölen parfümierten Gegenständen wie Muschelschalen bestehen.

Rezepte für Riechtöpfe

Citrus (etwa 200 g)
100 g gemischte Citrusschalen (Zitronen, Limonellen, Orangen, Mandarinen)
25 g Liebstöckel-Wurzel
25 g Lorbeerblätter
15 g Zitronenmelisse
10 g Akazienknospen
10 g Sternanis
10 g Rosmarin

Kräuter und Gewürze (etwa 400 g)
75 g Zimt (gestoßen)
75 g Pfefferminze (ganze Blätter)
50 g Hopfen (ganz)
50 g Kamilleblüten (ganz)
50 g Muskatblüten (ganz)
25 g Estragon (ganz)
25 g Nelken
25 g Salbei (gebrochen und gesiebt)
25 g Lorbeerblätter (ganz)
25 g Oregano (nicht erforderlich)

Kräuter-Mischung (etwa 400 g)
100 g Kamilleblüten (ganz)
100 g Fenchelsamen
75 g Holunderblüten (ganz)
75 g Haselnuß (Rinde)
25 g Rosmarin (gebrochen und gesiebt)
25 g Hagebutten
25 g Kerbel (nicht erforderlich)

Blumenmischung (etwa 400 g)
100 g Lavendelblüten
75 g Rosenknospen
50 g Angelika
25 g Waldmeister
25 g Pelargonienblätter
25 g Zitronenmelisse
25 g Minze
25 g Veilchenwurzel
25 g Irisch Moos
10 g Myrrhenkerbel
10 g Thymian
15 g Hyazinthenblüten, Heliotrop oder Reseda (nicht erforderlich)

Waldmischung (etwa 400 g)
50 g Sandelholz (oder anderes Holz, Späne oder Pulver)
50 g gemischte Minzen
50 g Zedernspäne oder -pulver
50 g Rosenholzpulver
25 g Irisch Moos
25 g Salbei (gebrochen und gesiebt)
25 g Eukalyptusblätter (ganz)
25 g Veilchenwurzel
25 g Kamilleblüten
25 g Zitronenmelisse
25 g Walnußblätter
10 g Majoran
10 g Lorbeerblätter

Wiesen-Mischung (400 g)
100 g Kleeblüten
100 g Heidekraut
100 g Gräser
100 g Feldblumen

In alten Rezepten wird sorgfältiges Pflücken, Sortieren und Trocknen in Schichten oder das Vermischen von Tausenden von Rosenblättern mit verschiedenen Gewürzen verlangt; es dauerte damals Wochen, bis eine Duftmischung fertig war. Aber all diese Vorbereitungen sind eigentlich nicht nötig. Man kann fast alle Blumen verwenden, wenn nicht wegen ihrer Form, Farbe oder ihres Duftes, so zumindest als Füllmaterial. Zu den Blumen, die im getrockneten Zustand ihre ursprüngliche Farbe behalten, gehören Kornblumen, Ringelblumen, Heidekraut, Lavendel, Rittersporn und Veilchen. Weiße Blumen verfärben sich meist beim Trocknen und bekommen einen unansehnlichen gelblichen Ton. Kräftig rote Rosen haben getrocknet eine hübschere Farbe als pastellfarbene. Nur die Blütenblätter von Rosen, Lavendel und Tuberosen behalten nach dem Trocknen ihren Duft; eine vorherrschende Duftnote läßt sich leichter in einer Mischung getrockneter Blütenblätter schaffen oder verstärken, indem man ätherische Öle, Gewürze oder Kräuter dazugibt, die auch die verschiedenen Zutaten zu einer geschlossenen Komposition vereinigen.

Je nachdem, wie groß das Volumen Ihres Riechtopfes oder Sachets sein soll, können Sie die Zutaten ganz lassen, zwischen den Fingerspitzen zerbröseln oder durch ein Mehlsieb rühren.

Wenn Sie Blumen aus Ihrem eigenen Garten verwenden wollen, sollten Sie sie an einem klaren Tag schneiden, sobald der Tau verdunstet ist. Wenn Sie sie ausschließlich für eine Duftmischung schneiden, können Sie die Stengel kürzen, die Blumen zu Sträußchen zusammenbinden und sie an einem kühlen, dunklen, trockenen Ort mit den Blüten nach unten aufhängen. Oder Sie breiten die Blütenblätter in einer einzigen Schicht zum Trocknen auf einem Drahtgeflecht oder einer Zeitung aus.

Blumen aus dem Garten oder vom Blumenhändler, die Sie vorher in die Vase stellen wollen, müssen Sie zum Trocknen aus dem Wasser nehmen, bevor sie zu welken anfangen. Je eher Sie sie trocknen, um so mehr behalten sie von ihrer ursprünglichen Form und ihren ätherischen Ölen. Sammeln Sie Blüten, Blätter und Blütenblätter auf; verwenden Sie sie ganz, oder zerdrücken Sie sie zwischen den Fingern. Manche Blüten fallen auch beim Trocknen nicht ab; gehen Sie vorsichtig mit ihnen um, und verwenden Sie sie für eine Kombination von Riechtopf und Blumenarrangement. Röschen können Sie auch als Knospen brechen und zur Dekoration eines Riechtopfes verwenden.

Düfte

Riechtöpfe als Geschenk

Vielleicht wird Ihnen der Duft, den ein Riechtopf in Ihrer Wohnung verbreitet, so unentbehrlich, daß Sie zu besonderen Anlässen, wie dem Wechsel der Jahreszeiten, zu Geburtstagen, Feiertagen oder sonstigen Jahrestagen, immer neue eigene Duftkreationen schaffen möchten. Die einfachsten Riechtöpfe können Sie zusammenstellen, indem Sie die Blumen, die jeweils gerade in Ihrem Garten blühen oder die Sie auf dem Heimweg von der Arbeit im Blumenladen kaufen, trocknen und mit Gewürzen oder Ölen mischen.

Im Sommer können Sie mit Gartenblumen und ein paar Farnwedeln als Grün eine Kombination von Riechtopf und Arrangement aus getrockneten Blumen herstellen. Lassen Sie ein paar Blüten an den Stengeln, und arrangieren Sie sie oben auf dem Riechtopf. Nehmen Sie die Blumen, die es gerade gibt, darunter möglichst viele, die auch im getrockneten Zustand noch schöne Farben haben. Akzentuieren Sie eine bestimmte Blumen- oder Pflanzennote durch ein paar Tropfen ätherisches Öl.

Zu einem Geburtstag oder Namenstag füllen Sie eine herzförmige Schale mit einer aus Blumen bestehenden Duftmischung, die Sie ganz mit rosa-weißen Strohblumen bedecken. Diese Blumen duften selber nicht, aber sie sind sehr porös, und schon ein Tropfen Blumenparfüm genügt, um ihnen einen ausgeprägten Duft zu geben.

Für die Erntezeit mischen Sie Duftrosetten aus Orangenschalen (siehe Seite 65), Zimtstangen, Lorbeerblättern, Stücken von Vanilleschoten und kleinen Wacholderbeerzweigen in einem Strohkörbchen mit ihren bevorzugten Riechtopf-Gewürzen.

In der Weihnachtszeit arrangieren Sie Kiefernzapfen, Kiefernzweige und ganze Moosbeeren oder rote Himbeerbonbons in einem grünen Korb und stellen diesen auf einen mit Silberfolie bedeckten Tisch oder ein Kaminsims. Die Kiefernzapfen sind sehr porös und können mit einigen Tropfen Weihrauch oder Myrrhenöl parfümiert werden. Wenn Sie dem Arrangement als Kontrast einige weiße Tupfen geben wollen, fügen Sie Puffmaiskörner hinzu.

Gegenüber und unten: Es gibt Riechtöpfe für jeden Anlaß und jede Jahreszeit, insbesondere für Weihnachten (gegenüber), die Erntezeit (oben links), Geburtstage (unten links) und als Erinnerung an einen schönen Sommer (unten).

Düfte

Kissenfüllung

Diese köstliche Kräuter-Duftmischung, die als Kissenfüllung gedacht ist, gibt Ihnen die Möglichkeit, an verschiedene Stellen Ihrer Wohnung natürliche Duftquellen zu setzen. Wenn viele der Zutaten unzerstoßen bleiben, ist die Füllung voluminös genug für pralle Sofakissen. Kleinere Mengen können Sie in Schlummerkissen fürs Bett (Kräuter wirken beruhigend und entspannend) oder in Sachets für Schubladen, Truhen und Kleiderschränke füllen.

Nahaufnahme einer würzigen Kissenfüllung.

Zutaten für 400 g würzige Kissenfüllung

75 g Salbei (gebrochen und gesiebt)
75 g Pfefferminze (ganze Blätter)
75 g Hopfen (ganz)
50 g Lavendel
50 g Eukalyptusblätter (ganz)
25 g Dillsamen
25 g Estragonblätter (ganz)
25 g Rosmarin

Die Kissenbezüge können Sie aus jeder beliebigen Stoffart nähen, von Drillich bis zu Spitzen, mit Stickerei verzieren oder mit Bändern säumen. Wenn der Bezug durchbrochen ist, machen Sie für die Füllung ein Inlett aus Leinen oder Musselin. Besonders interessante Bezüge: zwei große gehäkelte Teile zusammengenäht mit einem inneren Bezug in einer Kontrastfarbe; ein Patchwork-Kissen aus den Stoffarten, die Ihnen am besten gefallen; ein kleines Handtuch (in einer zu Ihren Bettdecken passenden Farbe) in der Mitte gefaltet und zusammengenäht; ein mit Reißverschluß versehener quadratischer Samtbeutel (gut füllen und als duftendes Nadelkissen verwenden); ein altes Handtäschchen (Plastikfutter entfernen), das Sie füllen und auf den Boden Ihrer Einkaufstasche legen können.

Eine Kräutermischung mit vielen unzerstoßenen Zutaten eignet sich besonders gut für Kissenfüllungen. Zerstoßen und in ein Sachet abgefüllt, verbreitet sie einen erfrischenden Duft, den Männer und Frauen gleichermaßen angenehm finden; dicht gepackt dient sie als Füllung für ein Nadelkissen.

Düfte

Duftrosetten

Werfen Sie ab sofort Orangenschalen nicht mehr weg, denn Sie können mit wenigen Handgriffen Rosetten daraus machen, die nicht nur einen angenehmen Duft verbreiten, sondern auch hübsch aussehen.

Wenn Sie das nächste Mal eine Orange essen wollen, schälen Sie sie wie einen Apfel, also indem Sie die Schale in einer fortlaufenden dünnen Spirale ablösen, beginnend mit einem flachen Schnitt auf der Oberseite der Frucht (Photo 1, Seite 66). Schneiden Sie die Schale möglichst in gleichbleibender Breite, und lassen Sie möglichst viel von dem nahrhaften weißen Mark an der Frucht (Photo 2, Seite 66). (Falls die Spirale abreißt, nehmen Sie das längere Stück für eine kleine Rosette und heben das kürzere für einen Riechtopf auf; so brauchen Sie keine Schale wegzuwerfen.) Sie können sowohl Navel- als auch Saftorangen nehmen; die dickschaligen Orangen lassen sich leichter schälen, aber die dünnschaligen Saftorangen ergeben kompaktere Rosetten. Zitronen, Limonellen, Pampelmusen und Mandarinen können Sie ebenfalls schälen und zu Duftrosetten machen.

Rollen Sie die Schale zu einer dichten Rosette zusammen (Photo 3, Seite 66). Stecken Sie das Ende unter der Rosette fest – manchmal sieht die Rosette besser aus, wenn Sie sie nach dem Einrollen verkehrt herum aufstellen (Photo 4, Seite 66). Lassen Sie die fertige Rosette etwa eine Woche an einem warmen, trockenen Ort liegen, zum Beispiel auf einem Brett über der Heizung oder unter einer Schreibtischlampe.

Die Schalen schrumpfen durch das Trocknen und werden sehr hart (Photo 5 auf Seite 66 zeigt eine frisch eingerollte Rosette neben drei getrockneten). Die trockenen Schalen behalten aber einen Teil ihres natürlichen Geruchs. Legen Sie ein oder zwei Rosetten in eine Schublade, verwenden Sie sie als Zutat für einen Riechtopf (wie im Ernte-Riechtopf, Seite 63 links), oder füllen Sie wie unten abgebildet einen großen Kognakschwenker mit vielen solchen Rosetten. Der Duft läßt sich mit ein bis zwei Tropfen von einem entsprechenden Citrusfrucht-Parfüm wieder auffrischen.

Werfen Sie nie wieder Orangenschalen fort – Sie können sie nämlich trocknen, mit Citrusöl parfümieren und zu einer Duftrosette einrollen. Ein mit solchen Rosetten gefüllter großer Kognakschwenker ergibt eine hübsche Tischdekoration, die angenehm duftet.

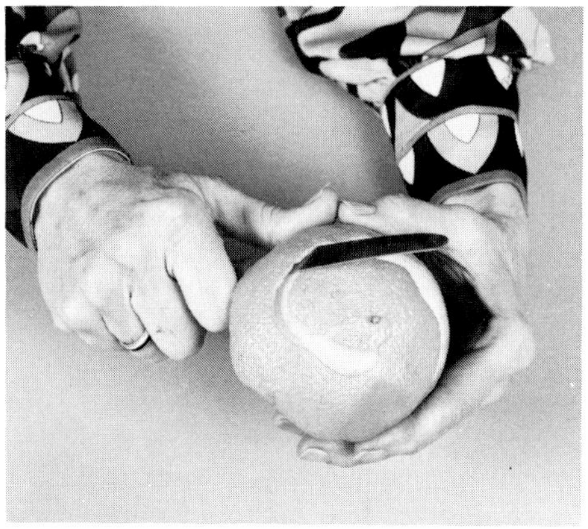

1: Für eine Duftrosette die Orange spiralförmig schälen, mit einem flachen Einschnitt beginnen.

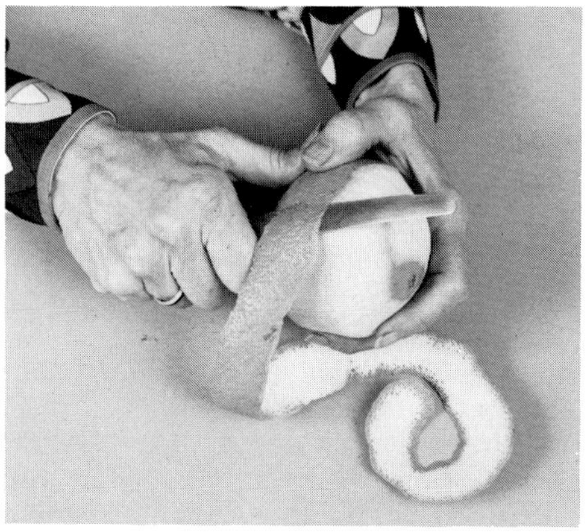

2: Die Schale in einem einzigen Streifen dünn schneiden und möglichst überall gleich breit halten.

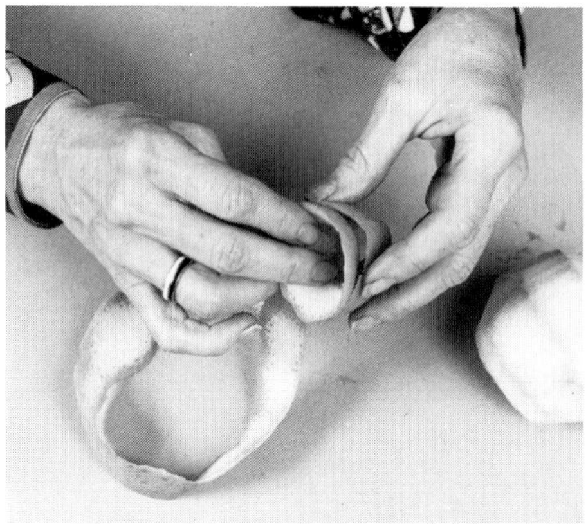

3: Die Schale dicht zu einer Rosette zusammenrollen. Falls sie reißt, kleine Rosetten machen.

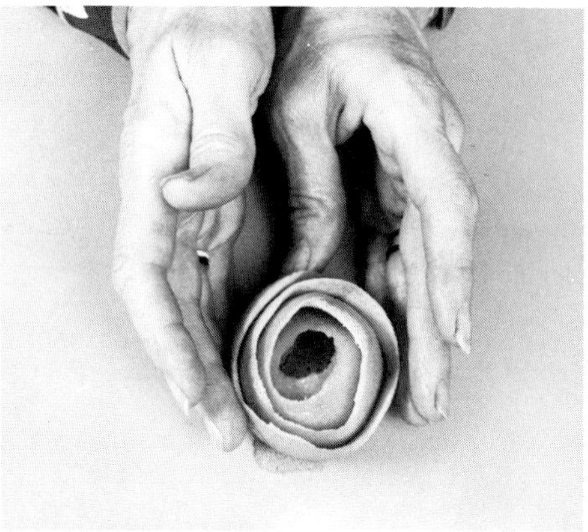

4: Drehen Sie die eingerollte Schale um, und die Rosette ist fertig zum Trocknen.

5: Jede neue Rosette (rechts) wird in einer Woche genauso hart und trocken wie die drei links.

Düfte

Duftkugeln

Duftkugeln – mit Nelken gespickte Früchte – sind natürliche Luftverbesserer und Mottenschutzmittel, aber man kann sie auch nur um ihrer Schönheit und ihres Duftes willen aufhängen. Diese duftenden Kugeln aus Citrusfrüchten und Gewürzen sind nette Geschenke, die jeder selbst machen kann. Sie kosten sehr wenig und halten lange.

Suchen Sie sich eine schön geformte, fehlerfreie Frucht aus – eine dickschalige Orange, einen Delicious-Apfel, eine Zitrone oder eine Limone, eine Pampelmuse oder eine Birne. Früchte, die schon Flecken haben oder nicht schön geformt sind, kommen nicht in Frage. Die Nelken können Sie nach einem bestimmten Muster – in Streifen, Kreisen, Rauten – oder auch ohne Schema auf die Frucht verteilen. Herkömmlicherweise wird die Frucht überall dicht gespickt (diese Technik ist bei den dünnschaligen Äpfeln und Birnen immer noch die beste), für offene Muster auf den Citrusfrüchten brauchen Sie weniger Zeit und weniger Nelken. Zwischen den Nelken müssen Sie etwas Abstand lassen, weil die Frucht mit der Zeit schrumpft. Falls Sie mit einem Muster arbeiten wollen, zeichnen Sie es zunächst mit einem weichen Bleistift vor.

Schütten Sie die Nelken in ein Behältnis aus Alufolie, und arbeiten Sie darüber, um die Arbeitsfläche sauber zu halten. Kaufen Sie die besten Nelken, die Sie bekommen; solche von minderer Qualität enthalten oft viele zerbrochene oder verkümmerte Stücke und sind schwächer im Duft.

Halten Sie die Frucht fest in einer Hand, aber drücken Sie sie nicht. Stechen Sie mit einer großen Nähnadel, einem Nagel, einem Fleischspieß oder einer kleinen Ahle ein Loch vor, aber nur so tief, daß die Schale eben durchstoßen wird (Photo 6). Drücken Sie dann mit den Fingerspitzen die Nelke tief in das Loch (Photo 7). Stecken Sie eine Nelke nach der anderen ein; die Arbeit geht sehr rasch vonstatten. Versuchen Sie, die ganze Frucht am selben Tag fertig zu spicken, an dem Sie anfangen; später könnte der ungespickte Teil schwer zu bearbeiten sein.

6: Für eine Duftkugel die Schale einer Frucht mit einer großen Nadel durchstechen.

7: Gewürznelken unregelmäßig in die Löcher stecken oder einem vorgezeichneten Muster folgen.

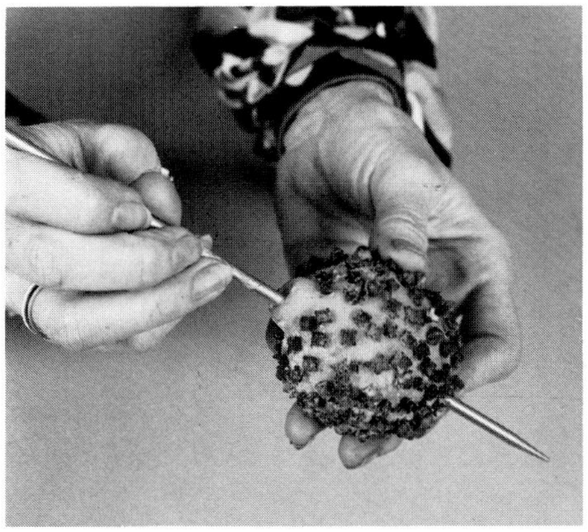
8: Für ein Loch zum Aufhängen die frisch gespickte Frucht mit einer Stricknadel durchstehen.

9: Die Kugel auf der Nadel trocknen lassen und ab und zu drehen, damit sie nicht anklebt.

In vielen Anleitungen für die Herstellung von Duftkugeln heißt es, daß man die fertig gespickte Frucht in einer Gewürzmischung wenden solle, aber das ist nicht nötig, wenn Sie die Frucht an einem trockenen Ort aufbewahren. Es könnte auch sein, daß Ihnen die Nelken ohne einen pulvrigen Gewürzüberzug besser gefallen. Falls hohe Luftfeuchtigkeit das Trocknen der Duftkugel erschwert, können Sie sie leicht in Veilchenwurzel wenden.

Nach dem Spicken lassen Sie die Duftkugel mehrere Wochen trocknen, bis sie hart, braun und zusammengeschrumpft ist. Ein Fenster mit viel Sonne ist ein guter Platz dafür oder auch ein Bord in der Nähe eines Heizkörpers. Drehen Sie die Kugel ab und zu einmal um, damit sie auf allen Seiten gleichmäßig trocknen kann.

Wenn die Duftkugel trocken ist, können Sie sie in einem Netz, an einem Band oder einer Goldkordel aufhängen oder auch auf einen Stapel unverzierter Früchte in eine Schale oder einen Korb legen. Ein solches Arrangement kann im Winter als Ersatz für Blumen dienen. Duftkugeln können mit frischen Früchten, Muscheln, Duftrosetten (Seite 65) oder getrockneten Blumen zu einer geschmackvollen Tischdekoration kombiniert werden.

Duftkugeln kann man auch an den Weihnachtsbaum, in einen Schrank, an einen Leuchter, den Kaminsims oder an eine Halskette oder einen Gürtel hängen (siehe Duftender Anhänger, Seite 69). Das Aufhängen wird erleichtert, wenn Sie die Frucht in der Mitte ganz durchstechen. Stechen Sie gleich nach dem Spicken eine Stricknadel durch die Frucht (Photo 8). Am besten geht es bei Citrusfrüchten, die kein hartes Kerngehäuse haben. Hängen Sie die Nadel mit der Duftkugel daran so auf, daß die Luft um sie herum frei zirkulieren kann, und lassen Sie sie vollständig trocknen (Photo 9). Drehen Sie die Frucht von Zeit zu Zeit auf der Nadel, damit sie nicht daran festklebt.

Wenn die Duftkugel trocken ist, ziehen Sie die Stricknadel heraus und fädeln die Kugel auf einen Faden, ein Band, eine Seidenschnur oder ein dünnes Riemchen. Stecken Sie dazu eine kleine Häkelnadel durch das Loch in der Frucht, und ziehen Sie die Aufhängeschnur doppelt genommen hindurch (Photo 10). Die vom Haken der

10: Die trockene Kugel von der Nadel nehmen und mit einer Häkelnadel die Schnur einziehen.

11: Die Schlinge in der gewünschten Länge herausziehen und zum Aufhängen verwenden.

12: Auf der Unterseite der Kugel eine Schleife gut verknoten, damit die Kugel nicht abrutscht.

Nadel erfaßte Schlinge dient dann zum Aufhängen; ziehen Sie sie in der gewünschten Länge durch (Photo 11). Geben Sie beim Durchziehen der Schnur darauf acht, daß sich die Enden nicht in den Spitzen der Nelken verfangen. Binden Sie am unteren Ende der Frucht eine Schleife, deren Knoten so groß sein muß, daß die aufgehängte Frucht nicht herunterrutschen kann (Photo 12).

Wenn der Duft nachläßt, genügen ein paar Tropfen ätherisches Öl oder Parfümextrakt zum Auffrischen.

Duftkugeln, mit Nelken gespickte und anschließend getrocknete Früchte, sind natürliche Duftspender für Zimmer und Schränke, reizvoller Feiertagsschmuck und hübsche Geschenke, die nicht viel kosten. Man kann sie aus Orangen, Zitronen, Limonellen, Delicious-Äpfeln oder auch Pampelmusen machen.

Düfte

Duftender Anhänger

Machen Sie eine Duftkugel nach den Anleitungen auf Seite 66; nehmen Sie dafür eine kleine Frucht, wie Zitrone, Limonelle oder wie auf dem Photo rechts eine Miniatur-Orange von einem als Zimmerpflanze gezogenen Orangenbäumchen. Durchstechen Sie die Frucht in der Mitte mit einer Stricknadel, und lassen Sie sie vollständig trocknen. Fädeln Sie die Kugel zwischen zwei kleine Korkperlen auf einen Lederriemen, ein Band, einen Faden oder eine Kette. Parfümieren Sie die Korkperlen oder die Duftkugel mit Parfümöl, falls ein stärkerer Duft erwünscht ist.

Eine Duftkugel, aus einer kleinen Orange angefertigt und zwischen zwei Korkperlen auf einen Riemen aufgezogen, ist ein origineller Anhänger.

A

Zeichnung A: Duftkugeln sind im allgemeinen würzig duftende Kugeln aus Früchten, Sie können aber auch unkonventionellere (wenn auch nicht weniger stark riechende) Duftquellen herstellen, indem Sie zum Beispiel den folgenden Gegenständen ein paar Tropfen Ihres Lieblingsparfüms beigeben: obere Reihe, von links nach rechts – leere Nußschalen, ein Wachsfigürchen und Muscheln oder Schneckenhäuser; zweite Reihe, von links nach rechts – ein Strohkorb, eine Glühbirne (die Wärme verstärkt den Duft) und Strandkiesel; untere Reihe, von links nach rechts – ein Glas mit farbigem Sand, Hobelspäne und der Korken einer Flasche. Sie können auch ein paar Tropfen auf das noch nicht abschließend behandelte Holz einer Schublade, auf eine mit Korkplatten verkleidete Wand oder den Abzug einer Entlüftungsanlage tun. Probieren lohnt sich; selbst so ungewöhnliche Materialien wie Strandkiesel und Muschelschalen sind porös genug, um Duft eine Zeitlang zu halten.

TÖPFERN

Irdene Alchimie

Von Deborah Ackerman, Nessa und John Darren

Wenn Archäologen darangehen, eine Kultur der Vor- oder Frühgeschichte zu rekonstruieren, liefern die Töpferwaren nicht selten die wichtigsten Hinweise darauf, wie sich der Alltag dieser Menschen abspielte. Wasserkrüge, Salbentöpfe, Teller, Schüsseln, Tassen, Vasen und sonstige Gefäße aller Art berichten uns durch ihre Form, ihre Farbe und ihr Dekor von den Menschen, die sie gemacht und benutzt haben – ihrer Kunst, ihrer Kultur und ihrer Technik. Primitive Töpferware ist oft ebenso abstrakt wie moderne Plastik; die erhaltenen Exemplare altchinesischer Keramik hingegen künden mit ihren erlesenen Formen und Farben von einem hohen Stand der altchinesischen Kultur.

Als kunstvolles Verfahren, durch das gewöhnliche Tonerde zu schönen und nützlichen Gegenständen verarbeitet und verwandelt wird, hat das Töpfern von jeher Kunsthandwerker wie Sammler in gleichem Maße angezogen. Bis zum Beginn der industriellen Revolution war das Töpfern in jeder Kultur ein Handwerk von großer Bedeutung. Aber die Massenproduktion hat alle in Handarbeit gefertigten Stücke zu Luxus werden lassen. Am Fließband hergestellte Keramik ist uns so selbstverständlich geworden, daß wir freudig überrascht sind, wenn wir einmal Schüsseln und Teller finden, deren Marke nicht von einer Maschine, sondern von einem Töpfer persönlich geprägt wurde.

Obwohl unser Wissen um die chemischen Eigenschaften der Werkstoffe für die Töpferei sich vervielfacht hat, haben sich die grundlegenden Techniken, in denen Töpferware hergestellt wird, im Lauf der Jahrhunderte kaum geändert. Wie eh und je läßt sich feuchter Ton von der Hand des Töpfers formen. Selbst kleine Kinder scheinen instinktiv zu wissen, daß Ton eine Substanz ist, die modelliert sein will.

Töpferwaren oder Keramik?
Die Wörter Töpferwaren und Keramik sind oft austauschbar, aber Keramik umfaßt genaugenommen viel mehr als die Töpferwaren, die aus gebranntem Ton hergestellt werden. Keramik ist der Oberbegriff für eine Vielfalt von Produkten aus anorganischen Stoffen, die in der Erde vorhanden sind, und Ton ist wahrscheinlich nur der bekannteste davon. Emaille, Glas, bestimmte Isolatoren, Zement und Ziegel fallen ebenfalls unter den Begriff Keramik. Keramische Stoffe, die ungeheuer hohen Temperaturen standhalten, werden für Geschoßspitzen, als Bauteile von Elektronenrechnern und für andere elektronische Geräte verwendet.

Wie Ton entsteht

Ton entsteht durch die ständige Verwitterung und Erosion des Gesteins der Erdoberfläche. Es gibt so viel davon, daß die Vorräte sich nie erschöpfen werden, einerlei, wie schnell die Töpfer arbeiten oder wie viele Tongefäße angefertigt werden. Ton besteht hauptsächlich aus vulkanischem Gestein, sogenanntem Eruptiv- oder Erstarrungsgestein, das durch Gletschereis, Pflanzenwurzeln und Wasser von löslichen Substanzen befreit und in einen weichen, feinkörnigen Stoff umgewandelt wurde – den Ton, der plastische Eigenschaften annimmt, wenn er mit Wasser vermengt wird. Ton ist stets reich an Feldspat – einem Mineral, das denn auch oft als Bestandteil von Töpferton angegeben wird. Nicht so häufig sind in den verschiedenen natürlichen Tonarten Bestandteile wie Kaolinit, Tonerde, Quarz, kohlenstoff- und metallhaltige organische Substanzen. Vom jeweiligen Gehalt an diesen verschiedenen Stoffen hängen Festigkeit und Plastizität des Tons ab.

Im Altertum verwendeten die Töpfer den Ton so, wie er in der Natur vorkam. Solchen Ton bezeichnet man als Ziegelton oder auch mageren Ton; seine rötliche Farbe bekommt er durch hohen Eisengehalt. Von diesem im natürlichen Zustand verwendbaren Ton gibt es auch heute noch große Vorkommen. Früher wurde auf der ganzen Welt die meiste Töpferware aus diesem Ton hergestellt und bei relativ niedrigen Temperaturen gebrannt (Siehe Brennen und Glasieren, Seite 85).

Heute wird Ton als Mineral abgebaut und dann in Keramik-Manufakturen veredelt und weiterverarbeitet. Bei dem von Töpfern verwendeten Ton handelt es sich überwiegend um zwei Arten: Feuerfester Ton, ein widerstandsfähiger, grobkörniger, quarzhaltiger, nichtplastischer Ton mit wenig Eisen und sonstigen Flußmitteln; und Töpferton, ein weicheres Material, das sich durch natürliche Plastizität auszeichnet.

Feuchter Ton auf der rotierenden Töpferscheibe wird von geübten Töpferhänden geformt. Das uralte Handwerk des Töpferns ist immer wieder neu, lebendig und wandlungsfähig, solange sich die Töpferscheibe dreht.

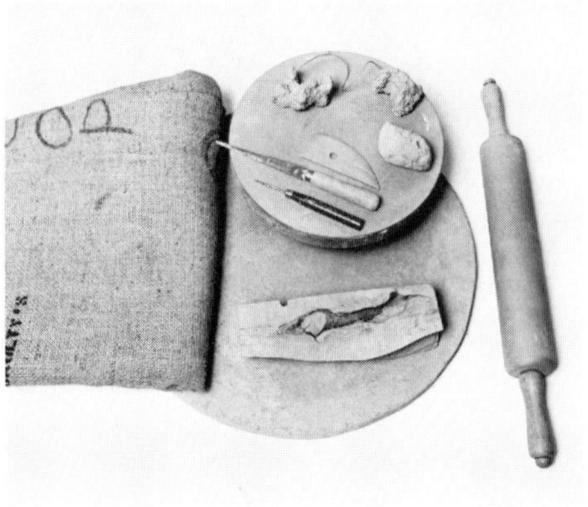

1: Eine Auswahl an Töpferwerkzeugen für die Aufbaukeramik: Rupfen oder Abfallholz zum Strukturieren, ein Nudelholz zum Ausrollen des Tons und eine drehbare Scheibe, eine sogenannte Tischränderscheibe. Auf der Scheibe liegen eine Zentriernadel (unten), ein Messer (über der Nadel), ein Schneidedraht mit improvisierten Griffen (oben) und kleiner Schwamm (rechts).

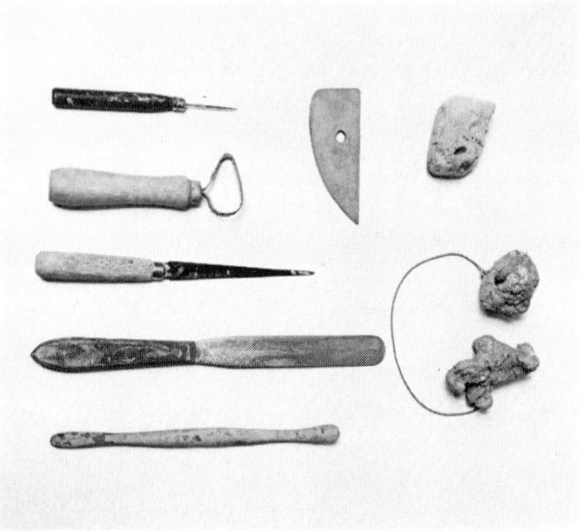

2: Werkzeuge für die Arbeit an der Töpferscheibe, von oben links nach unten: Zentriernadel, Modellierschlinge, Messer, Spachtel und Formholz; außerdem eine Abziehholz (oben Mitte), ein Schwamm (oben rechts) und ein Schneidedraht.

Tonarten zum Töpfern

Die Erzeugnisse der Töpferkunst werden gemeinhin in drei große Gruppen eingeteilt: Steingut, Steinzeug und Porzellan. Steingut, dessen Hauptvertreter irdenes Geschirr, Blumentöpfe und ähnliche Erzeugnisse sind, wird auch heute noch aus porösem, rötlichem Ton hergestellt. Steinzeug wird aus einem feineren Ton gemacht, der bei höheren Temperaturen gebrannt werden kann; dieser Ton wird in großem Umfang zur Herstellung von Eßgeschirr verwendet. Charakteristisch für ihn ist die erdige Färbung, sowohl im natürlichen wie im gebrannten Zustand. Porzellan, das man bei noch höheren Temperaturen brennt, wird aus dem sehr feinen weißen Kaolin (Porzellanton, Porzellanerde) hergestellt, der von den alten Chinesen entdeckt wurde. Nach dem Brand ist Porzellan durchscheinend, und es klingt, wenn man es mit dem Fingernagel oder einem Gegenstand leicht antippt. Da Porzellan im allgemeinen mit einem hohen Grad an künstlerischer Gestaltung in Verbindung gebracht wird, bezeichnet das Wort heute einen dekorativen Stil, wie er sich in klassischen Keramikarbeiten aus dem Fernen Osten und im europäischen Porzellan manifestiert, vor allem in Vasen, Schalen und Figurinen – obwohl die heutigen Töpfer Porzellan in ganz unkonventioneller Weise verwenden.

In jeder dieser drei großen Gruppen gibt es Hunderte verschiedener Rezepte für die Zusammensetzung von Tonarten, die durch chemische Analyse und Experimente gefunden wurden. Jedes dieser Rezepte enthält feuerfesten Ton und plastischen Ton, aber es kommen noch andere Bestandteile, Farbstoffe und Sand oder Schamottemehl (nach dem Biskuitbrand, Seite 85, grob gemahlener Ton) hinzu. Das Schamottemehl gibt dem Ton Struktur und Aufbaufestigkeit, macht ihn poröser und verringert dadurch das Schrumpfen des Tons während des Brennens. Die meisten Töpfer arbeiten heute mit Steinzeug-Tonarten, die sie entweder selbst mischen oder fertig gemischt im Fachhandel beziehen.

Werkzeug und Materialien

Der Töpfer braucht nur ein paar kleine Hand-Werkzeuge, von denen einige auf den Photos 1 und 2 (links) zu sehen sind. Die Werkzeuge, die man am häufigsten für Aufbaukeramik (ohne Töpferscheibe hergestellte Töpferware) braucht, sind in Photo 1 abgebildet; Photo 2 zeigt die Werkzeuge, die man außerdem für die Arbeit an der Töpferscheibe braucht. Das einzige Töpferwerkzeug, das man nicht ohne weiteres aus Haushaltsgeräten improvisieren kann, ist eine durch Muskelkraft oder Motor angetriebene Töpferscheibe. Kleine elektrisch betriebene Töpferscheiben gibt es in vielen Ausführungen und unterschiedlichen Preislagen. Ohne großen Kostenaufwand können Sie sich die in den ,,Fachlichen Hinweisen" auf den Seiten 76–77 beschriebene Töpferscheibe aus überall erhältlichen Eisen- und Holzteilen selbst bauen.

Gefäße: Aufgebaut oder auf der Töpferscheibe gezogen

Bei Gefäßen, die mit der Hand auf einer feststehenden Oberfläche geformt werden, spricht man von Aufbaukeramik. Davon zu unterscheiden sind alle Gefäße, die auf der Töpferscheibe geformt werden. Der Unterschied zwischen beiden Techniken ist unschwer an den fertigen Erzeugnissen zu erkennen; vergleichen Sie dazu die im Aufbauverfahren entstandenen Gefäße auf der rechten Seite und auf Seite 75 mit den auf der Töpferscheibe geformten auf den Seiten 78 und 79. Die Spontaneität und Verspieltheit der von Hand aufgebauten Gefäße ist auf den zwanglosen Umgang mit dem Material zurückzuführen, während die auf der Töpferscheibe geformten Gefäße regelmäßige, symmetrische Formen haben, wie man sie eben nur mit Hilfe der Töpferscheibe erzielen kann. Die rotierende Scheibe erlegt dem Töpfer eine Disziplin auf, die seine Entscheidungen in jedem Augenblick beeinflußt. Jede Stellung der Hand soll ein ganz bestimmtes Resultat hervorrufen, das ohne die Fliehkraft, die die rotierende Scheibe dem Tom mitteilt, nicht zu erreichen wäre.

Bei der Aufbaukeramik gibt es keine besonderen Verfahren und kein wichtiges Spezialwerkzeug. Der Töpfer kann nach Belieben die Struktur und Plastizität des Tons erforschen und ihn zu freien Formen verarbeiten. Bei der Aufbaukeramik hat der Töpfer dieselbe Freiheit wie der Bildhauer, seine Persönlichkeit in seine Arbeit einfließen zu lassen, ihr Gefühl, Stimmung und Phantasie mitzugeben. Er hat in jedem Augenblick die Wahl zwischen zahllosen Möglichkeiten. Die Folge davon ist, daß man bei der Aufbaukeramik nur allzu leicht des Guten zuviel tut, ein Gefäß einmal zu oft eindrückt, eine Form einmal zu oft verändert, und damit die beabsichtigte Wirkung zunichte macht. Wenn der Töpfer ein Gefäß von Hand aufbaut, muß er es sich als geschlossenes Ganzes vorstellen und nicht nur als einen aus mehreren Teilen zusammengesetzten Gegenstand, und er muß darauf achten, daß es innen wie außen eine stimmige Form hat. Ein solches Gefäß ist fertig, wenn der Töpfer es als fertig ansieht, wohingegen bei jedem auf der Töpferscheibe geformten Gefäß irgendwann der Punkt erreicht wird, wo die Scheibe keine weitere Veränderung mehr erlaubt. Manche Töpfer haben sich deshalb dazu entschlossen, die beiden Techniken miteinander zu kombinieren (siehe Seite 84).

Schlagen des Tons

Ton muß vor der Verwendung stets geschlagen werden. Der Vorgang ist dem Kneten von Teig vergleichbar und dient demselben Zweck: der Ton soll eine plastische, leicht formbare Konsistenz annehmen und von Luftbläschen befreit werden. Solche Bläschen stören bei der Verarbeitung und können dazu führen, daß das Gefäß beim Brennen platzt. Kneten Sie den Ton, indem Sie ihn mit den Handballen plattdrücken (Photo 3); schlagen Sie ihn dann mehrmals über die Mitte zusammen, so daß eine Rolle entsteht (Photo 4). Kneten Sie die Rolle wieder wie den anfänglichen Klumpen und wiederholen Sie den ganzen Vorgang sechs- bis achtmal in verschiedenen Richtungen. (Als Arbeitsfläche dient den Töpfern meist ein robuster Spezialtisch mit einer Gipsplatte, aber jeder andere stabile Tisch mit ebener Platte eignet sich genausogut.) Eine Gipsscheibe können Sie sich selbst anfertigen, indem Sie eine Kuchenform oder ein rundes Tablett mit Gips ausgießen (siehe „Fachliche Hinweise", Seite 77). Zerschneiden Sie den Ton während des Knetens mit Hilfe einer Perlonschnur oder eines Drahtes, den Sie an einer Seite Ihres Arbeitstisches straff gespannt anbringen (Photo 5). Wenn Sie den Ton lange genug geknetet haben, formen Sie eine Kugel daraus, indem Sie ihn kräftig mit der hohlen Hand schlagen.

Gebrauchsfertiger Ton wird oft mit der Kennzeichnung „verarbeitungsfertig" angeboten; das bedeutet, daß er bereits zur Entfernung der Luftbläschen geknetet und in gebrauchsfertige plastische Konsistenz gebracht wurde. Töpfer empfehlen, auch solchen Ton unbedingt noch einmal zu kneten, jedoch nicht auf einer Gipsplatte, die dem Ton die Feuchtigkeit entziehen würde.

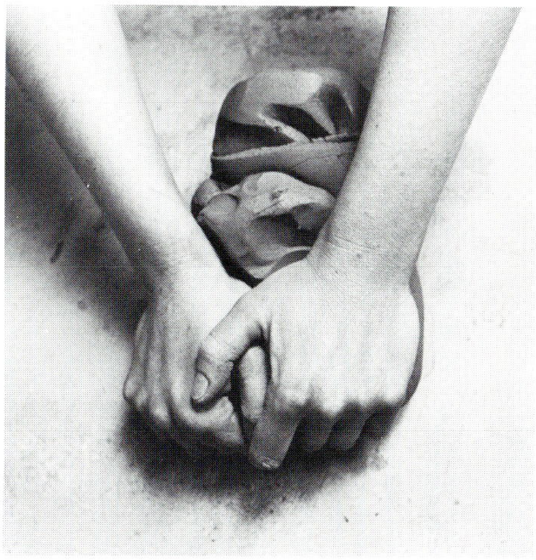

3: Kneten und drücken Sie den Ton mit den Handballen, um ihm eine homogene, leicht formbare Konsistenz zu geben und alle Luftblasen zu entfernen, die sich im Material befinden.

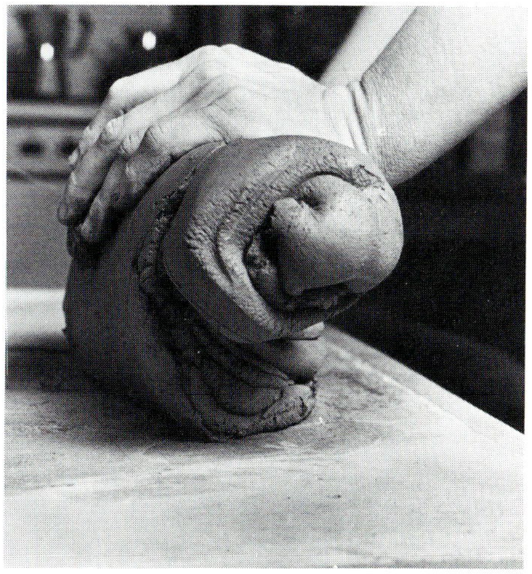

4: Nach dem Kneten eine Rolle aus dem Ton formen und diese erneut verkneten. Den Vorgang sechs- bis achtmal wiederholen und jedesmal den Ton in einer anderen Richtung einrollen.

5: Den Ton mit einer straffen Schnur, einem Draht oder einer Angelschnur aus Nylon zerschneiden, um ihn während des Knetens auf verbliebene Bläschen zu untersuchen; dann wieder kneten.

Keramik

Aufbaukeramik

Die unten abgebildeten Dosen wurden aus von Hand zusammengefügten Tonscheiben aufgebaut. Solche Dosen werden oft auf die Weise angefertigt, daß der Ton wie Kuchenteig ausgerollt und in symmetrische Rechtecke für die Seiten zerschnitten wird. Diese Dose hier entstand jedoch auf eine ungewöhnlichere Art (Abbildungen auf der nächsten Seite). Sie zerschneiden den gekneteten Ton mit einem straffen Draht (Photo 5); dann stapeln Sie die einzelnen Scheiben unregelmäßig

Frei gestaltete Formen und einfallsreiche Verzierung ergänzen einander bei diesen aufgebauten Steinzeugdosen. Nach dem Brennen und Glasieren wurden sie mit Federn dekoriert.

6: Für die Dose zunächst einen Tonblock in Scheiben schneiden und diese stapeln.

7: Die Seitenflächen des Stapels mit einem geeigneten Gegenstand (z. B. Holz) strukturieren.

8: Mit Schnur oder Draht alle vier strukturierten Seiten vom Block schneiden.

9: Einen Boden formen, die Seiten anbringen und die Fugen innen und außen mit dem Finger glätten.

10: Mit einem Formholz die Innenfugen glätten, die mit der Hand nicht zu erreichen sind.

11: Aus dem Tonkern einen Deckel formen und diesen fest auf die Dose drücken.

aufeinander (Photo 6). Schlagen Sie mit der flachen Hand auf den Stapel, damit sich die Scheiben zu einem Block verbinden, und strukturieren Sie die Außenseite beispielsweise mit einem Stück Holz (Photo 7). Die Außenseiten des Blocks werden die Außenseiten Ihrer Dose. Der nächste Schritt besteht darin, daß Sie mit einem Draht die Seiten des Blocks abschneiden (Photo 8). Übrig bleibt ein massiver rechteckiger Tonkern, aus dem Sie Boden und Deckel der Dose formen können. Bringen Sie die Seiten am Boden an (Photo 9). Glätten Sie mit einem Modellierholz die Fugen an den Innenkanten, falls Sie mit der Hand nicht in die Dose hineinkommen (Photo 10). Formen Sie aus dem restlichen Ton des Kerns einen Deckel, und drücken Sie ihn auf die Dose, so daß alle Kanten bündig abschließen (Photo 11).

Blätterschale

Die Zusammensetz-Technik für ein Gefäß oder einen Behälter aus einzelnen Tonteilen kann auf die verschiedensten Arten abgewandelt werden. Die Blätterschale (gegenüber) ist ein Beispiel für die vielen Effekte, die man erzielen kann. Wenn Sie den Ton geknetet haben, formen Sie eine Kugel daraus und schneiden ein Stück davon mit einer Schnur oder einem Draht ab (Photo 12). Rollen Sie nun mit einem Nudelholz dieses Stück Ton auf einer ebenen, sauberen, trockenen Fläche aus, die mit Gips oder Stoff bedeckt sein sollte. Rollen Sie den Ton zu einer gleichmäßigen Stärke von 6 bis 9 mm aus. Reißen Sie ringsherum kleine Stücke vom Rand ab (Photo 13). Diese Blätter können mit einem Stück Holz (Photo 14) strukturiert werden.

Die Tonstücke haften ohne zusätzliches Befeuchten aneinander, solange sie noch frisch sind. Sie sollten jedoch rasch arbeiten, denn wenn der Ton zu sehr austrocknet, haften die Teile nicht mehr so gut. Sie sollten nicht mit unterschiedlich feuchten Stücken arbeiten, diese können in unterschiedlichem Maße trocknen und schrumpfen, so daß schließlich die ganze Schale springt (siehe „Tips zum Trocknen", Seite 82).

Fangen Sie mit dem Boden der Schale an (Photo 15), indem Sie eine sternförmige Basis legen und dann allmählich nach oben weiterarbeiten. Die Größe des Bodens spielt keine Rolle; bauen Sie dann die Seiten auf (Photo 16). Wenn Sie noch größere Löcher lassen möchten als bei der hier abgebildeten Schale, müssen Sie den Ton während des Formens ein paar Minuten abbinden lassen.

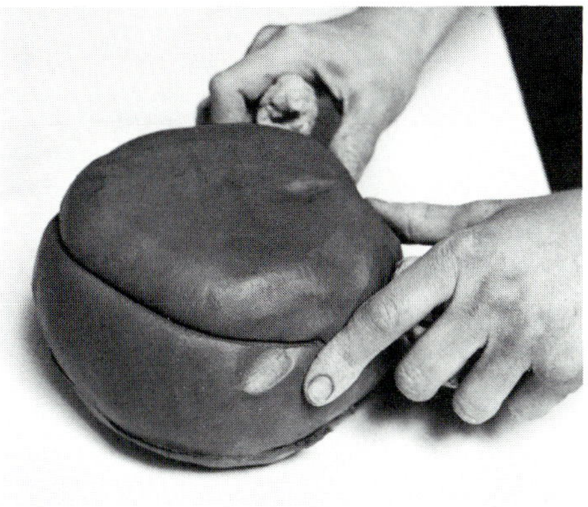

12: Für die Blätterschale mit Schnur oder Draht 2,5 cm dicke Scheibe vom Tonklumpen schneiden.

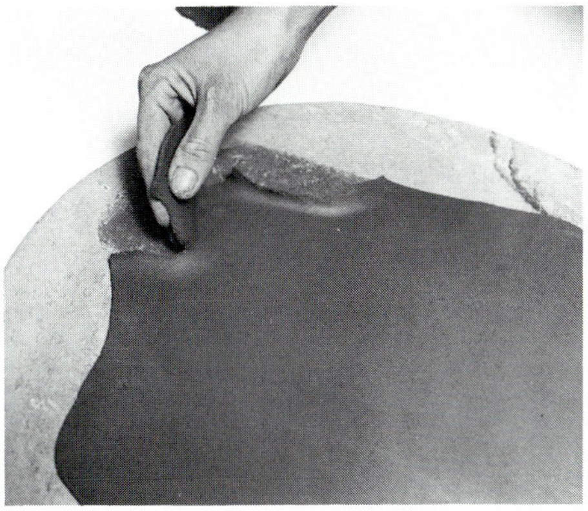

13: Die Scheibe 6 bis 9 mm dick ausrollen und blattähnliche Stücke abreißen.

14: Die einzelnen Blätter durch einen Gegenstand mit rauher Oberfläche (hier Holz) strukturieren.

15: Als erstes aus fest zusammengedrückten Blättern sternförmigen Boden für die Schale formen.

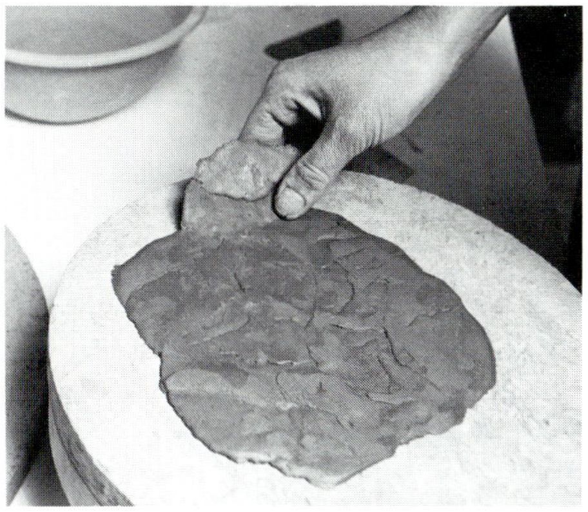

16: Wenn der Boden groß genug ist, die Seiten aufbauen; Fugen innen und außen verstreichen.

17: Solange der Ton noch plastisch ist, lassen sich Blätter hinzufügen und wegnehmen.

Aus vielen blattförmigen Tonstücken entstand diese ungewöhnlich dünnwandige Schale. Der Ton wurde nur innen glasiert, um der Schale einen zarten Farbton zu geben.

Tips für Aufbaukeramik
Eine große offene Blätterschale wie die hier abgebildete kann über der Außen- oder Innenseite einer festen Form wie beispielsweise einer anderen Schale geformt werden. Damit der feuchte Ton nicht kleben bleibt, müssen Sie die Oberfläche, auf der Sie Ihre Schale aufbauen, mit Gaze, Zeitungspapier oder Rupfen bedecken beziehungsweise auslegen. Die feste Form unterstützt den Ton, bis er lederhart getrocknet ist (siehe Tips zum Trocknen, Seite 82). Wenn dieser Punkt erreicht ist, können Sie Ihre Tonschale von der Form abheben, oder, falls Sie auf der Innenseite gearbeitet haben, das Gefäß stürzen, um Ihre neue Schale herauszulösen; ziehen Sie dann das Trennmaterial von dem Ton ab. Wenn Sie wollen, können Sie die Abdrücke, die das Trennmaterial eventuell im Ton zurückgelassen hat, mit den Fingern glattstreichen. Lassen Sie die Schale gleichmäßig trocknen.

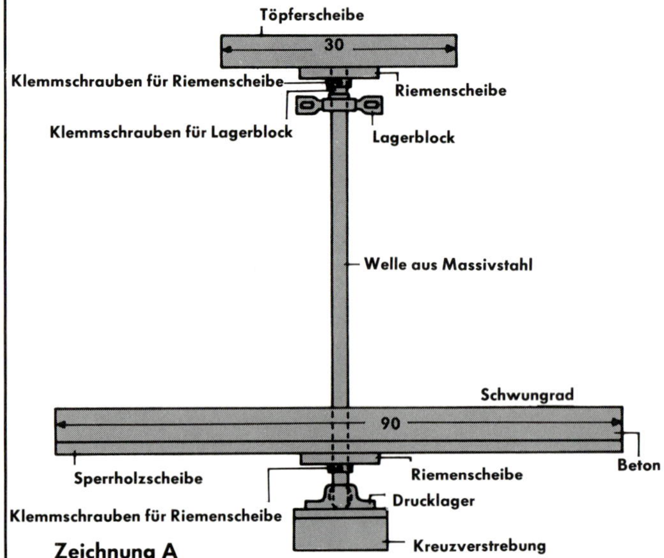

Zeichnung A

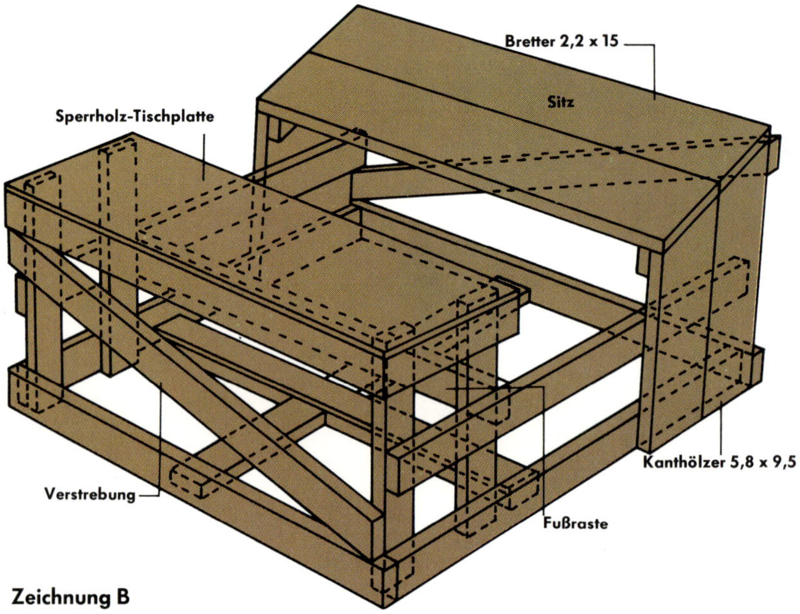

Zeichnung B

Holzbedarf

Tisch und Sitz werden aus Kanthölzern 5,8 x 9,5 cm, Brettern von 2,2 x 15 cm sowie aus Sperrholz von mindestens 1,9 cm Dicke angefertigt. Die angegebenen Maße gelten für durchschnittliche Körpergrößen.

Die eigentliche Töpferscheibe (obere Scheibe) kann entweder aus Holz, Stahl oder aus Gips angefertigt werden. Beispielsweise äußern sich viele Töpfer zufrieden über eine Scheibe aus einer 4 bis 5 cm dicken Mahagonibohle.

Kreisbögen schneiden leichtgemacht

In Zeichnung D, rechts oben auf der rechten Seite, ist dargestellt, wie Sie mit einem Brett, einem Nagel und einer Schraubzwinge eine Einrichtung zum Sägen von Kreisformen auf einer Bandsäge bauen können. Für die hier besprochene Töpferscheibe brauchen Sie als Schwungrad eine Kreisscheibe aus Sperrholz mit 90 cm Durchmesser und als eigentliche Töpferscheibe eine Scheibe aus Sperrholz oder Mahagoni mit einem Durchmesser von 30 cm. Legen Sie zunächst das Brett auf den Sägetisch, und zwar so, daß ein Rand mit dem Maschinenende des Sägetisches bündig ist.
Das Brett (beispielsweise eine rechteckige Sperrholzplatte) muß so lang sein, daß es in der angegebenen Lage etwas über den Mittelpunkt der Scheibe, die Sie ausschneiden wollen, hinausreicht. Bringen Sie in dem Brett einen Sägeschnitt bis zur Mitte an, indem Sie es von der Seite her einschieben; stellen Sie dann die Säge ab. Befestigen Sie das Brett mit der Schraubzwinge gut am Sägetisch. Messen Sie nun, ausgehend vom Sägeschnitt, auf dem Brett den Radius der zu schneidenden Scheibe ab. Nehmen Sie dann das Brett vom Sägetisch, und schlagen Sie in den markierten Punkt einen Nagel ein, so daß die Spitze ein Stückchen herausschaut. Schieben Sie das Brett wieder auf den Sägetisch (wobei das Sägeblatt wieder in den schon angelegten Schnitt läuft), und zwar mit der herausschauenden Nagelspitze nach oben, und befestigen Sie es wieder mit der Schraubzwinge. Legen Sie die Holzplatte, aus der die Scheibe ausgeschnitten werden soll, mit einer Kante am Sägeblatt auf das Brett, und drücken Sie sie in die Nagelspitze. Der Nagel ist jetzt im Mittelpunkt der künftigen Holzscheibe. Stellen Sie die Bandsäge an, und drehen Sie die Holzplatte auf dem Nagel langsam in das laufende Sägeblatt. (Wenn Sie die Scheibe für das Schwungrad ausgeschnitten haben, bohren Sie in der Mitte ein Loch für die Welle.)

Eisenteile

In Zeichnung A (oben) ist ein System von Eisenteilen dargestellt, das zur Anbringung beider Scheiben dient. Alle abgebildeten Teile gibt es in Eisenwarenhandlungen oder Werkzeuggeschäften. Die Welle, auf der sich die beiden Scheiben drehen, ist eine 2,5 cm dicke massive Stahlstange. Dünnere Wellen sind nicht zu empfehlen, weil sie wackeln könnten. Die beiden Scheiben ruhen auf je einer normalen Ventilator-Riemenscheibe, die einen Durchmesser von 12 bis 25 cm hat. Die Riemenscheiben werden mit Klemmschrauben an der Welle befestigt, so daß sie sich mit der Welle drehen. Ein sogenannter Lagerbock, das ist ein U-förmiges Eisenteil, wird mit 4-mm-Bundschrauben an der Innenkante des Tisches angeschraubt und sorgt dafür, daß die Welle senkrecht gehalten wird. Am unteren Ende läuft die Welle in einem Drucklager, das mit Schlüsselschrauben am Fußboden oder an einer Querstrebe befestigt wird.

Zusammenbau von Tisch und Sitz

Beginnen Sie damit, daß Sie Tisch und Sitz entsprechend den Zeichnungen B und C (oben) zusammenbauen. Der Tisch hat einen Rahmen aus Kanthölzern 5,8 x 9,5 cm und eine Platte aus 1,9 cm starker Tischlerplatte. In der Größe kann der Tisch den Bedürfnissen des Töpfers und den Raumverhältnissen angepaßt werden, doch sollte er nicht höher als 75 cm und nicht breiter als 100 cm sein. Der Sitz wird am Tischrahmen mit Seitenstreben aus Kantholz 5,8 x 9,5 cm befestigt, die außen an den Tischbeinen und innen an den Seitenbrettern des Sitzes angebracht werden. Der Sitz wird aus 2,2 cm dicken und 15 cm breiten Brettern gebaut. Falls sich das Lager für das untere

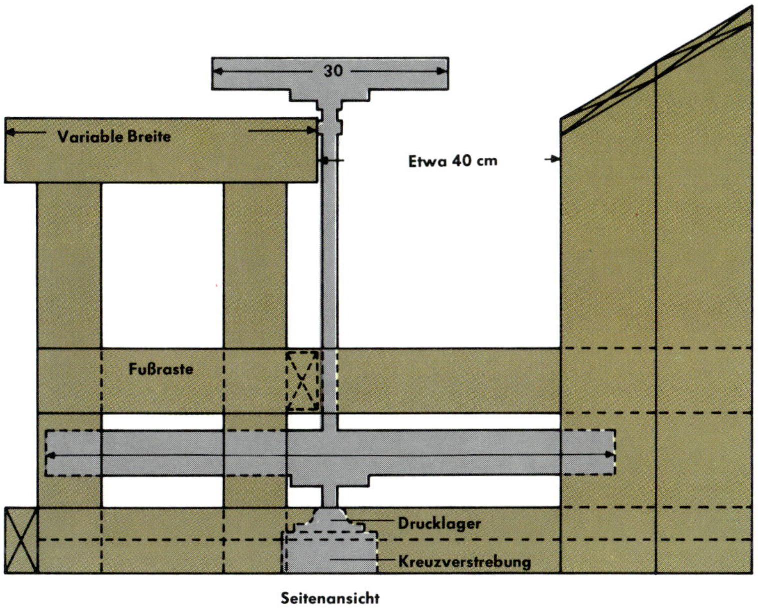

Zeichnung C

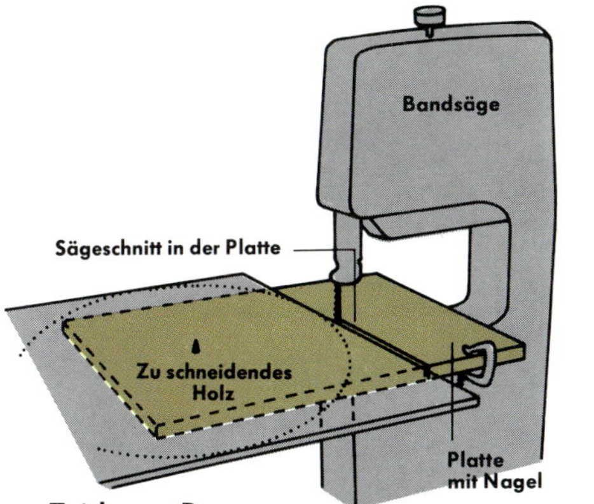

Zeichnung D

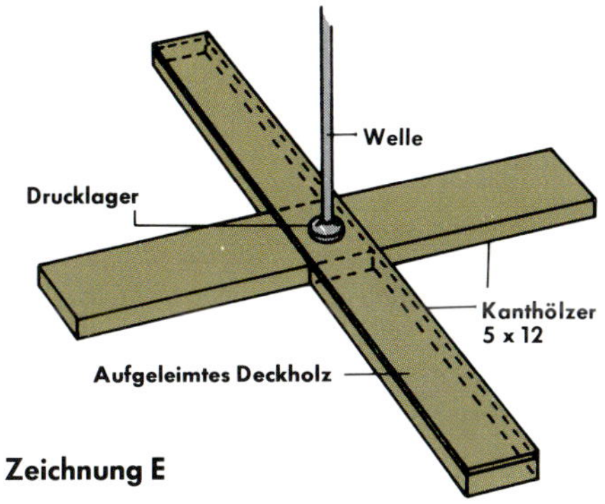

Zeichnung E

Ende der Welle nicht am Fußboden anschrauben läßt, brauchen Sie eine Kreuzverstrebung aus Kanthölzern 5 x 12 cm, an die dann das Lager angeschraubt wird (Zeichnung E, oben). Diese Verstrebung kann unter dem Tisch und dem Sitz auf dem Boden aufliegen und mit den Enden an den Rahmen geschraubt werden. Die Fußraste kommt hinter der Welle zwischen die Tischbeine und sollte in bequemer Höhe angebracht werden.

Ausrichten des Schwungrades

Bohren Sie in jede Riemenscheibe drei oder vier Löcher, und schrauben Sie die Holzscheiben darauf. Schieben Sie in dieser Reihenfolge die folgenden Teile von unten auf die Welle: den Lagerbock über einen Kugelring, die große Sperrholzscheibe mit der angeschraubten Riemenscheibe und das Drucklager, ebenfalls mit Kugelring. Zeichnen Sie an der dem Sitz gegenüberliegenden Tischkante die Mitte an, und befestigen Sie über diesem Punkt den Lagerbock mit den Bundschrauben. Bringen Sie mit Hilfe einer Wasserwaage die Welle in eine genau senkrechte Stellung; und schrauben Sie dann das Drucklager an den Fußboden oder die Kreuzverstrebung. Ziehen Sie mit einem passenden Schlüssel die Klemmschrauben in dem Lagerbock an. Um die richtige Höhe für das Schwungrad zu ermitteln, muß sich der künftige Benutzer auf den Sitz setzen, während Sie die Scheibe anheben, bis der Betreffende bequem den rechten Fußballen daraufstellen kann. Rechnen Sie die 5 cm Beton ein, die noch auf die Scheibe aufgegossen werden. Ziehen Sie die Klemmschrauben der unteren Riemenscheibe fest.

Gießen des Betons

Schneiden Sie aus Linoleum einen 7,5 cm breiten Streifen in der Länge, die dem Umfang des Schwungrades entspricht, und befestigen Sie ihn mit kurzen Nägeln oder Klammern so am Außenrand des Rades, daß die Unterkanten bündig sind. Mischen Sie etwas Beton an, und füllen Sie damit diese Gußform bis zum Rand. Streichen Sie die Oberfläche mit einem Brett möglichst glatt, und lassen Sie den Beton zwei Tage abbinden. Obwohl das Schwungrad jetzt sehr schwer ist, läßt es sich mit dem Fuß leicht in Drehung versetzen. Es muß aber unbedingt waagerecht bleiben; stellen Sie sich deshalb nie auf das Rad.

Die Töpferscheibe

Falls Sie die Töpferscheibe aus Mahagoni machen wollen, schneiden Sie sie aus einer 4 bis 5 cm dicken Bohle aus. Zentrieren Sie die obere Riemenscheibe auf der Unterseite der Töpferscheibe, und schrauben Sie sie an; montieren Sie dann die Scheibe auf der Spitze der Welle.

Wenn Sie eine Gipsscheibe vorziehen, dann fertigen Sie eine Gußform an, genau wie sie für das Schwungrad beschrieben wurde, gießen sie aber statt mit Beton mit Gips aus. Eine andere Möglichkeit wäre, ein rundes Tablett oder eine Kuchenform mit Gips auszugießen. Eine solche Gipsscheibe sollte auf einer kleinen Sperrholzscheibe ruhen, die an die obere Riemenscheibe geschraubt wird. Wenn die Töpferscheibe kleiner ist als die Sperrholzscheibe, kann sie mit Tonkeilen befestigt werden. Zur Ermittlung der richtigen Höhe für die Töpferscheibe setzen Sie sich auf den Sitz, stellen die Beine auf die Fußraste und beugen sich über die Welle. Die Scheibe sollte zwischen Ihren Beinen und so tief angebracht sein, daß Sie sich ohne Anstrengung über den Ton beugen können. Wenn die Welle zu hoch ist, sägen Sie sie mit einer Eisensäge ab; stecken Sie dann die Töpferscheibe mit der angeschraubten Riemenscheibe auf die Welle, und ziehen Sie die Klemmschrauben fest.

Oberflächenbehandlung

Die Tischplatte sollte zwei- bis dreimal lackiert werden, bevor sie benutzt wird. Dadurch wird verhindert, daß sich mit der Zeit das Furnier ablöst, was leicht passieren kann, weil die Tischplatte während der Arbeit stets naß ist. Eine Mahagoni-Töpferscheibe dürfen Sie dagegen nicht lackieren; ihr kann die Feuchtigkeit nichts anhaben.

Um zu verhindern, daß die Klemmschrauben auf der Welle durchrutschen, können Sie die Stellen, wo die Schrauben die Welle berühren, mit einer Feile leicht abflachen.

Keramik

Töpfern mit Töpferscheibe

Die Töpferscheibe gibt es seit vielen Jahrhunderten, und sie hat sich seit den allerersten Anfängen erstaunlich wenig verändert. Alle Töpferscheiben funktionieren nach demselben Prinzip: der auf der rotierenden Scheibe liegende Ton ist Zentrifugalkräften unterworfen, die es dem Töpfer ermöglichen, rasch und mühelos zylindrische Formen hochzuziehen. Heute sind natürlich die Töpferscheiben häufig mit einem Motor ausgerüstet, so daß man sie nicht durch Körperkraft zu drehen braucht. Aber die meisten Töpfer bestätigen, daß sich eine Fußdrehscheibe (siehe „Fachliche Hinweise", Seite 76) für jede Art von Töpferware genauso gut eignet. Viele Töpfer arbeiten sogar lieber mit einer solchen fußbetriebenen Töpferscheibe, weil sie meinen, dabei die Formung des nassen Tons besser steuern zu können.

Dieser Krug verdankt seine elegante Form den Kräften, die auf der rotierenden Töpferscheibe wirksam werden. Die einzelnen Arbeitsgänge werden in den Photos 18 bis 29 (Krug) und 40 bis 45 (Henkel) erläutert.

Zentrieren des Tons

Der erste Arbeitsgang bei der Herstellung eines Gefäßes auf der Töpferscheibe – das Zentrieren des Tonklumpens auf der rotierenden Scheibe – ist für den Anfänger meist am schwersten zu erlernen. Ein Tonklumpen wird fest auf die Mitte der Scheibe gelegt, und diese wird in Gang gesetzt. Der Klumpen ist dann zentriert, wenn der Töpfer die rotierende Masse genau in die Mitte der Scheibe gebracht hat. Dies erreicht er, indem er die gut mit Wasser angefeuchteten Hände um den sich drehenden Klumpen hält und ihm durch gleichmäßig starken Druck eine symmetrische Gestalt gibt. Die Körperhaltung des Töpfers spielt dabei eine wichtige Rolle. Die Scheibe sollte sich zwischen Ihren Beinen befinden, so daß Sie sich mühelos über den Tonklumpen beugen können. Halten Sie die Ellbogen eng an den Körper gepreßt, und lehnen Sie sich mit dem Gewicht Ihres Oberkörpers auf den Ton. Wenn man zum erstenmal versucht, Ton auf der Töpferscheibe zu zentrieren, ist man unweigerlich verblüfft, mit welcher Kraft der exzentrisch rotierende Ton gegen die Hände drückt. Wichtig ist, daß Sie Ihre Hände nach dem Zentrieren langsam von dem Tonklumpen abheben und die Scheibe weiter schnell rotieren lassen. Nehmen Sie die Hände zu

Die kreisförmigen Rillen in diesen Schüsseln – sie sind charakteristisch für auf den Töpferscheibe geformte Gefäße – sind Spuren, die die Finger des Töpfers in dem feuchten Ton zurücklassen. Der Fuß der Schüsseln wurde in einem anderen Arbeitsgang – dem Abdrehen – angefertigt (siehe Photos 36 bis 39).

Diese Fläschchen mit aufgebogenen Hälsen wurden auf der Töpferscheibe geformt (Photos 30 bis 35) und dann in erdigen Tönen glasiert und gebrannt.

rasch weg, kann der Ton wieder aus dem Zentrum rutschen. Um sich zu vergewissern, daß der Ton zentriert ist, halten Sie einen Finger an die Außenseite des rotierenden Klumpens. Wenn Sie dabei kein Schlagen verspüren, ist der Ton zentriert. Falls Sie die Scheibe mit dem rechten Fuß antreiben, daß sie gegen den Uhrzeigersinn rotiert, arbeiten Sie auf der rechten Seite des Gefäßes. Ziehen Sie den Ton immer mit der rechten Hand außen und mit der linken innen hoch (Photo 23, Seite 80). Falls Sie Linkshänder sind, machen Sie es genau umgekehrt und lassen die Scheibe im Uhrzeigersinn rotieren.

Die Photos auf den Seiten 80–81 zeigen die Techniken für die Anfertigung drei verschiedener Grundformen auf der Töpferscheibe – einer Schüssel, eines Kruges und einer kleinen Flasche. Bestimmte Arbeitsgänge kommen bei allen drei Formen vor. Nach dem Zentrieren wird der Tonklumpen stets mit den Daumen aufgebrochen (die Weite der Öffnung hängt davon ab, welche Form das fertige Gefäß bekommen soll).

Aufgrund der Fliehkraft ist der rotierende Ton stets bestrebt, sich zum Rand der Scheibe hinzubewegen, darum muß die Form stets unter Kontrolle gehalten werden. Wenn die Wände des Gefäßes in der gewünschten Dicke hochgezogen sind, können Sie zur endgültigen Formgebung übergehen und die Ränder glätten. Der ganze Vorgang vollzieht sich in einer Folge rasch wechselnder Handstellungen und -bewegungen; ein geübter Töpfer kann in wenigen Minuten ein Gefäß formen.

Wenn ein Gefäß fertig ist, wird es mit einem Draht von der Scheibe geschnitten (Seite 81) und beiseite gestellt, damit es lederhart werden kann, bevor es mit Werkzeugen bearbeitet (Seite 82), von Hand verziert (Seite 83 und 84), vollends getrocknet, geschrüht, glasiert und erneut gebrannt werden kann (Seite 85).

18: Zum Zentrieren des Tons auf der rotierenden Scheibe den Klumpen fest mit den Händen umschließen und kräftig drücken. Während der Arbeit immer wieder die Hände naßmachen.

19: Wenn der Ton zentriert ist, für jede Art von Gefäß den Tonklumpen mit beiden Daumen aufbrechen. Die Weite der Öffnung hängt von der Form des geplanten Gefäßes ab.

20: Während sich das entstehende Gefäß dreht, die Daumen nach außen ziehen, um die Öffnung zu vergrößern. Für eine Schüssel müssen Sie die Öffnung sehr weit machen.

21: Die Handstellung so verändern, daß es möglich wird, das Innere der Schale noch weiter zu öffnen. Die innere Hand drückt bei diesem Arbeitsgang nach unten und gegen die äußere Hand.

22: Innen- und Außenwand der Schale zwischen beiden Händen halten und von beiden Seiten gleichzeitig gleichmäßigen Druck ausüben. Langsam und vorsichtig die Tonwände hochziehen.

23: Wenn die Seitenwände der Schale Ihren Vorstellungen entsprechend hochgezogen sind, begradigen Sie den oberen Rand, während Sie die Oberfläche mit den Fingerspitzen glätten.

24: Den Fuß der Schale auf der rotierenden Scheibe mit einem Formholz gestalten. (Die Schale, wie auf Photo 29 für den Krug dargestellt, von der Töpferscheibe schneiden.)

25: Bei einem zylindrischen Gefäß genauso anfangen wie bei der Schale, aber nach dem Anlegen der Öffnung den Hals vorsichtig zwischen die Hände nehmen, damit er nicht zu weit wird.

26: Um einen Krug zu machen, müssen Sie eine zylindrische Form hochziehen. Am oberen Rand für die abschließende Gestaltung einen dicken Tonwulst stehenlassen.

27: Wenn der untere Teil des Kruges vollständig hochgezogen ist, formen Sie den oberen Teil aus dem dicken Tonwulst und glätten den oberen Rand, wie es auf Photo 23 gezeigt wird.

28: Zum Formen eines Schnabels die Töpferscheibe anhalten; mit zwei Fingern den Rand herausziehen und gleichzeitig mit einem Finger der anderen Hand von innen her drücken.

29: Zum Abschneiden eines Gefäßes von der Töpferscheibe einen Draht mit den Daumen auf die Scheibe drücken und unter dem Gefäß durchziehen; die Scheibe rotiert sehr langsam.

30: Für eine kleine Flasche können Sie einen großen Klumpen Ton nehmen, aber nur die benötigte Menge zentrieren und hochziehen. Man nennt das Am-Stock-Drehen.

31: Mit den Daumen den Tonklumpen aufbrechen (Photo 19); dann die Seitenwände in einer Flaschenform hochziehen und einen dicken Wulst für den Hals stehenlassen.

32: Den Flaschenhals zunächst wie abgebildet durch Hochziehen formen; dann den Hals vorsichtig umfassen, um die Öffnung zu verkleinern, bevor Sie den Rand formen und glätten.

33: Den hochgezogenen Hals wie abgebildet mit beiden Händen umfassen und eindrücken, bis eine Trompetenform entsteht. Die Form noch verfeinern und die Oberfläche glätten.

34: Falls ein anderer Rand gewünscht wird, den ersten abschneiden; dazu eine Zentriernadel (oder eine dünne Messerklinge) ruhig an die rotierende Flasche halten und leicht andrücken.

35: Den übrigbleibenden dünneren Hals nach Belieben formen; dann die Flasche mit einem Draht von dem Tonsockel abschneiden, der nicht hochgezogen wurde.

36: Das lederharte Gefäß verkehrt herum neu zentrieren. Die Scheibe in langsame Drehung versetzen und eine Zentriernadel ruhig daranhalten, dann das Gefäß verschieben, bis die Nadel überall gleich weit entfernt ist.

37: Das zentrierte Gefäß mit feuchten Tonklumpen fixieren. Die Scheibe mäßig schnell drehen, um ein gleichmäßiges Beschneiden sicherzustellen. Ein Abdrehwerkzeug wie die abgebildete Schlinge zum Entfernen des überschüssigen Tons verwenden.

38: Bei rotierender Scheibe können Sie den Außenrand mit einer an den Ton gehaltenen Modellier-Schlinge zu einem Fuß arbeiten. Die Schnittkante mit einem feuchten Schwamm oder den Fingern bei laufender Scheibe glätten.

39: Formen Sie die Innenseite des Fußes mit einer Schlinge; unter sanftem Druck auf die Mitte den Fuß ausheben. Zum Beseitigen von Fingerabdrücken einen feuchten Schwamm an den rotierenden Ton halten.

Tips zum Trocknen

Ob Aufbaukeramik oder Töpferscheibe – Sie müssen Ihrem Gefäß Zeit lassen, nach und nach gleichmäßig zu trocknen, wenn es nicht springen soll. Wenn Sie in Abständen an einem Stück arbeiten wollen, wickeln Sie es in den Pausen in luftdichte Plastikfolie ein, damit der Ton feucht und formbar bleibt. Natürlich wird der Ton jedesmal, wenn Sie ihn bearbeiten, ein bißchen mehr austrocknen, also ziehen Sie die Arbeit nicht unnötig in die Länge. Töpfer gebrauchen den Ausdruck „lederhart" zur Bezeichnung von Ton, der so weit getrocknet ist, daß er zwar noch feucht ist, aber angefaßt werden kann, ohne daß er die Form verändert oder Fingerabdrücke bekommt. Dies ist die erste Stufe im Trocknungsprozeß, die – je nach Raumtemperatur – im allgemeinen einen Tag nach dem Ausformen des Gefäßes erreicht ist.

Ein lederhartes Gefäß kann man weiter bearbeiten (siehe Abdrehen und Oberflächenbehandlung, rechts) und dann beiseite stellen, damit es ganz trocknet, ehe es in einem Brennofen geschrüht wird (siehe Brennen und Glasieren, S. 85). Als Faustregel kann gelten, daß man ein frisch geformtes Gefäß zum Trocknen am besten auf einen Tisch oder ein Regalbrett auf Plastikfolie oder Zeitungspapier stellt. So kann es trocknen und schrumpfen, ohne an der Unterlage festzukleben, was oft dazu führt, daß es springt. Manche Töpfer empfehlen auch, das Gefäß locker mit Plastikfolie zu bedecken, damit es im Laufe mehrerer Tage langsam und gleichmäßig trocknen kann.

Abdrehen und Oberflächenbehandlung

Die abschließende Bearbeitung des Bodens eines auf der Töpferscheibe hergestellten Gefäßes bezeichnet man als Abdrehen. Dieser Arbeitsgang ist notwendig, weil in der Regel der Ton am Fuß des Gefäßes zu dick ist, so daß es zu schwer und plump wirkt, wenn es von der Töpferscheibe geschnitten wird. Wenn der Ton lederhart getrocknet ist, schält der Töpfer diesen überschüssigen Ton ab, und es entsteht dabei gleichzeitig ein Fußring, wie aus den Abbildungen ersichtlich wird. Der erste Schritt besteht darin, daß die Schüssel verkehrt herum erneut auf der Töpferscheibe zentriert wird (Photo 36). Anfänger zeichnen am besten mit Kreide konzentrische Kreise auf die Scheibe, um sich das Zentrieren zu erleichtern. Wenn die Schüssel zentriert ist, kann sie mit weichen Tonrollen festgehalten und mit einem Abdreheisen oder einer Schlinge bearbeitet werden; man hält das Werkzeug an den rotierenden Ton und hebt auf diese Weise Schichten ab wie beim Apfelschälen.

Ziehen eines Henkels

Die Photos auf der rechten Seite zeigen, wie man Henkel für Tongefäße formt und anbringt. Diese Technik, die man als Ziehen eines Henkels oder als Henkeln bezeichnet, eignet sich für Becher und Krüge. Die Photos auf Seite 84 geben Aufschluß über zusätzliche Techniken zur Veränderung eines auf der Töpferscheibe entstandenen Gefäßes von Hand. Wie aus den Bildern hervorgeht, kann der Töpfer die Oberfläche des Gefäßes zusätzlich gestalten, indem er Muster hineindrückt oder stellenweise den Ton abschneidet, so daß Facetten entstehen.

40: Aus einer dicken, spitz zulaufenden Rolle gut gekneteten Tons einen Henkel ziehen. Unter ständigem Anfeuchten kräftig nach unten ziehen, bis der Henkel die richtige Dicke hat und länger ist, als Sie ihn brauchen.

41: Die Tonrolle so auf den Tisch legen, daß der Henkel über die Kante herabhängt. Wenn er leicht steif zu werden beginnt, mit einem Messer in dem Winkel abschneiden, in dem er an den Krug angesetzt werden soll.

42: An den Stellen, wo der Henkel angebracht wird, den lederharten Krug mit einem scharfen Werkzeug (Messer, Nadel) aufkratzen; in Wasser verdünnten Ton (Schlicker) mit einem Pinsel auf diese aufgerauhten Stellen auftragen.

43: Das dicke Ende des Henkels vorsichtig in den Schlicker drücken und festhalten, bis es haftet. Wenn Sie mit dem Daumen in der abgebildeten Stellung den Henkel ziehen, erhält man einen gekehlten Henkel.

44: Den Krug waagerecht halten, falls Sie den Henkel noch einmal ziehen wollen, wenn er noch dünner werden soll. Nicht vergessen, die Hände immer gut anzufeuchten, damit der Ton nicht haften bleibt.

45: Wenn der Krug nun aufgerichtet wird, nimmt der Henkel von sich aus die richtige Form an. Das untere Ende andrücken und überschüssigen Ton abzwicken. Den Krug verkehrt herum trocknen, damit der Henkel einen hohen Bogen bildet.

Bezugsquellen für keramische Werkstoffe
Die meisten der unten aufgeführten Firmen liefern trockenen und feuchten Ton, Chemikalien und Glasuren. Die Liste ist natürlich nicht vollständig. Sehen Sie im Branchen-Fernsprechbuch nach, um einen Lieferanten in Ihrer Nähe zu finden, oder erkundigen Sie sich bei einer Töpferschule.

Fa. **Famos**
Esslinger & Abt
Postfach 160
7958 Laupheim/Württ.

Fa. **Industria**
Hans Tüxen KG
Postfach 47
2362 Wahlstedt

Fa. **Carl Jäger**
Postfach 45
541 Höhr-Grenzhausen

Fa. **Hans Wolbring**
Postfach 20
541 Höhr-Grenzhausen

46: Hier wird eine lederharte Flasche mit einem Messer facettiert. Die fertig gebrannte und glasierte Flasche ist unten abgebildet.

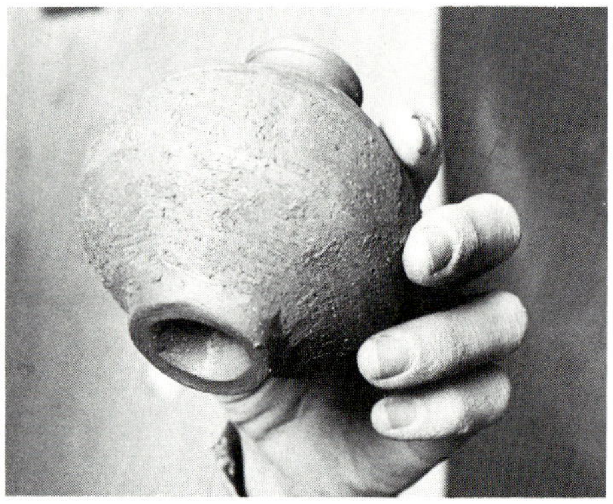

47: Der Fuß dieser Flasche wurde von Hand aufgebaut, und die Struktur des Schamottemehls (S. 72) wurde sichtbar gemacht.

48: Der Rand einer Flasche wird durch leichten Druck mit dem Daumen neu geformt. Dadurch wird die Gestaltung insgesamt verändert.

49: Dieses Gefäß wurde auf der Töpferscheibe gemacht, dann aber mit Holz geklopft, um die Form zu ändern und die Oberfläche zu strukturieren.

Die Form dieser beiden auf der Töpferscheibe geformten Flaschen wurde durch Facettierung mit einem Messer (links) und Drücken mit der Hand (rechts) verändert. Die Stöpsel wurden mit der Hand aus Tonkugeln geformt und ausgehöhlt, um ein Springen zu verhüten.

50: Gut gemischte, sahnige Glasur in das vorgebrannte Gefäß gießen, um zuerst das Innere zu glasieren; mindestens bis zur Hälfte füllen.

51: Die Glasur rasch in eine Schüssel ausgießen und dabei das Gefäß drehen, so daß die ganze Innenfläche mit Glasur überzogen wird.

52: Glasur über die Außenseite des Gefäßes gießen und dieses dabei drehen. Den Boden nicht glasieren, sonst bleibt das Gefäß beim Brennen auf dem Ofenrost kleben. Tropfen bis 3 mm vom unteren Rand vorsichtig mit einem Schwamm abtupfen.

Brennen und Glasieren

Eben erst geformte Töpferware, die noch nicht gebrannt ist, nennt man Rohware. In diesem Zustand ist sie sehr zerbrechlich und würde sich in Wasser noch auflösen. Durch das Brennen in einem besonderen Brennofen wird der Ton zu einem widerstandsfähigen und haltbaren Material gehärtet. Töpferware wird in der Regel zweimal gebrannt. Der erste Brand, der langsam bei niedriger Temperatur erfolgt, wird als Schrühbrand oder Vorglasurbrand bezeichnet. Nach diesem ersten Brand ist das Tongefäß immer noch empfindlich, aber immerhin schon so stabil, daß man es ohne allzu große Vorsicht anfassen kann, und so porös, daß die Glasur haftet, die den meisten Töpferwaren nach einem zweiten Brand eine nichtporöse, oft farbige, glasartig glänzende Oberfläche verleiht. Die Glasur wird als Flüssigkeit aufgetragen, trocknet aber rasch zu einer Pulverschicht auf. Ein Verfahren zum Glasieren eines vorgebrannten Gefäßes wird in den Photos oben beschrieben. Glasur hat die Konsistenz dicker Sahne und sollte vor dem Auftragen stets umgerührt oder kräftig geschüttelt werden. Während des Auftrags sollte die Glasurflüssigkeit nicht zu lange in dem zu glasierenden Gefäß bleiben, weil sie sonst springt, sobald sie angetrocknet ist. Wenn das Gefäß zum zweitenmal bei höheren Temperaturen gebrannt wird, schmilzt die Glasur und bildet eine dünne Glasschicht auf der Oberfläche, wodurch das Gefäß wasserdicht wird. Glasuren kann man wie Ton gebrauchsfertig kaufen, und wie Ton sind auch bei ihnen die Brenntemperaturen auf der Packung angegeben. Der Brenntemperaturbereich der Glasur muß dem des Tons entsprechen.

Die Temperaturbereiche sind durch eine Ziffer gekennzeichnet, die angibt, welcher Seeger-Kegel bei der richtigen Temperatur schmilzt. Wenn zum Beispiel die Brenntemperatur des Tons zwischen Kegel 6 und Kegel 8 liegt, müssen Sie auch eine entsprechende Glasur wählen. Die aus Keramik bestehenden Seeger-Kegel werden in den Brennofen gestellt, und zwar so, daß der Töpfer sie durch das Sichtloch des Ofens beobachten kann. Auf diese Weise kann er die jeweils erreichte Temperatur im Ofen überwachen. Normalerweise werden drei bis vier Kegel, die den zulässigen Temperaturbereich abdecken, miteinander in einen Klumpen Ton gesteckt, den man gut austrocknen läßt, bevor man ihn in den Ofen stellt. Der Töpfer weiß, daß sich das Ende der Brennzeit nähert, wenn der erste Kegel weich wird und umfällt. Wenn der zweite und eventuell der dritte Kegel umfällt, ist der Brennvorgang abgeschlossen; man schaltet den Brennofen aus und läßt ihn über Nacht abkühlen. Dann öffnet man die Ofentür und läßt den Ofen noch ein paar Stunden weiter abkühlen.

Wenn ein Gefäß über die höchste Temperatur hinaus, die für Ton und Glasur angegeben ist, gebrannt wird, zerspringt es zwar nicht unbedingt, aber die Glasur wird wahrscheinlich ausbrennen, stumpf und verschmiert wirken, Blasen werfen oder an dem Gefäß herabrinnen. Aber selbst wenn der Brennvorgang sorgfältig überwacht wird, sind unerwünschte Resultate gar nicht selten.

Man braucht theoretisches Wissen und Erfahrung, um sich in allen Aspekten der Glasur- und Brenntechnik auszukennen. Falls Sie Ihre Tonwaren in einem eigenen Brennofen brennen möchten, sollten Sie vorher alle Möglichkeiten mit den Herstellern oder Lieferanten kleiner Brennöfen durchsprechen. Diese Brennöfen haben in der Regel einen Innenraum, der für das gleichzeitige Brennen mehrerer kleiner Tonwaren ausreicht. Stellen Sie den Ofen an einem gut belüfteten Ort auf, und vergewissern Sie sich, daß die Belastbarkeit der elektrischen Leitungen in Ihrer Wohnung oder Ihrem Haus für das Gerät ausreicht. Außerdem brauchen Sie Spezialwerkzeuge und -handschuhe, damit Sie sich nicht verbrennen.

Oft richten sich mehrere Hobby-Töpfer gemeinsam ein Studio ein, so daß die Kosten für das Material und den Brennofen aufgeteilt werden können.

BASTELN IM VORSCHULALTER

Lernen - leichtgemacht

Von Joan Leiken

Wundervolle Dinge geschehen in der frühen Kindheit, einer Zeit, in der die Kinder sich auszudrücken lernen, ihre Umwelt erkunden, sich an das Zusammenleben mit anderen gewöhnen, täglich neue Entdeckungen machen und in atemberaubendem Tempo neue Fertigkeiten erwerben. Das Vorschulalter, vom dritten bis zum Beginn des sechsten Lebensjahres, ist eine Zeit ungeheurer geistiger und körperlicher Entwicklung. Sie können in diesen Jahren auf die verschiedensten Arten mit Ihrem Kind basteln und spielen. Schon einfachstes Material, wie beispielsweise Kleister und Schnur, kann zu aufschlußreichen kreativen Erfahrungen verhelfen.

Die Pädagogen sind sich jedoch darin einig, daß Vorschulkinder nicht gedrängt werden dürfen, von Erwachsenen festgesetzten Maßstäben zu entsprechen. Ebenso sollte man nicht versuchen, ihre kreative Entwicklung gewaltsam über die Grenzen hinaus zu fördern, die ihnen durch ihre natürlichen Neigungen gesetzt sind. In diesen Jahren ist jedes Spiel ein Lernprozeß. Sie können diesen Prozeß am besten dadurch fördern, daß Sie das Kind zu bewährten künstlerischen und handwerklichen Beschäftigungen ermuntern, die bewußt einfach sind.

Sie werden aber Ihrem Kind nicht nur Gelegenheit geben, mit künstlerischen Ausdrucksmitteln zu experimentieren, sondern ihm auch Spielzeug in die Hand geben. Und die liebsten Spielsachen werden ihm die sein, die Sie selber gemacht haben, Spielsachen, die kindgerecht sind, etwas aushalten – und nicht nur zum Anschauen da sind. Das Stoffbild auf Seite 89 stellt zum Beispiel einen Zweijährigen noch vor große Probleme, aber ein Kind dieses Alters kann sich immerhin schon mit den bunten Stoffteilen, den verschiedenen Oberflächenstrukturen und den beweglichen Teilen des Bildes vertraut machen. Das Stoffbild kann im Kinderzimmer hängen, und in dem Maß, wie sich das Begriffsvermögen und die manuelle Geschicklichkeit des Kindes entwickeln, wird es sich immer wieder damit befassen. Mit vier oder fünf wird es dann wahrscheinlich die verschiedenen Knöpfe, Schnallen und sonstigen Verschlüsse ohne Schwierigkeit handhaben können. Die Reitgiraffe spricht dagegen eher die Neigung des Kindes an, sich in eine Welt der Phantasie zu versetzen.

Wenn das Kind Ihnen beim Anfertigen dieser Spielsachen helfen möchte und Sie es schneiden und kleben lassen, wird seine Beziehung zu dem fertigen Spielzeug noch ausgeprägter sein. Es kann sogar schon bei der Planung mitmachen – nehmen Sie es mit, wenn Sie einkaufen gehen, und lassen Sie es die Stoffe aussuchen.

Spiele und Unterhaltung

Reitgiraffe

Diese originelle Giraffe ist eine Abwandlung des herkömmlichen Steckenpferdes. Der Kopf wurde mit Absicht so groß gemacht, um es dem Kind zu erleichtern, die Giraffe als ein Wesen und nicht nur als Spielzeug zu begreifen.

Anfertigen der Giraffe

Die Materialien, die Sie für dieses Projekt brauchen, bekommen Sie alle im Stoffgeschäft – bis auf den langen Stecken, den Sie sich in einer Holzhandlung oder im Haushaltswarengeschäft besorgen müssen. Als Bezug für den Kopf eignet sich am besten kräftiger Baumwollstoff; nehmen Sie keinen dehnbaren Stoff, denn dieser würde vielleicht auf die Dauer die Form nicht halten. Im einzelnen brauchen Sie: $^{3}/_{4}$ m Stoff sowie zusätzlich einen kleinen Rest eines anderen Stoffes für die Spitzen der Hörner (Zeichnung A, Seite 88); Filzreste für die Augen (weiß und eine dunkle Farbe) sowie schwarzes Fransenband für die Augenbrauen und die Mähne (hier wurden $^{1}/_{4}$ m kurze schwarze Kunstseidenfransen für die Augenbrauen und 1 m lange schwarze Wollfransen für die Mähne genommen). Außerdem brauchen Sie: Textilkleber oder normalen Klebstoff und $^{1}/_{4}$ kg Hobby-Flocke oder Füllwatte als Füllung für den Kopf. Bevor man den 90 cm langen Stock mit 2 cm Durchmesser mit einer Heftmaschine am Kopf der Giraffe anbringt, streicht man ihn mit schwarzer Ölfarbe.

Der Vierjährige freut sich sichtlich über die Reitgiraffe, eine Abwandlung des herkömmlichen Steckenpferds. Das originelle Tier ist leicht zu nähen und auszustopfen; Augen und Augenbrauen werden aufgeklebt.

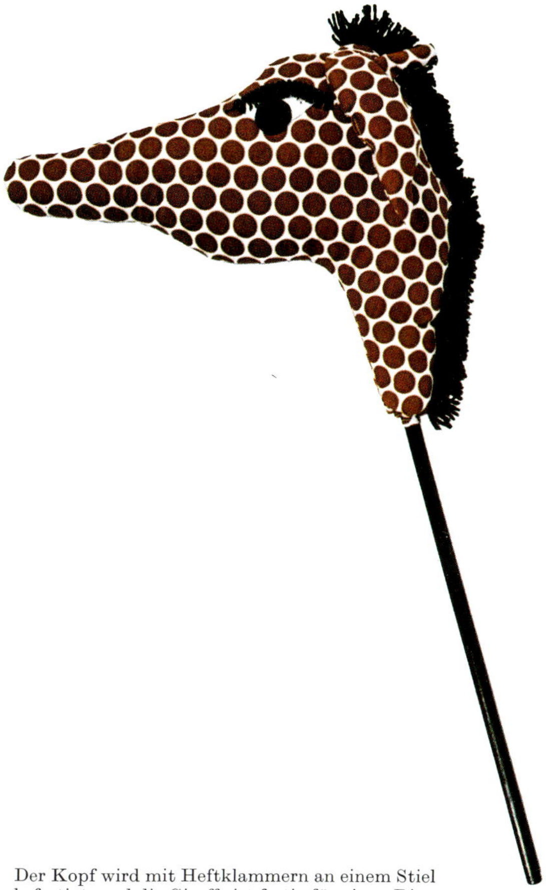

Der Kopf wird mit Heftklammern an einem Stiel befestigt, und die Giraffe ist fertig für einen Ritt ins Reich der Phantasie.

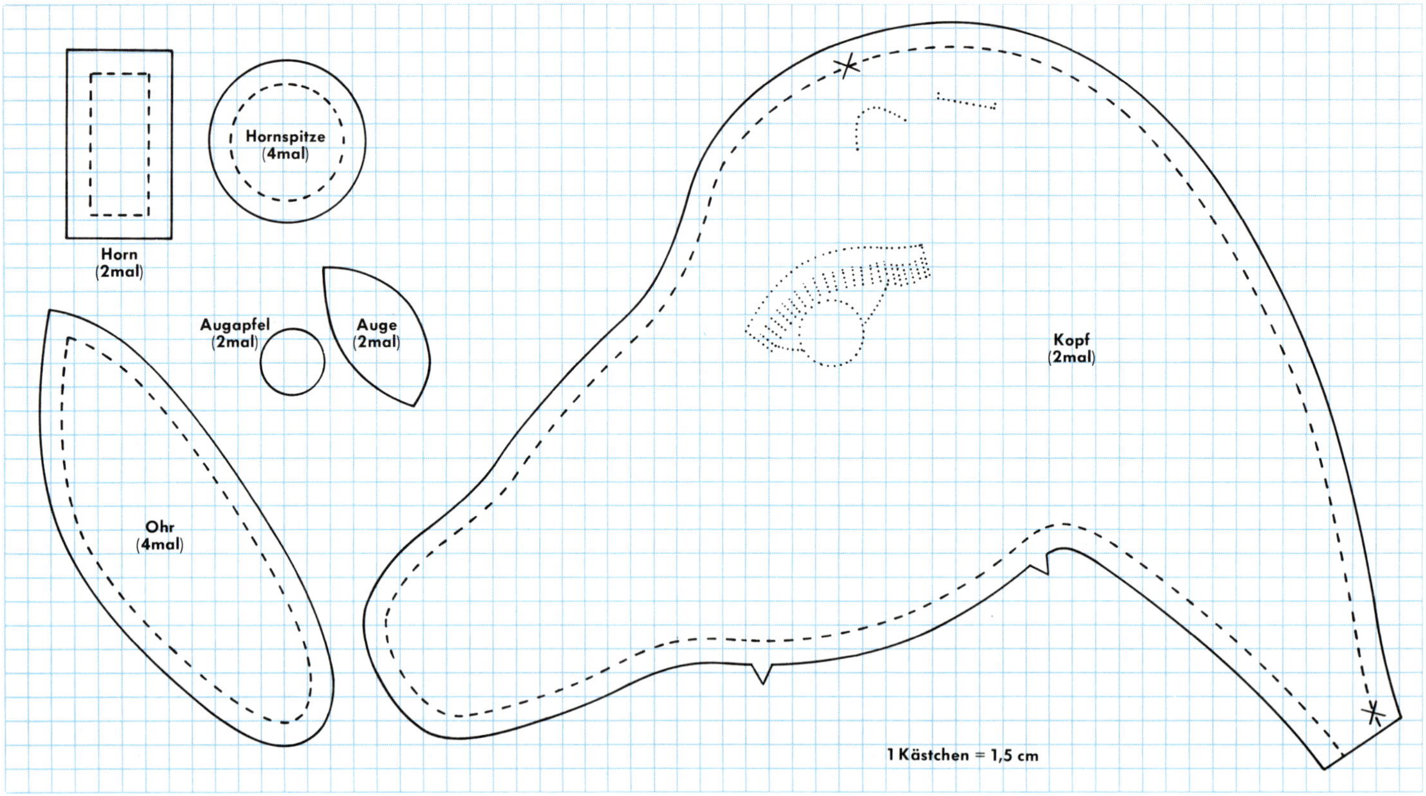

A

Zeichnung A: Die Schnittmusterteile für den Giraffenkopf auf ein in Kästchen mit 1,5 cm Seitenlänge eingeteiltes Blatt Transparentpapier übertragen. Dann die Teile aus dem Stoff ausschneiden. Bei allen Teilen bis auf die Augen, die aufgeklebt werden, 1,3 cm für die Nähte zugeben. (Siehe auch „Fachliche Hinweise", S. 92.)

Anfertigen des Giraffenkopfes

Da dieses Spielzeug wahrscheinlich ziemlich rauh behandelt wird, nähen Sie die Nähte am besten mit einer Nähmaschine und nehmen kräftiges Garn. Vergrößern Sie die Schnittmusterteile wie unter Zeichnung A erläutert. Die Teile für Kopf, Ohren, Hörner und Hornspitzen, die zusammengenäht werden, schließen eine Nahtzugabe von 1,3 cm ein. Die beiden X auf dem Kopf-Schnittmuster geben an, wo die langen Fransen sitzen müssen, damit die Mähne beim Zusammennähen der Kopfteile in die Naht eingenäht werden kann. Die beiden Kerben auf der Kopfunterseite markieren die Öffnung, die Sie zum Ausstopfen des Kopfes lassen müssen.

Wenn Sie die Schnittmuster vergrößert haben, schneiden Sie zwei Kopfteile, vier Ohren, zwei Hörner und vier Hornspitzen zu. Schneiden Sie aus dem weißen Filz die Augen und aus dem dunklen die Pupillen aus. Für die Augenbrauen schneiden Sie zwei 10 cm lange Stücke von dem kurzen Fransenband ab. Die langen Fransen falten Sie einmal in der Mitte und nehmen sie doppelt, damit die Mähne schön dicht wird.

Zusammennähen

Stecken Sie die Kopfteile vorläufig zusammen, und zwar so, daß sie mit den rechten Seiten aufeinander liegen. Heften Sie die gefaltete Fransenmähne zwischen die beiden X auf dem Schnittmuster ein, und schließen Sie die Naht. Lassen Sie zwischen den Kerbmarken auf der Kopfunterseite und am unteren Ende des Halses Öffnungen (für die Füllung bzw. für den Stock). Versäubern Sie die Naht, ziehen Sie die Stecknadeln und den Heftfaden heraus und wenden Sie den Kopfbezug.

Legen Sie jeweils zwei Ohrteile mit den rechten Seiten nach innen übereinander, und nähen Sie sie zusammen, wobei Sie aber unten eine kleine Öffnung zum Ausstopfen lassen. Versäubern Sie die Nähte und wenden Sie die Ohren. Stopfen Sie sie aus, und schließen Sie dann die Öffnung von Hand.

Falten Sie jedes Horn in der Mitte, und nähen Sie die beiden Teile zusammen; lassen Sie aber an einer Seite noch eine Öffnung. Wenden Sie die Hörner, stopfen Sie sie aus, und schließen Sie dann auch die letzte Naht. Nähen Sie die Hornspitzen, stopfen Sie sie aus, stülpen Sie jedes über ein Horn, und nähen Sie es mit der Hand an. Nähen Sie die Hörner und die Ohren am Kopf an. Kleben Sie die Filzaugen und die Augenbrauen an. Richten Sie sich nach dem Schnittmuster und dem Photo.

Stopfen Sie den Kopf der Giraffe durch die Öffnung auf der Unterseite fest aus, schieben Sie den Stock hinein, und heften Sie den Stoff mit der Heftmaschine an das Holz; eventuell werden Sie den Stoff vorher umschlagen müssen, damit der Kopf gut festsitzt. Schließen Sie zum Schluß die Naht auf der Kopfunterseite.

Ein Kind kann mit diesem Lernspiel den Umgang mit Knöpfen, Schnallen und Reißverschlüssen üben. Es lernt vielleicht nicht gleich, sich selbst anzuziehen, aber auf alle Fälle ist es ein lehrreicher Zeitvertreib.

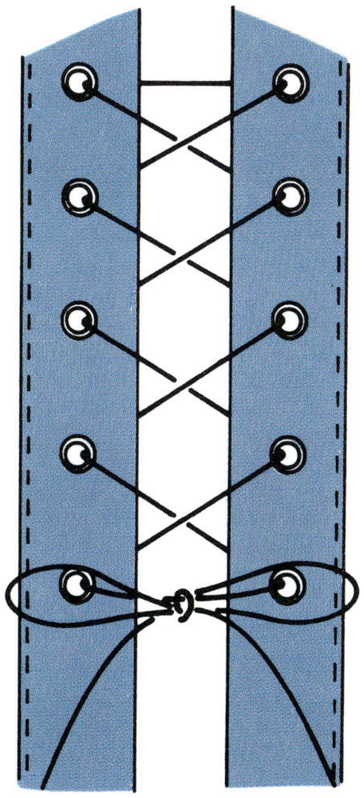

B

Zeichnung B: Statt des Reißverschlusses kann man für den Kamin auch kleine Ösen nehmen, in die ein Band eingezogen wird. Damit kann das Kind Einfädeln und Schleifenbinden üben.

Spiele und Unterhaltung

Stoffbild

Selbst wenn ein Kind noch nicht mit Kleiderverschlüssen wie Knöpfen und Reißverschlüssen zurechtkommt, kann es seine manuelle Geschicklichkeit mit einem sogenannten Verschluß-Rahmen entwickeln – ein buntes Stoffbild mit Reißverschlüssen, Knöpfen, Druckknöpfen und Schnallen. Das hier aufgenähte Haus hat Jalousien, die mit Druckknöpfen befestigt sind, angeknöpfte Fensterläden, eine Tür und ein Fenster mit einer Schnalle und je einen Reißverschluß am Schornstein und am unteren Rand des Dachgeschosses. Richten Sie sich beim Anfertigen des hier abgebildeten Lernspiels nach Zeichnung C, Seite 91.

Werkzeug und Materialien

An Stoffen und ähnlichem Material brauchen Sie für dieses Projekt Baumwollstoff, Filz und Vinyl in folgenden Mengen: $\frac{3}{4}$ m hellblauen Drillich für den Hintergrund; $\frac{1}{4}$ m dunkelblauen Baumwollstoff für das Haus; kleine Stücke (weniger als $\frac{1}{4}$ m) weißen Piqué für die Wolken; rot und blau bedruckten Baumwollstoff für das Dach; in Patchwork-Musterung bedruckten Baumwollstoff für die Fensterläden und rotes Vinyl für Kamin, Tür und Jalousien. Außerdem brauchen Sie: Filzreste für die Fenster; und 2,5 sowie 1,3 cm breites Zickzackband zum Verzieren des Daches; 3,5 bis 4 cm breite blaue Borte für den Dachbesatz. An Verschlüssen brauchen Sie: einen 10 cm langen Reißverschluß für den Kamin; einen 35 cm langen Reißverschluß für die Verbindung zwischen Haus und Dach; einen kleinen Ösenverschluß für das obere Fenster; eine rund 4 cm lange Metallschnalle für die Tür; drei Knöpfe für die Fensterläden und Druckknöpfe für die Vinyl-Jalousien. (Achten Sie darauf, daß die Metallteile keine scharfen Kanten oder Spitzen haben.) An die Innenseite der Tür wird ein Spiegel geklebt. Zum Kleben brauchen Sie weißen flüssigen Textilkleber.

Neben den üblichen Näh-Utensilien brauchen Sie einen Lochstanzer – ein Gerät aus Metall (ähnlich einem Aktenlocher), mit dem man die Druckknöpfe anbringt. Die Näharbeiten lassen sich alle mit einer Nähmaschine ausführen, die jedoch mit einem Knopflochansatz und einem Reißverschluß-Füßchen ausgerüstet sein muß. Als Unterlage empfiehlt sich eine 1,5 cm dicke Weichfaserplatte. Sie muß 50 cm breit und 55 cm hoch sein. Eine Heftmaschine dient zur Befestigung des Stoffes auf der Platte.

Auf diesem Bild aus Baumwollstoff, Filz und Vinyl lassen sich Fensterläden mit Knöpfen, Jalousien mit Druckknöpfen schließen, Dach und Kamin mit einem Reißverschluß öffnen, und die Tür hat eine Schnalle.

Vorbereitung der Hausteile

Der erste Schritt besteht darin, daß man alle Stoffteile des Hauses in den Maßen zuschneidet, die in Zeichnung C angegeben sind. Bei den Maßen handelt es sich um die fertigen Größen. Bei manchen Teilen müssen Sie eine Nahtzugabe einrechnen.

Die Patchwork-Fensterläden werden je aus einem 12,5×11 cm großen Stück angefertigt, das der Breite nach in der Mitte gefaltet, oben und unten zusammengenäht und dann an das Haus genäht wird. Sie brauchen also auf allen Seiten eine Nahtzugabe von 5 mm. Das rotbedruckte Dachteil ist ein Dreieck mit 35 cm langen Seiten; am unteren Rand sollten Sie zum Einnähen des Reißverschlusses eine Nahtzugabe von 1,5 cm vorsehen. (Der blaubedruckte Dachbesatz wird aufgeklebt, wenn alle Näharbeiten beendet sind.) Eine Nahtzugabe von 1,5 cm müssen Sie auch auf allen vier Seiten des dunkelblauen Hausteiles vorsehen. Schneiden Sie den Stoffhintergrund in 65 cm Breite und 70 cm Länge zu, wobei ringsherum 7,5 cm zum Umschlagen auf die Rückseite der Weichfaserplatte gedacht sind. Die Filz- und Vinylteile können Sie in den angegebenen Maßen zuschneiden. Für die Tür halten Sie sich an das Schnittmuster in Zeichnung D gegenüber.

Nähen und Kleben

Erledigen Sie zuerst alle Näharbeiten. Kleine Klebeteile sind leichter anzubringen, wenn das Haus und das Dach bereits auf den Stoffhintergrund geklebt wurden. Um die Hauskanten zu versäubern, machen Sie zunächst an den beiden Seitenkanten und der Unterkante 1,5 cm vom Rand eine gerade Naht. Schlagen Sie den Stoff dann so um, daß die Naht im Bruch liegt, und bügeln Sie die Kanten. Verzieren Sie dann die Ränder mit einer Zickzacknaht in kontrastierender Garnfarbe.

C

Zeichnung C: Die Maße gelten für die fertigen Teile des gegenüber abgebildeten Hauses. Die Gesamtgröße beträgt 50 cm in der Breite und 55 cm in der Höhe. Erst alles nähen, dann die übrigen Teile aufkleben.

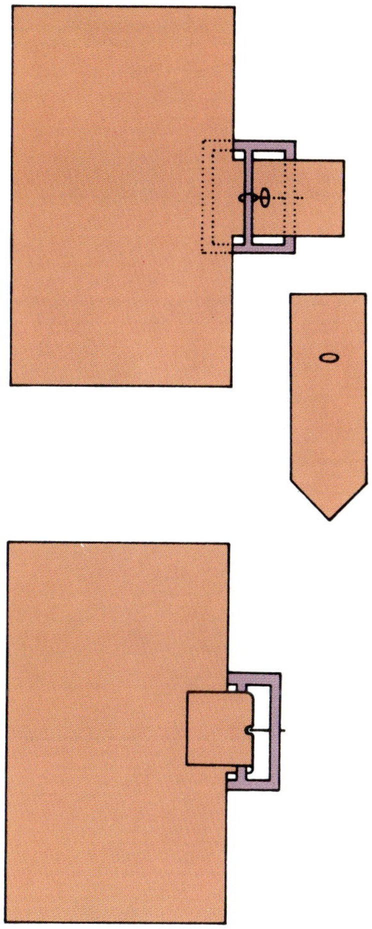

D

Zeichnung D: Einzelheiten der roten Vinyltür (Rückansichten) lassen erkennen, wie die Tür einschließlich der Lasche ausgeschnitten werden muß. Die zweite Lasche (rechts Mitte) wird an das Haus genäht.

Nähen Sie den 35 cm langen Reißverschluß ein, der Dach und Haus verbindet. Bei den Fensterläden falten Sie für jeden der sechs Läden die Stoffteile mit der rechten Seite nach innen und schließen die obere und untere Naht. Wenden Sie die Läden. Machen Sie in drei der Läden mit dem Knopflochansatz der Nähmaschine ein Knopfloch. Nähen Sie an die anderen drei Läden die passenden Knöpfe.

Nähen Sie die Läden mit der Hand am Haus und dann die roten Vinyl-Jalousien oben an die weißen Filzfenster an. Richten Sie sich beim Anbringen der Druckverschlüsse nach den Angaben des Herstellers; jede Jalousie bekommt zwei solcher Druckverschlüsse. Bringen Sie die Schnalle an der Tür an; nähen Sie dann die Tür (nur auf der Scharnierseite) und die Lasche für die Schnalle ans Haus.

Kleben Sie als nächstes das Haus und das Dach auf den Stoffhintergrund. Verteilen Sie den Klebstoff gleichmäßig auf der ganzen Fläche, damit die Stoffe fest zusammenhaften. Kleben Sie nun die restlichen Teile mit Textilkleber auf. Beginnen Sie mit den weißen Filzfenstern und den roten Vinyl-Jalousien, und zwar so, daß der Filz die Nähte der Fensterläden verdeckt. Kleben Sie das obere Filzfenster nur mit dem 5 cm breiten Mittelteil an, so daß die beiden äußeren Flügel frei bleiben und auf- und zugemacht werden können. Verzieren Sie das obere Fenster mit Filz und Stoff, und nähen Sie den Zierhaken und die Öse dafür an. Öffnen Sie die Haustür, und kleben Sie einen kleinen Spiegel auf die Innenseite. Befestigen Sie den Dachbesatz und die Zickzackbänder (siehe Photo), dann den Kamin-Reißverschluß an die Rückseite des roten Vinylkamins; nun kleben Sie den fertigen Kamin und die Wolken auf den Stoffhintergrund. Spannen Sie den Stoffhintergrund über die Faserplatte und heften Sie ihn auf der Rückseite an.

FACHLICHE HINWEISE

In allen Bänden der Serie Kreative Freizeit werden Sie Muster zum Kopieren finden. Im folgenden zeigen wir Ihnen, wie Sie diese Muster mit Hilfe eines selbstgezeichneten Rasters auf Originalgröße bringen.

Oben sehen Sie das Muster eines Herzens. Der ihm zugrunde liegende Raster ist in kleine Kästchen mit einer Seitenlänge von 0,3 cm unterteilt.

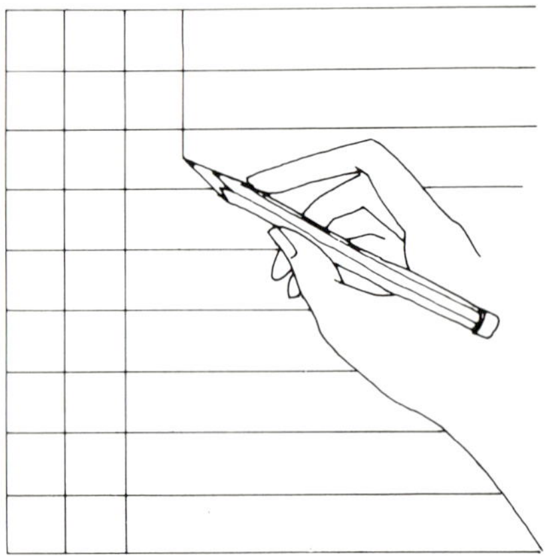

Zeichnen Sie ein Liniennetz mit ebenso vielen Kästchen, aber mit dem angegebenen größeren Linienabstand.

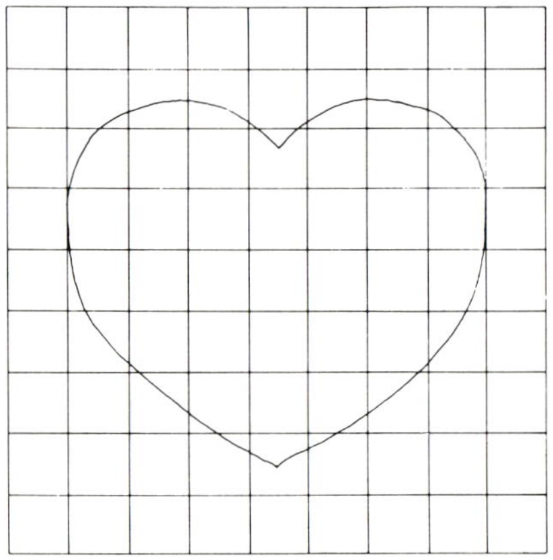

Übertragen Sie das Muster Kästchen für Kästchen, und vergleichen Sie jeden Abschnitt mit der Vorlage.

Entwurf und Gestaltung

Modellieren mit Knetmasse

Von Yvonne Campbell

Vorschulkinder können mit Spielmaterial – Farbe, Knetmasse, Bausteinen, Wasser, Papier und Kleister – sehr vielseitige Erfahrungen machen, vorausgesetzt, man läßt Ihnen die Freiheit, so mit dem Material umzugehen, daß Sie sich selbst ausdrücken können. Während Sie im Bild eines Dreijährigen vielleicht nur ein formloses Gekritzel sehen, verbindet das Kind ganz bestimmte Vorstellungen damit. Als Mutter oder Vater können Sie dem Kind helfen, indem Sie die Vorbereitungen treffen, aber Sie sollten dem Kind nicht das Denken abnehmen wollen. Auf den Umgang mit dem Material kommt es an, nicht auf die Resultate. Dem Endprodukt ist nur selten anzusehen, was das Kind im Lauf des Herstellungsprozesses gelernt hat.

Behutsames Anleiten

Die hier beschriebenen Tätigkeiten wurden ausgewählt, weil dafür nur einfache Haushaltsmaterialien erforderlich sind. Möglichst wenig Beaufsichtigung durch Erwachsene sollte das oberste Ziel sein; in manchen Fällen kann ein jüngeres Kind mit einem größeren zusammenarbeiten, ohne daß ein Erwachsener dabei ist.
Da Vorschulkinder nur eine kurze Aufmerksamkeitsspanne haben, wurden hauptsächlich solche Beschäftigungen ausgewählt, die nicht viel Zeit in Anspruch nehmen. Die komplizierteren Projekte kann man über mehrere Tage hinweg ausführen.

Wie die Photos zeigen, weisen kindliche Kunstwerke eine Lebendigkeit auf, die daher rührt, daß Kinder ganz spontan und unbefangen an die Dinge herangehen. Sie drücken ihre innersten Gefühle aus, und ihre Werke haben oft etwas sehr Heiteres oder Fröhliches. Ermuntern Sie das Kind mit Redewendungen wie ,,Zeig mir mal, wie das Gras aussieht" oder ,,Stell dir mal vor, du bist am Meer und willst baden". Wenn Sie glauben, daß das Kind schon zu komplizierteren Arbeiten in der Lage ist, dann ermuntern Sie es auch, sich daranzuwagen. Ein Vorschlag wie ,,Vielleicht hast du morgen Lust, das fertigzumachen" ist positiver als ,,Komm, wir machen das jetzt fertig und räumen dann alles wieder weg".

Kleinkinder haben richtigen Spaß daran, ein heilloses Durcheinander anzurichten. Wenn Sie es so einrichten können, daß eine bestimmte Ecke in Ihrem Haus oder Ihrer Wohnung für solche kreativen Beschäftigungen reserviert ist, erreichen Sie wenigstens, daß das Durcheinander auf diesen Bereich beschränkt bleibt.

1: Vorschulkinder stampfen und formen gerne Knetmasse mit den Händen oder mit Küchengeräten wie Kartoffelstampfer (oben), Nudelholz, Knoblauchpresse oder Plätzchenformen.

Knetmasse

Man kann sie ausrollen, zermanschen, kneten, formen – Knetmasse nämlich, die man in der Küche aus Mehl, Wasser und Salz herstellt. Die Masse ist leicht zu mischen (siehe untenstehendes Rezept), vielseitig verwendbar und für Kinder genau das Richtige. Ein Kind kann schon bei der Herstellung mithelfen, indem es die Zutaten abwiegt und den Teig knetet; das Kneten macht Spaß, wie jede Hausfrau weiß, die schon einmal einen Kuchen gebacken hat. Das Zusetzen von Handlotion ist ein Trick, um den Teig wohlriechender zu machen und ihm mehr Knetfähigkeit zu geben. Lebensmittelfarben machen ihn ebenfalls interessanter, vor allem wenn die ausgehärteten Figuren nicht noch angemalt werden sollen.

Es kommt nicht darauf an, daß die Kinder etwas Besonderes aus der Knetmasse formen, aber Perlen, Ornamente, Mobiles oder dreidimensionale Figuren sind gute Vorschläge. Küchengeräte sind als Werkzeuge sehr beliebt (Photo 1). Mit Nudelholz, Plätzchenformen, Eierschneider, Knoblauchpresse oder Kartoffelstampfer kann sich ein Kind lange beschäftigen. Eine Knoblauchpresse, die von den Kindern meist als Spaghettimaschine bezeichnet wird, findet immer großen Anklang. Ältere Kinder interessieren sich schon mehr dafür, erkennbare Formen zu schaffen und können menschliche Figuren, Tiere oder Gegenstände herstellen, aber das hängt von den Neigungen des einzelnen Kindes ab. Jedes Werk, sei es nun realistisch oder abstrakt, kann später aufgehängt werden; man braucht dazu nur mit einem Zahnstocher oder einem Bleistift ein Loch hineinzustechen, bevor die Knetmasse aushärtet.

Es gibt zwei Arten, den Teig zu härten: man läßt ihn entweder an der Luft trocknen, oder man bäckt ihn. Gegenstände, die man längere Zeit aufheben möchte, sollten bei sehr niedriger Hitze, etwa 100° C, gebacken werden. Legen Sie sie auf Aluminiumfolie, und backen Sie sie eine halbe bis eine Stunde, je nachdem, wie dick sie sind. Um sie an der Luft zu trocknen, brauchen Sie die Sachen nur bis zum nächsten Tag aufzubewahren oder ein paar Stunden in die Sonne zu legen.

Eine schöne Kette ist ihr ganzer Stolz, vor allem wenn das Mädchen die aufgefädelten Perlen aus gehärteter Knetmasse fast ganz allein gemacht, bemalt und aufgefädelt hat.

Rezept für Knetmasse

2 Tassen Mehl	1 Eßlöffel Pflanzenöl
½ Tasse Salz	1 Eßlöffel Handlotion
Etwa 1 Tasse Wasser	Lebensmittelfarbe (falls gewünscht)

Mehl und Salz vermengen, Öl und Wasser dazugeben und kneten, bis der Teig glatt ist. Wenn der Teig zu fest ist, noch etwas Wasser hineingeben. Die Handlotion und die Farben nach und nach während des Knetens dazugeben. Dieser Teig läßt sich in einem Plastikbeutel im Kühlschrank aufbewahren. Wenn die Masse besonders gut riechen soll, gibt man noch eine Tasse zerstampfte Rosenblätter dazu.

Bunte Perlen

Perlen kann man nach und nach an mehreren Tagen machen. Als erstes machen die Kinder Ringe aus dem Teig, indem sie eine Kugel formen und mit einem Zahnstocher oder einem Bleistift ein Loch hineinstechen. Manche Kinder rollen die Masse lieber zu „Schlangen" aus und formen daraus die Ringe. Als nächstes werden die Perlen auf beiden Seiten je eine Viertelstunde bei 100° C gebacken. Wenn sie abgekühlt sind, kann man sie mit Plakafarbe anmalen; sie fließt leicht aus dem Pinsel und ist undurchsichtig. Wasserfarbe läßt sich aus Kleidern herauswaschen und trocknet schnell. Der letzte Arbeitsgang ist das Aufreihen der Perlen auf einer Schnur. Geben Sie den Kindern dafür normale Schnur oder Nähgarn sowie kurze Abschnitte von Plastik-Strohhalmen, die jeweils zwischen zwei Perlen aufgefädelt werden.

Ein weiterer Vorschlag ist, aus Knetmasse-Perlen und anderem Material Püppchen zu basteln. Lassen Sie das Kind verschieden große Perlen machen; dann wird aus den Perlen, Pfeifenreinigern und Knöpfen eine Figur gemacht. Große Knöpfe können als Hüte dienen; als Kleidung kann man Stoffreste und Bänder nehmen.

Noch mehr Küchenrezepte

Hier ist ein weiteres Rezept für eine Modelliermasse, die nicht zerbröckelt, wenn sie getrocknet ist. Vermengen Sie in einem Tiegel 1 Tasse Backpulver mit ½ Tasse Maisstärke. Geben Sie ½ Tasse warmes Wasser dazu und rühren Sie die Masse glatt. Lassen Sie die Mischung bei mittlerer Hitze kochen, bis sie eine teigähnliche Konsistenz erreicht hat. Geben Sie die Masse auf ein Backbrett und lassen Sie sie abkühlen; kneten Sie sie anschließend weich.

Seifenpulver eignet sich ebenfalls als Formmasse, wenn man es mit Wasser vermischt. Geben Sie mildes Seifenpulver (ein Feinwaschmittel) und Wasser in eine Schüssel, und schlagen Sie das Gemisch wie Schlagsahne. Die schneeartige Substanz kann man auf Pappe oder Karton ausbreiten. Über Nacht trocknen lassen.

Weiterhin können Sie alte Eierkartons in heißem Wasser einweichen; die Masse wird dann gut ausgedrückt und in sehr fest angerührten Kleister gegeben. Nehmen Sie soviel Masse, wie der Kleister gerade bindet.

Für den fünfjährigen Erbauer ist dies kein Tier oder Wolkenkratzer, sondern ein abstraktes Gebilde aus schönen alten Schachteln und Dosen. Ältere Kinder bringen schon kompliziertere Konstruktionen zuwege. Die Turmbauten können durch Aufkleben strukturierter Oberflächen noch interessanter gestaltet werden.

2: Ein solcher Turmbau regt nicht nur die Phantasie an, sondern fördert auch die Beobachtungsgabe und das Verständnis physikalischer Gesetze.

3: Mit flachen Holzstäbchen können Vorschulkinder den Klebstoff leicht auftragen.

Entwurf und Gestaltung

Turmbauten

Überlegen Sie es sich zweimal, bevor Sie leere Reis- oder Cornflakes-Schachteln, Papprröhren von Küchenrollen, Einwickelpapier und ähnliche Abfälle wegwerfen. Solch wertloses Material, Klebstoff, Farbe und die Phantasie eines Kindes sind alles, was man für abstrakte Plastiken aus Abfällen braucht. Ob sie schön sind oder nicht, spielt keine Rolle. Die meisten Kinder sind aber in ihre Werke geradezu verliebt, und sie kommen rasch dahinter, daß sie eine große, feste Schachtel als Sockel nehmen müssen, um einen stabilen Turm zu bauen. Das Ganze ist auch eine Lektion in Physik; wenn das Gebilde nicht richtig ausbalanciert wird, fällt es um (Photo 2).

Alles, was sich zusammenkleben läßt, eignet sich für solche Turmbauten, weil der Spaß darin besteht, Gegenstände von verschiedener Größe zu ordnen und zusammenzubauen. Außerdem arbeiten Vorschulkinder gerne mit Klebstoff. Anfangs wird jedes Kind den Klebstoff nur verschmieren und genießen, wie er sich anfühlt. Dann lernt es, ihn richtig zu benutzen und dort aufzutragen, wo er hingehört. Wenn das Kind Schachteln und Dosen verschiedener Größe und Form bekommt, muß es eine ganze Reihe von Entscheidungen treffen; erst muß es sie ordnen, dann zu einem Gebilde zusammenkleben.

Materialien

Man braucht verschiedene leere Lebensmittelpackungen, sonstige Schachteln und Dosen sowie Klebstoff. Wie für viele andere Projekte kann man auch hierfür Kaltleim oder Ponal verwenden (er ist nach dem Austrocknen transparent). Flache Eiskrem-Holzstäbchen eignen sich vorzüglich zum Auftragen. Wenn Sie den Kleister selbst herstellen wollen, finden Sie dafür auf der nächsten Seite ein Rezept.

Der Aufbau kann von dem Kind noch mit Federn, Bändern, Teppich- oder anderen Stoffresten verziert werden; Sie sollten deshalb für diese und ähnliche Beschäftigungen eine Schachtel haben, in der Sie nutzlosen alten Kram sammeln. Wenn der Turmbau bemalt werden soll, brauchen Sie Pinsel mit langen Stielen und Tempera- oder Plakafarben. Kaufen Sie nur Grundfarben, damit das Kind lernt, durch Mischen neue Farben herzustellen. Geben Sie jeweils kleine Mengen des Klebstoffs und der einzelnen Farben in Plastiktassen oder Puddingförmchen.

Das Zusammensetzen

Damit das Kind seine Experimentierfreude austoben kann, braucht es genügend Platz. Am liebsten arbeiten Kinder an einem niedrigen Tisch oder auf dem Fußboden. Wenn ein Kind an einem hohen Küchentisch sitzt, kann es nicht sehen, wieviel Farbe oder Klebstoff in den Behältern und welche Farbe in welchem Behälter ist. Kinder können am besten arbeiten, wenn sie auf die Arbeitsfläche hinabschauen.

4: Ihre Abfallplastik können die Kinder mit Plaka- oder Temperafarben bunt anmalen. Langstielige Pinsel mit steifen, breiten Borsten sind für die Kinder am leichtesten zu handhaben.

Das Kind sollte bei diesem Projekt die Gegenstände, die es verwenden will, selbst aussuchen und zusammenkleben. Der Turmbau ist fertig, wenn das Kind meint, daß er fertig sei – und junge Künstler haben in solchen Dingen sehr genaue Vorstellungen. Wenn der Klebstoff getrocknet ist, kann der Aufbau bemalt werden.

Malen mit Vorschulkindern

Viele Eltern lassen ihre Kinder nicht malen, weil sie fürchten, daß dabei nicht nur Gesicht, Hände und Kleider, sondern auch die halbe Wohnung beschmiert wird. Wenn aber der Arbeitsbereich gut mit alten Zeitungen ausgelegt wird, lassen sich solche Malheurs in engen Grenzen halten. Wählen Sie einen geeigneten Platz in der Wohnung aus, wo keine wertvollen Sachen stehen, die möglichst ihre Originalfarbe behalten sollten. Um die Kleidung des Kindes zu schützen, können Sie ihm einen Kittel aus einem alten Hemd oder aus einem rechteckigen Stück Plastikfolie machen. Schneiden Sie ein großzügig bemessenes Loch für den Kopf in das Material, damit das Kind sich den Kittel mühelos überstreifen und wieder ausziehen kann.

Auswahl der Farben und Pinsel

Fertig gemischte Plaka- oder Temperafarben gibt es in vielen leuchtenden Farben; man kann sie auch in Pulverform kaufen und mit Wasser anrühren. Bei der Auswahl der Pinsel sollten Sie sich an die Faustregel halten, daß der Pinsel um so breiter sein soll, je jünger das Kind ist. Ein schmaler Pinsel ist schwerer zu handhaben. In Frage kommen Pinsel mit einer Breite von ½, 1 oder sogar 2 Zoll. Am besten eignen sich Pinsel mit langen Stielen und steifen Borsten, und Sie sollten möglichst einen Pinsel für jede Farbe bereithalten.

Malen ohne Pinsel

Man braucht zum Malen aber nicht unbedingt einen Pinsel. Zeigen Sie Ihrem Kind, wie es mit einem Schwamm, einem Wattestäbchen oder einer Pipette malen kann. Pappbecher, die mit dem Boden in Farbe getaucht und dann auf die zu bemalende Oberfläche gedrückt werden, hinterlassen hübsche Ringe. Ein interessantes Muster ergibt sich, wenn man ein Stück Wellpappe in Farbe taucht und auf die Malfläche drückt. Eine Pappröhre von einer Küchenrolle kann man als Farbwalze verwenden; das Kind kann die Röhre mit Kartonstückchen bekleben, diese einfärben und damit ein endloses Muster drucken.

Rezept für Mehlkleister

75 g Weizenmehl ohne Treibmittel
120 g Zucker
½ Tasse kaltes Wasser
2 Tassen kochendes Wasser
2 Teelöffel Alaun in Pulverform (dieses Konservierungsmittel ist in Apotheken und Drogerien erhältlich)

In einem Kochtopf Mehl und Zucker vermengen. Kaltes Wasser einrühren. Nach und nach zwei Tassen kochendes Wasser unter kräftigem Umrühren hineingeben. Die Mischung bei mittlerer Hitze zum Kochen bringen und umrühren, bis sie dick ist. Den Topf von der Platte nehmen und das Alaun hineinrühren. In einem luftdicht verschlossenen Glas aufbewahren.

5: Zwei verschiedene Ölfarben mit einem Löffel auf das Wasser geben, um die Farbmischung herzustellen, in die dann die Becher getaucht werden.

6: Eine Wäscheklammer dient als Griff, mit dem das Kind den Becher eintauchen kann, ohne Farbe an die Finger oder die Innenseite des Bechers zu bekommen; die Außenseite nimmt ringsherum die Ölfarbe an.

7: Wenn die Becher gefärbt sind, kann der kleine Künstler sie umgedreht aufstellen und sie ein bis zwei Tage trocknen lassen.

Farben und Lacke

Pflanzen in bemalten Töpfen

Beobachten, wie Pflanzen wachsen, ist für Kinder aller Altersstufen ein lehrreicher Zeitvertreib, und das Interesse ist um so größer, wenn die Kinder sich um Pflanzen kümmern, die sie selbst gesetzt haben. In der Küche finden sich viele verschiedene rasch keimende Kerne – beispielsweise von Orangen, Zitronen, Pampelmusen, Trauben und Bohnen. Alle diese Samen kann man auf Papiertüchern, die feucht gehalten werden, zum Keimen bringen, und dann in einen Blumentopf einsetzen. Oder man steckt die Samen in Blumenerde und gießt sie täglich, bis sie keimen. Solche Versuche sind besonders wichtig für Stadtkinder, die oft keine rechte Vorstellung davon haben, wie Pflanzen wachsen.

Für dieses Projekt werden Blumentöpfe angemalt und mit Erde gefüllt; dann läßt man darin die Pflanzen keimen. Die Blumentöpfe – kleine Kunststoffgefäße oder Joghurtbecher – werden in Ölfarbe getaucht, die auf einer Schüssel mit Wasser schwimmt. Etwa nach einem Tag ist die Farbe getrocknet, und die Samen können gesteckt werden. Die Kinder gießen sie dann jeden Tag ein bißchen. (Achten Sie darauf, daß nicht zuviel Wasser hineingegossen wird, denn diese Töpfe haben keine Ablauflöcher.) Wenn die Pflanzen etwa 5 bis 10 cm groß sind, können sie in richtige, mit Blumenerde gefüllte Blumentöpfe aus Ton umgetopft werden; man kann aber auch in den Boden des Plastikbechers ein Loch bohren und die Pflanze vor dem endgültigen Umtopfen noch eine Weile weiter wachsen lassen.

Anfertigen der Blumentöpfe

Für die bunten Blumentöpfe brauchen Sie: Becher aus Kunststoff; Wäscheklammern; eine Schüssel mit Wasser; Ölfarbe in mindestens zwei verschiedenen Farben und Plastiklöffel; außerdem ein paar alte Lumpen und Terpentin zum Saubermachen.

Geben Sie Wasser in eine Schüssel und in das Wasser ein paar Löffel von einer Ölfarbe; nehmen Sie dafür einen Plastiklöffel, den Sie nachher wegwerfen können, (Photo 5). Tröpfeln Sie noch einen Löffel voll von einer anderen Farbe auf das Wasser, und rühren Sie die auf dem Wasser schwimmenden Farben leicht um, so daß Schlieren entstehen. Lassen Sie das Kind einen Kunststoffbecher mit einer Wäscheklammer halten und den Becher mit dem Boden nach unten in die Farbe tauchen. Der Becher soll nur außen Farbe annehmen (Photo 6). Nehmen Sie den mit Farbe bedeckten Becher aus der Schüssel, stellen Sie ihn verkehrt herum auf Zeitungspapier, und lassen Sie ihn ein bis zwei Tage trocknen (Photo 7).

Die Blumentöpfe erhalten ihre bunte Bemalung, indem man sie in gelbe und grüne Ölfarbe taucht. Aus rasch keimenden Linsen (links) und Citrussamen (rechts) wachsen bald Pflanzen heran.

Einpflanzen der Samen

Füllen Sie jeden Becher mit feuchter Blumenerde, und drücken Sie in die Oberfläche jeweils ein paar Samen. Linsen, Bohnen und Kerne von Citrusfrüchten sind besonders gut geeignet. Das Kind kann die Samen begießen, indem es über dem Topf einen Schwamm ausdrückt. Sehen Sie jeden Tag nach, ob die Erde in den Töpfen trocken ist und ob die Samen zu keimen anfangen.

Senf und Kresse

Senf- und Kressesamen können dazu dienen, den Kindern den Zusammenhang zwischen Pflanzenwuchs und Ernährung vor Augen zu führen. Streuen Sie die Samen auf ein nasses Papiertuch, und achten Sie darauf, daß die Samen nicht übereinanderliegen. Decken Sie das Papiertuch zwei bis drei Tage oder bis die Samen keimen mit einem Teller zu. Nehmen Sie dann den Teller ab, und geben Sie immer so viel Wasser auf das Tuch, daß es feucht, aber nicht klitschnaß ist. Wenn die Pflänzchen ungefähr 7 cm hoch geworden sind, können sie geerntet und gegessen werden, zum Beispiel auf einem Butterbrot. (Senf keimt schneller als Kresse.)

Umweltprojekte

Tierpflege

Ein Meerschweinchen oder ein anderes kleines Haustier regt an zum Theaterspielen, Geschichtenerzählen, Zeichnen, Malen und Spaßmachen; außerdem fördert es das Verantwortungsgefühl der Kinder.

8: Die Kinder haben aus Bauklötzen ein Gehege für das Meerschweinchen gebaut und sehen jetzt zu, wie es sich in seiner neuen Umgebung orientiert.

Ein Haustier kann bei einem Kind wichtige emotionale Bedürfnisse befriedigen und in ihm zugleich Mitleid und Verantwortungsgefühl wecken. Aber Haustiere müssen natürlich gepflegt werden, und diese Aufgabe fällt meist den Erwachsenen zu. Wenn ein Haustier stirbt, fließen die Tränen, aber die positiven Aspekte überwiegen die negativen bei weitem. Ein Haustier kann Anlaß zu allerlei Spielen und sonstigen Betätigungen sein, vom Rollenspiel über Geschichtenerzählen bis zum Bauen eines Geheges aus Bauklötzen. Die Kinder auf dem Photo haben ein solches Gehege für ihr Meerschweinchen namens Anton gebaut.

Ein Meerschweinchen ist verhältnismäßig leicht zu pflegen. Es begnügt sich mit einem Pappkarton als Haus. Es braucht zwar Wärme und muß vor Zugluft geschützt werden, aber es ist gutartig und sauber.

Die hier abgebildeten Kinder haben aus gewöhnlichen Bauklötzen ein Gehege für Anton errichtet (Photo 8). Zwei- bis Dreijährige haben meist noch Schwierigkeiten mit der richtigen Handhabung der Bauklötze. Mit vier oder fünf sind sie dann schon selbstbewußter und bringen recht komplizierte Bauwerke zustande. Den Kindern hier kam es darauf an, eine ringsherum geschlossene Mauer zu bauen, so daß das Meerschweinchen nicht ausreißen konnte. Aber auch ein Tunnel und ein Fenster wurden nicht vergessen. Bei der Arbeit entstand eine Diskussion darüber, wie der natürliche Lebensraum eines Meerschweinchens beschaffen ist und wie andere Tiere draußen in der freien Natur leben.

Ein Phantasiebord entsteht, indem Nägel halb ins Holz eingeschlagen und dann mit bunten Fäden umwickelt werden. Beide Arbeiten fördern die manuelle Geschicklichkeit des Kindes.

Entwurf und Gestaltung

Umgang mit Holz

Holz ist ein Material, das sich vorzüglich für die Arbeit mit Vorschulkindern eignet. Das Einschlagen von Nägeln in Holz beispielsweise ist für das Kind eine Möglichkeit, auf natürliche Weise Gefühle abzureagieren, und fördert außerdem Koordination, Körperkraft und Wahrnehmung. Die ersten Versuche können mit einem gequetschten Finger enden, aber solche Schmerzen sind bald vergessen, weil das Kind rasch mehr Selbstvertrauen im Umgang mit dem Werkzeug gewinnt. Wichtig ist, daß man den Kindern beibringt, wie man echtes Werkzeug – und nicht Kinder-Werkzeug – richtig handhabt, ohne sich und andere zu gefährden; in welchem Tempo sie dann ihre Fertigkeiten im Umgang mit dem Werkzeug vervollkommnen, kann ihnen selbst überlassen bleiben. Früher oder später wird jedes Kind ein Flugzeug oder ein Schiff bauen wollen, aber für den Anfang ist ein Phantasiebord, wie das links abgebildete, genau das richtige. Es besteht aus zusammengenagelten Weichholzteilen; um die herausragenden Nägelköpfe werden noch buntes Garn und Bänder geschlungen.

Holzarbeiten werden am besten auf einer kleinen, stabilen Werkbank ausgeführt. Man kann eine solche Werkbank improvisieren, indem man auf einem Kindertisch eine Platte aus Abfallholz befestigt. Man braucht nicht viele verschiedene Werkzeuge, aber die wenigen sollten von guter Qualität und nicht zu schwer sein. Ein Hammer, ein kleines Sortiment Nägel und ein paar Abfälle aus Weichholz wie Kiefer reichen für den Anfänger aus. Geeignet sind auch Materialien wie Dübelholz, Wäscheklammern, Zungenspatel, Perlen und Schachteln.

Vierjährige können bereits Nägel einschlagen und herausziehen. Sobald ein Kind gelernt hat, mit dem Hammer zu treffen, sollten Sie ihm zeigen, wie man den Hammer am Stielende anfaßt, um mehr Hebelwirkung zu erzielen und größere Kraft auszuüben. Am Anfang wird das Kind den Hammer jedoch kurz hinter dem Kopf anfassen, weil er sich so leichter dirigieren läßt. Den Nagel sollte es zwischen Daumen und Zeigefinger halten. Zum Herausziehen braucht es nur leicht mit der Klaue des Hammers am Nagelkopf zu ziehen.

Werkzeugbrett an der Wand

Ein an die Wand gehängtes Brett, in das in der richtigen Anordnung Nägel eingeschlagen sind, kann zum Aufbewahren von Hämmern, Zangen und anderem Werkzeug dienen. Das Kind kann den Umriß jedes Werkzeugs auf das Brett zeichnen und dann die einzelnen Formen in den ihm gefallenden Farben ausmalen. Mit etwas Hilfe kann es dann die Aufhängenägel einschlagen. Befestigen Sie das Brett in der Nähe der Werkbank, damit das Kind jedes Werkzeug nach Gebrauch selbst wieder weghängen kann.

9: Schreinerlehrlinge wie diese halten den Hammer am liebsten ganz nah am Kopf, um ihn kontrollierter handhaben zu können; später werden sie genug Selbstvertrauen entwickeln, um ihn richtig zu halten.

Vorschulkinder spielen Kasperltheater mit Puppen, die man leicht selbst basteln kann. Jedes Kind stellt zwei Figuren dar (die Pappmaché-Köpfe sind auswechselbar).

Spiele und Unterhaltung

Lustige Puppen

Kasperlpuppen mit Pappmaché-Köpfen und Pappröhren-Körpern sind so vielseitig, daß ein und dieselbe Puppe einen König, eine Königin oder einen Feuerwehrhauptmann darstellen kann; man braucht dazu bloß jeweils andere Kleider und ein bißchen Phantasie. Wenn mehr Köpfe als Körper gebastelt werden, kann ein Kind sie auswechseln und ein Einmann-Puppentheater inszenieren, in dem es mehrere Rollen abwechselnd spielt. Die Hilfe der Erwachsenen ist beim Anfertigen der Pappmaché-Köpfe nötig, aber die Körper können Vorschulkinder schon mit wenig Anleitung selbst anfertigen und dekorieren.

Materialien

Zum Basteln der Puppen brauchen Sie: Kunststoff-Becher; 2,5 bis 4 cm breite Streifen Zeitungspapier; Mehl; Wasser; eine Schüssel; Plakafarbe; Schellack; Klebstoff sowie ein Sortiment Stoffreste, Garn und Knöpfe. Die Puppenkörper sind Pappröhren, die mit Stoffresten drapiert werden. Zwei Eiskremstiele dienen als Arme.

Pappmaché-Köpfe

Pappmaché ist für Kasperlköpfe ein ideales Material, weil man damit plastische Oberflächen erzielt, die die Phantasie der Kinder anregen. Machen Sie aus Mehl und Wasser einen dünnen Kleister. Ziehen Sie die Zeitungspapierstreifen einzeln durch den Kleister. Umwickeln Sie mit den Streifen jeweils einen Becher, bis er ganz bedeckt ist. Sie brauchen jeweils nur ein paar Streifen. Streichen Sie die Streifen glatt, so daß sie eine gleichmäßige Oberfläche bilden. Stellen Sie die Becher beiseite, und lassen Sie sie mindestens einen Tag trocknen.

Wenn das Pappmaché getrocknet ist, können die Becher mit beliebigen Plakafarben angemalt werden. Ein dünner Schellack-Überzug über dem getrockneten Anstrich sorgt dafür, daß die Farben frisch bleiben. Kleben Sie dann mit Alleskleber Einzelheiten der Gesichter auf, die Sie aus Perlen, Knöpfen, Garn und Stoffresten anfertigen. Kleben Sie den Köpfen Haar und Stoffhüte an.

Puppenkörper

Eine in den Becher gesteckte Papprohre bildet einen Puppenkörper, den auch kleinere Kinder halten und handhaben können. Als Kleider drapieren Sie Stoffreste um die Papprohren, die Sie etwas oberhalb der Mitte festbinden. Damit wird der Eindruck einer Taille erweckt. Die Arme aus Eiskremstielen werden in Schlitze gesteckt, die Sie in der Papprohre anbringen. Die Kleider können ganz einfach oder sehr phantasievoll sein. Lassen Sie das Kind die Kostümierung selbst bestimmen.

10: Um aus den Kunststoff-Bechern Puppenköpfe zu machen, die Becher mit in Mehlkleister getauchten Zeitungspapierstreifen umkleiden.

11: Durch mehrere gleichmäßig herumgewickelte Streifen wird jeder Becher zu einem Puppenkopf, der dann mit Plakafarben angemalt und dekoriert wird. Die Becher vor dem Bemalen mindestens einen Tag trocknen lassen.

THEATERPUPPEN

An Fäden und auf der Hand

Von Steven Hansen

Das schwatzhafte Volk oben sowie der Clown auf Seite 109 sind Bewohner einer Welt, in der wir wohl alle gern leben würden. Sie können die dümmsten und klügsten Sachen sagen, schlechte Witze erzählen, falsch singen, frech, lustig, raffiniert oder tölpelhaft sein, unglaublich dumm aussehen und dabei doch unwahrscheinlich klug sein – und das alles, ohne auch nur eine Spur ihres Charmes zu verlieren. Es sind Puppen, alle miteinander, und sie können die großartigsten Schauspieler der Welt sein, je nachdem, wie gut ihr Mentor, der Puppenspieler, mit ihnen umzugehen versteht. Bei den interessanten Gesellen auf diesen Seiten handelt es sich um Handpuppen. Der Puppenspieler bewegt sie von unten mit der Hand. In manchen Fällen bildet seine Hand oder sein Arm einen Teil der Gestalt der Puppe. Marionetten wie der Clown werden von oben an Fäden oder Drähten geführt, die an einem sogenannten Spiel- oder Führungskreuz befestigt sind. Neben diesen beiden Arten, die hier besprochen werden, gibt es noch Stockpuppen, Schattenspielpuppen und Puppen, die eine Kombination dieser beiden Typen darstellen.

Das Puppenspiel ist eine sehr alte Kunst. Die ältesten Puppen waren vielleicht die primitiven Masken, die mit beweglichen, an Schnüren geführten Teilen ausgestattet waren. Wenn diese an sich unbelebten Objekte anfingen, sich zu bewegen und zu sprechen, wirkten sie so ausdrucksvoll, daß sie Angst, Ehrfurcht und Freude wecken konnten. Deshalb wurden Puppen jahrhundertelang dazu benutzt, bestimmte Ideen zu verbreiten, aber auch dazu, ein Publikum einfach zu unterhalten.

In der Tat waren Puppen von jeher mehr als bloßes Kinderspielzeug. Im Fernen Osten – in China, Japan, Indien und Indonesien – war ein Großteil des ernsthaften Theaters Puppentheater. Auch bei Ausgrabungen in Ägypten, Griechenland und Rom hat man Theaterpuppen gefunden. In Europa wurden im Mittelalter Puppen zur religiösen Unterweisung in geistlichen Schauspielen verwendet; daher leitet sich auch

Die Handpuppen sind eine geschwätzige Gesellschaft. Keine von ihnen ist je um ein passendes Wort im richtigen Augenblick verlegen.

die Bezeichnung „Marionette" ab – das Wort ist im Italienischen eine Koseform des Namens Maria. Im Elisabethanischen England wurden Puppenspiele im allgemeinen von wandernden Puppenspielern vorgeführt, die sich auf satirische Stücke und Komödien spezialisierten. Zwei Figuren der berühmten italienischen Stegreifkomödie, der *Commedia dell' arte*, waren die Vorbilder für Kasperle und Gretel.

Das Puppenspiel ist eine richtige Kunstform. Um sie zu beherrschen, muß man nicht nur in der Puppenherstellung bewandert sein (wozu man Erfahrung im bildhauerischen Arbeiten, im Nähen, im Tischlerhandwerk und noch einigen anderen Techniken braucht), sondern auch ein guter Schauspieler sein, Stimmen nachahmen und choreographische Abläufe gestalten können und dazu noch sein eigener Regisseur, Bühnenbildner und Requisiteur sein. Falls Sie vorhaben, eigene Puppenspiele aufzuführen, werden Sie sich außerdem auch als Stückeschreiber, Theaterleiter und Verkäufer versuchen müssen. Selbst wenn Sie nur kleine Puppenspiele für Ihre Familie und Ihre Freunde planen, werden Sie Puppen anfertigen, sich eine Geschichte ausdenken und die Veranstaltung bekanntmachen müssen.

Was für Puppen sollten Sie basteln?

Welche Art Puppen Sie herstellen wollen, hängt davon ab, was Sie mit ihnen machen und was für Gestalten Sie mit ihnen darstellen wollen. Handpuppen sind Verlängerungen Ihres eigenen Körpers. Sie bewegen sich rasch, aber nicht so vielseitig wie Marionetten. Handpuppen eignen sich besser für Komödien, aber das ist natürlich keine starre Regel. Eine Handpuppe hat für gewöhnlich keine Beine, während bei einer Marionette der ganze Körper einschließlich der Füße zu sehen ist. Eine Marionette vollbringt Kunststücke, wie Fliegen und Seiltanzen, die bei einer Handpuppe ausgeschlossen sind. Wenn Sie beispielsweise Peter Pan als Puppenspiel aufführen wollen, wäre für die Rolle des Peter Pan eine Marionette das Geeignete, für Kapitän Hooks Krokodil aber eine Handpuppe.

Welche Art Puppen Sie aber auch basteln, Sie werden jedenfalls feststellen, daß die Puppen viel Spaß machen. Es ist kaum wichtig, wie Ihre Puppe aussieht, solange Sie sich und andere mit ihr unterhalten können. Sie werden bald darauf kommen, daß eine Puppe nicht kunstvoll zu sein braucht, um Freude zu bereiten.

Zur Handhabung einer Tütenpuppe braucht man nur einen Stab auf und ab und seitwärts zu bewegen. Sie ist überraschend ausdrucksfähig.

Zuerst sieht man nichts als einen leuchtend roten, mit Sternen verzierten Kegel. Dann tauchen auf einmal ein Haarschopf und zwei Perlaugen auf, und schließlich hüpft die ganze Puppe auf ihre eigene kleine Bühne. Mit einer Drehung seines Handgelenks läßt sie der Puppenspieler wieder in der Versenkung verschwinden.

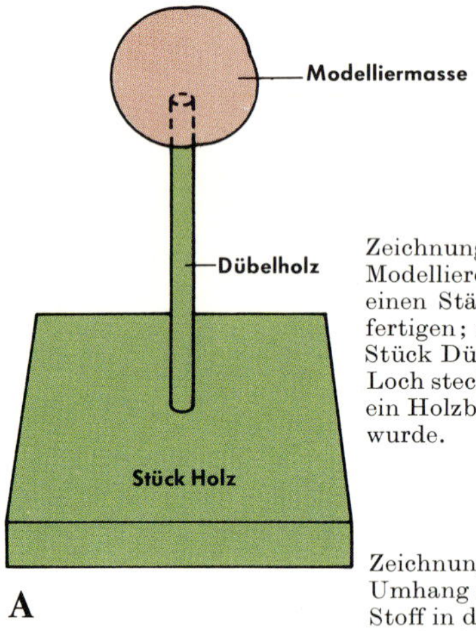

Zeichnung A: Zum Modellieren des Kopfes einen Ständer anfertigen; ein kurzes Stück Dübelholz in ein Loch stecken, das in ein Holzbrett gebohrt wurde.

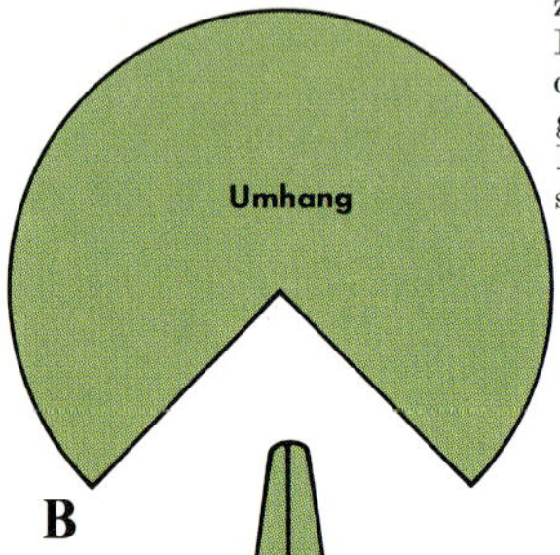

Zeichnung B: Für den Umhang ein Stück Stoff in dieser Form zuschneiden. Der Dreiviertelkreis sollte dem Umhang der größeren Öffnung der Pappröhre entsprechen.

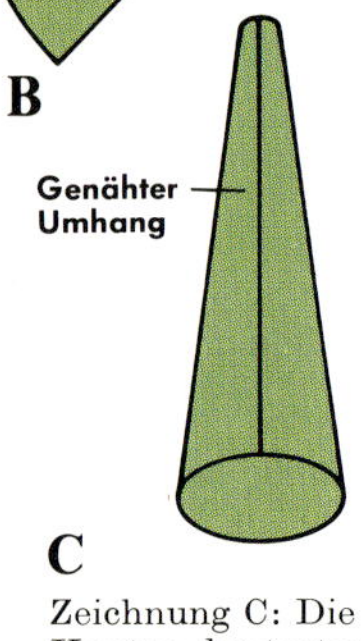

Zeichnung C: Die Kanten des tortenförmigen Stoffes für den Umhang zusammennähen.

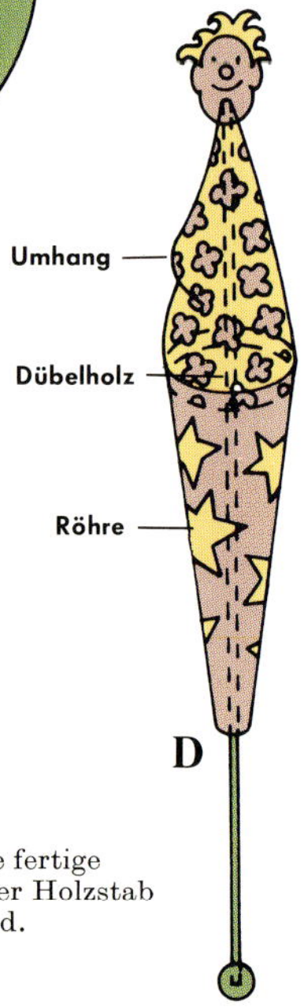

Zeichnung D: So sieht die fertige Tütenpuppe aus, wenn der Holzstab nach oben geschoben wird.

Darstellende Künste

Tüten- und Plunderpuppen

Eine Tütenpuppe ist ein Spielzeug, mit dem man wunderbar Babys und Kleinkinder unterhalten kann, weil derlei Versteck-Spiele ihnen immer wieder Freude machen. Für die Anfertigung der lustigen Figur, die oben abgebildet ist, brauchen Sie nur wenig Material: eine 20 bis 30 cm lange Pappröhre; einen 5 mm starken, 50 cm langen Holzstab (Dübelholz); Pappmaché; Plastika oder Modellierton; Stoffreste; Klebstoff und Farbe. An Werkzeugen sollte die Bastelstube des Puppenmachers enthalten: Säge; Schere; Nadel und Faden sowie eine ganze Menge Modellierwerkzeuge, viele davon improvisiert, zum Formen der Puppenköpfe. Für die oben abgebildete Puppe wurde zwar ein Pappkegel genommen, aber Sie können auch eine zylindrische Röhre nehmen, sie muß nur oben einen Durchmesser von mindestens 6,5 cm haben. Die Öffnung am unteren Ende sollte nicht kleiner als 1,5 cm sein. Falls Sie keine geeignete Röhre auftreiben können, machen Sie sich selbst eine aus einem Hemdenkarton oder Tonpappe, die Sie einrollen und mit Tesafilm zusammenkleben. Bemalen Sie die Röhre dann, oder beziehen Sie sie mit Stoff, und verzieren Sie sie mit aufgemalten Figuren oder aufgeklebten Filzstücken.

Um sich das Modellieren des Kopfes zu erleichtern, spannen Sie den Holzstab am besten in einen Schraubstock ein, oder fertigen Sie sich einen Ständer an (Zeichnung A), indem Sie in ein Stück Abfallholz ein Loch mit 5 mm Durchmesser bohren und den Stab hineinstecken. Machen Sie eine Kugel aus Ihrer Modelliermasse, und stecken Sie das Ende des Holzstabes mindestens 2 cm tief in die Kugel. Formen Sie den Kopf; lassen Sie ihn trocknen und aushärten, bis leichter Druck mit dem Finger keine Spuren mehr hinterläßt. Falls er jetzt an dem Holzstab festklebt, lockern Sie ihn, indem Sie ihn vorsichtig hin und her drehen. Die Masse wird im Innern noch weich sein, also keine Gewalt anwenden. Falls der Kopf trotzdem noch festklebt, lassen Sie ihn noch ein bißchen länger trocknen.

Formen Sie auf die gleiche Weise eine kleine Kugel für das untere Ende des Holzstabs. Lassen Sie sie trocknen, und legen Sie sie beiseite, während Sie den Umhang machen. Schneiden Sie ein kreisrundes Stück aus leichtem Stoff gemäß Zeichnung B zu. Der Umfang des Dreiviertelkreises sollte genauso groß oder etwas größer sein als der Umfang der großen Öffnung der Pappröhre. Nähen Sie die geraden Seiten des keilförmigen Einschnitts zusammen, so daß ein kegelförmiger Umhang entsteht (Zeichnung C). Kleben Sie den unteren Rand des Umhangs in die Röhrenöffnung.

Wenn Kopf und Griffkugel getrocknet sind, können Sie sie anmalen. Kleben Sie als Haare Garn oder Federn auf den Kopf. Kleben Sie die Kugel auf das eine Ende des Holzstabs, und schieben Sie das andere Ende durch die untere Öffnung der Pappröhre, bis es die Spitze des Umhangs erreicht. Geben Sie etwas Klebstoff in das Loch im Kopf, und stecken Sie diesen über den Umhangstoff auf das obere Ende des Holzstabs (Zeichnung D). Der Kopf wird wahrscheinlich so weit geschrumpft sein, daß dies möglich ist, aber wenn er zu fest sitzt, können Sie auch ein kleines Loch in den Umhang schneiden, so daß die Spitze des Stabes oben herausschaut. Kleben Sie in diesem Fall den Stoff direkt unter dem Kopf an den Stab. Wenn der Klebstoff getrocknet ist, ist Ihre Tütenpuppe fertig.

Mini-Maus

So klein sie auch ist, Mini-Maus spielt mit anderen zusammen Theater und ist gleichzeitig ein Alleinunterhalter, der Erwachsene ebenso erfreut wie Kinder. Man steckt die Maus auf einen Finger und bewegt sie so zwischen den Händen, als ob man eine richtige Maus halten und sie einem über die Hand laufen würde. Solche Puppen sind leicht anzufertigen und sind ein wunderschönes Geschenk. Sie brauchen dafür etwas grauen Filz (oder Filz in einer anderen Farbe, die Ihnen zusagt); Nadel und Faden; Glasaugen zum Aufnähen (aus einem Bastelgeschäft); eine Schere und einen Zahnstocher zum Auftragen des Klebstoffs. Zeichnung E zeigt die Formen, die Sie für den Körper, den Schwanz und die Ohren zuschneiden müssen. Schneiden Sie die Teile aus, und nähen Sie – die rechte Seite nach innen – die Naht von der Nase bis zum Schwanz. Nähen Sie mit den letzten Stichen den Schwanz mit ein, und verknoten Sie den Faden am Ende. Wenden Sie den Körper, so daß die rechte Seite nach außen kommt. Kleben Sie die Ohren an, und nähen Sie die Augen auf runde weiße Filzstücke. Machen Sie mit schwarzem Faden drei oder vier Stickstiche als Nasenspitze. Ziehen Sie hinter der schwarzen Nasenspitze ein paar Fäden als Barthaare durch den Stoff, und beschneiden Sie die Enden gleichmäßig.

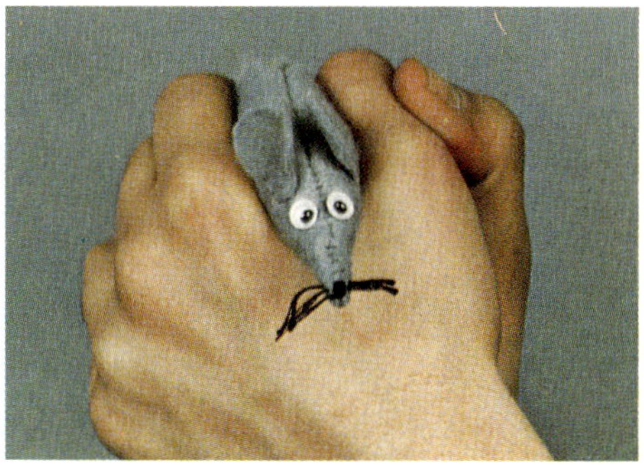

Mini-Maus, eine Fingerpuppe aus Filz, begeistert ganz besonders, wenn sie aus der Hand kriecht.

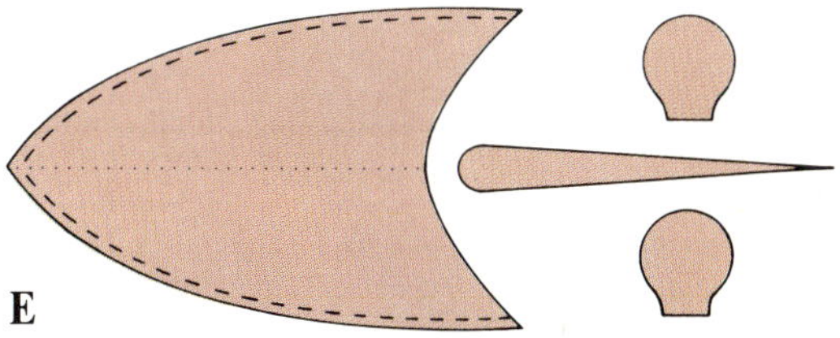

E

Zeichnung E: Diese Formen auf ein Stück Filz zeichnen; die Mittellinie des Hauptteils sollte so lang sein wie Ihr Mittelfinger, und die Öffnung muß nach dem Zusammennähen so groß sein, daß die Maus sich leicht auf den Finger schieben läßt.

Plunderpuppen

Es heißt, man könne aus allem eine Puppe basteln. Vielleicht machen Sie einmal einen Versuch mit einem der folgenden Materialien: Plastikflaschen, Papiertüten, Bürsten (Seite 104), Gummibälle, Kürbisse, Konservendosen, Schwämme, Pappbecher, alte ausgestopfte Tiere (das Füllmaterial herausnehmen, damit die Hand Platz hat), Pappteller, alte Handschuhe, Pappröhren von Küchenrollen (unten), Schachteln und was sich sonst noch an ausgedienten Dingen im Haus findet.

Eierkarton-Krokodil

Das Krokodil, das auf dem Photo auf Seite 108 zu sehen ist, besteht aus zwei Eierkartons, Farbe, Klebstoff und Klebeband. Kleben Sie jeweils Deckel und Unterteil eines Eierkartons zusammen, und schneiden Sie das letzte Paar Eierbecher ab. (Das ergibt die Öffnung für die Hand.) Die anderen hervorstehenden Eierbecher stellen dann die oberen und unteren Zahnreihen des Krokodils dar (Zeichnung F). Wenn Sie ein konventionelles Krokodil haben wollen, bemalen Sie die Kartondeckel mit grüner und die Becher mit weißer Farbe, sonst nehmen Sie auch andere Farbtöne. Das von einem Karton abgeschnittene Eierbecherpaar ergibt die Augen: Malen Sie die Becher an, und kleben Sie sie mit den Pupillen nach vorne über die Handöffnung (Zeichnung F). Befestigen Sie Ober- und Unterkiefer mit Klebeband aneinander, und zwar so, daß dort, wo die hintersten Becher aufeinanderliegen, ein Scharnier entsteht. Wenn Sie die Finger in die obere und den Daumen in die untere Hälfte stecken, können Sie den Krokodilrachen auf- und zuklappen lassen.

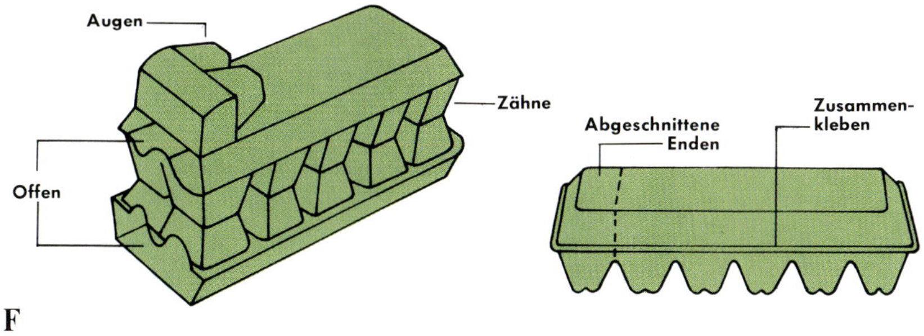

F

Zeichnung F: Von einem Ende beider Eierkartons je ein Paar Eierbecher abschneiden. Das Krokodil anmalen, die Augen aufkleben und dann die Kartons mit den Zahnreihen aufeinanderlegen und mit kräftigem Klebeband am hinteren Rachenende beweglich verbinden.

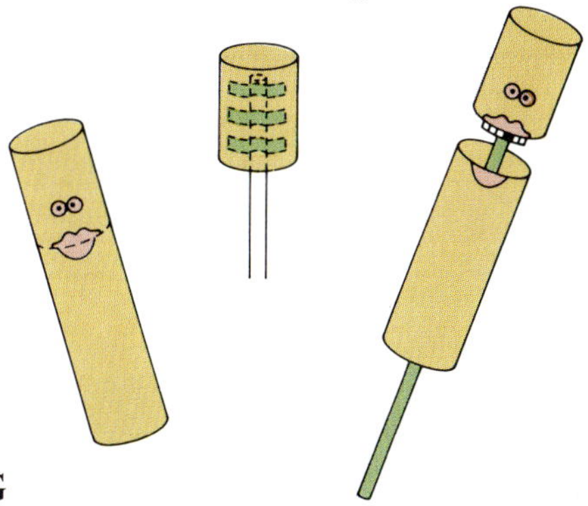

G

Zeichnung G: Ein Gesicht auf eine Papprӧhre malen. Die Röhre auf der Höhe des Mundes in zwei Teile schneiden. Innen in das Oberteil einen Holzstab kleben (mittlere Abbildung).

Röhren-August

Der rechts abgebildete Röhren-August ähnelt der Tütenpuppe auf der linken Seite, weil er auch aus einer Papprӧhre und einem Holzstab gemacht wird, doch diesmal tut es jede Papprӧhre von einer Küchenrolle. Malen Sie sie in einer hellen Farbe an (am besten Plaka- oder Sprayfarbe); malen Sie ihr dann im oberen Drittel ein Gesicht auf (Zeichnung G). Schneiden Sie die Röhre mit einem Messer oder einer Feinsäge in zwei Hälften, und zwar so, daß der Schnitt durch den Mund verläuft. Befestigen Sie den Holzstab mit Klebeband an der Innenseite des Oberteils, dem Gesicht gegenüber (Zeichnung G, Mitte). Machen Sie aus buntem Wollgarn eine Troddel, und kleben Sie sie als Haar oben auf die Röhre. Zeichnen Sie auf einen Streifen Papier ein paar Zähne, und kleben Sie ihn unter der Oberlippe innen an die Röhre. Machen Sie dem unteren Teil einen Kragen aus Pelzimitation und stecken Sie den Stab durch. Um die Puppe zu bedienen, bewegen Sie den Stab auf und ab.

Röhren-August quasselt den ganzen Tag, vorausgesetzt, der Puppenspieler hat die nötige Ausdauer.

1: Bürstengesicht (aus einem Tapezierer-Quast) und die Handschuhpuppe sind zwei leicht herstellbare Figuren, die gleichzeitig auftreten und miteinander sprechen können.

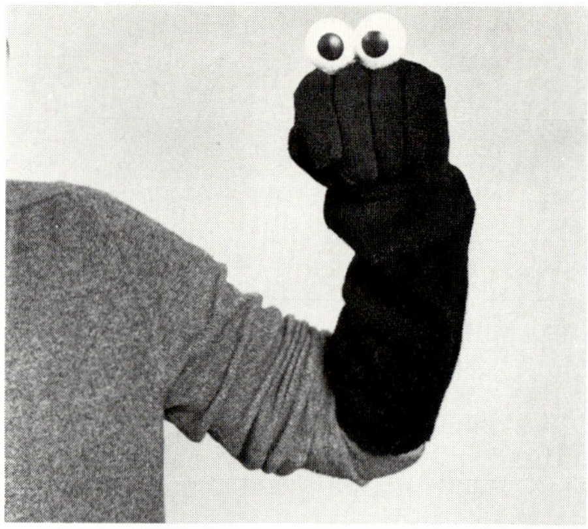

2: Ausdrucksvolle Augen aus Tischtennisbällen machen aus dem langen Handschuh eine Puppe.

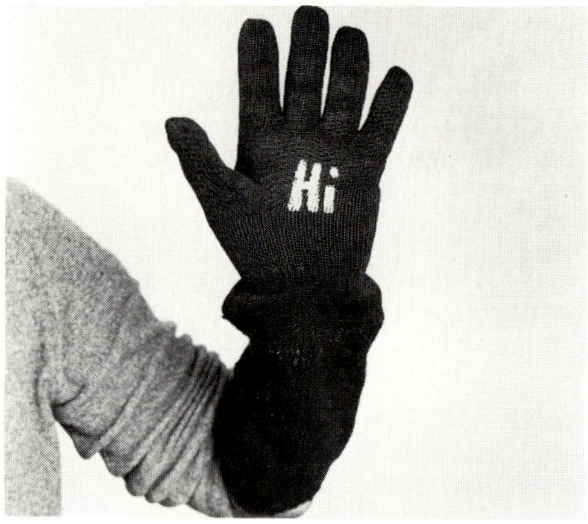

3: Wenn der Puppenspieler die Hand öffnet, kann die Puppe dem Publikum etwas mitteilen.

Bürstengesicht

Das Bürstengesicht wurde aus einem Tapezierer-Quast gemacht (Sie können aber auch eine Malerbürste, eine Wurzelbürste oder sogar eine Zahnbürste nehmen). Für die Augen wurden Tischtennisbälle genommen (Flaschenverschlüsse, Knöpfe, künstliche Blumen oder Muscheln würden sich genausogut eignen); ein Schubladenknopf bildet die Nase (statt dessen könnten Sie auch einen Ball, eine leere Garnrolle, ein Pappröhrchen oder eine Eichel nehmen); der Schnurrbart ist ein Teppichrest (andere Möglichkeiten wären Wollgarn, Watte, Papier oder eine kleinere Bürste), und Mund und Zähne sind aus Papier (oder aus Garn, Zweigen, Muscheln oder Holz).

Streichen Sie, wenn nötig, den Stiel der Bürste an. Kleben Sie die Augäpfel, denen Sie Pupillen aufgemalt haben, und die Nase an. Schneiden Sie die Zähne und eine Unterlippe aus einem Blatt Papier aus und kleben Sie sie an den Stiel. Kleben Sie dann noch einen Teppichrest unter die Nase, und fertig ist die Figur.

Handschuhpuppe

Wahrscheinlich die einfachste Puppe, die Sie je gesehen haben, ist die Handschuhpuppe. Man braucht dafür nur einen schwarzen Handschuh mit langer Stulpe (notfalls nimmt man einen normalen Handschuh, den man an den Schaft eines Kniestrumpfes annäht); zwei Tischtennisbälle; weiße Farbe; Klebstoff und einen schwarzen Filzstift. Zeichnen Sie zuerst auf jeden der beiden Tischtennisbälle eine Pupille. Ziehen Sie den Handschuh an. Kleben Sie die Bälle als Augen auf den Knöcheln an den Handschuh. Malen Sie ein Wort auf die Handfläche des Handschuhs.

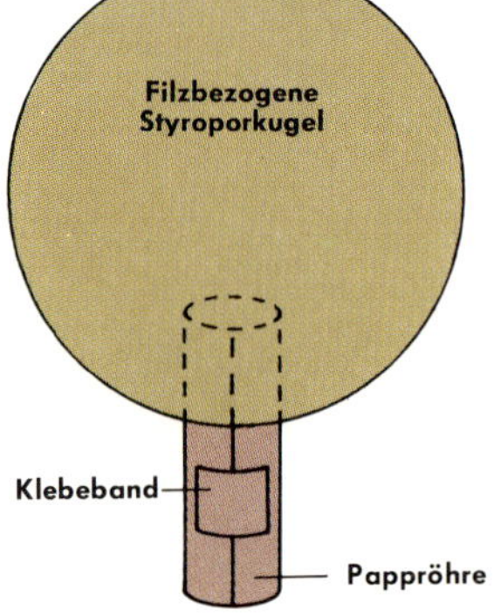

H

Zeichnung H: Den Hals für den Puppenkopf aus einer Styroporkugel bildet eine Pappröhre, die, auf die Größe des Zeigefingers berechnet, mit Band zusammengeklebt und in die Kugel gesteckt wird.

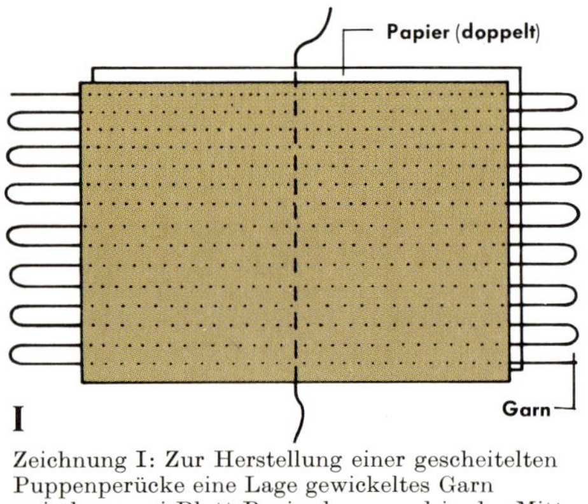

I

Zeichnung I: Zur Herstellung einer gescheitelten Puppenperücke eine Lage gewickeltes Garn zwischen zwei Blatt Papier legen und in der Mitte einmal mit der Maschine darübernähen; das Papier abreißen und die Schlingen aufschneiden.

Darstellende Künste

Handpuppen

Viele Profis machen Puppenköpfe aus Styroporkugeln, die sie mit Filz beziehen. Die Kugeln sind sehr leicht und einfach zu handhaben, und der Filz verleiht der Oberfläche eine weiche, hautähnliche Struktur. Der König, seine Tochter und der schöne Prinz (Seite 100) entstanden nach diesem Verfahren. Die Photos 4 bis 9 zeigen, wie man den Filz über die Kugel spannt.

Um einen Hals für den Kopf zu machen, rollen Sie ein Stück Karton um ihren Zeigefinger und kleben es mit Tesafilm zu einem Röhrchen zusammen. Legen Sie die filzbezogene Kugel verkehrt herum hin, so daß die Nähte am oberen Hinterkopf liegen (sie verschwinden nachher unter dem Haar). Halten Sie das Pappröhrchen an die Kugel, fahren Sie mit einem Stift seinen Umriß nach, und schneiden Sie den Filzkreis mit einem Universalmesser oder einer Rasierklinge aus. Drücken Sie das Halsröhrchen bis zur halben Länge in den Kopf, und ziehen Sie es dann wieder heraus (Zeichnung H). Schneiden Sie das Styropor innerhalb des Kreises heraus, um Platz für den Führungsfinger zu schaffen. Streichen Sie die Außenseite des Röhrchens mit Ponal ein, und stecken Sie es wieder in das Loch. Schneiden Sie sich einen Streifen Filz zurecht, und umkleben Sie damit das Röhrchen.

Gestaltung eines Gesichts

Haar, Augen, Augenbrauen, Nase, Mund und eventuell Ohren gehören an einen herkömmlichen Puppenkopf. Aufgeklebter Pelzersatz ergibt realistisches Haar. Man kann ihn zerzausen, um wie bei dem König einen struppigen Haarschopf

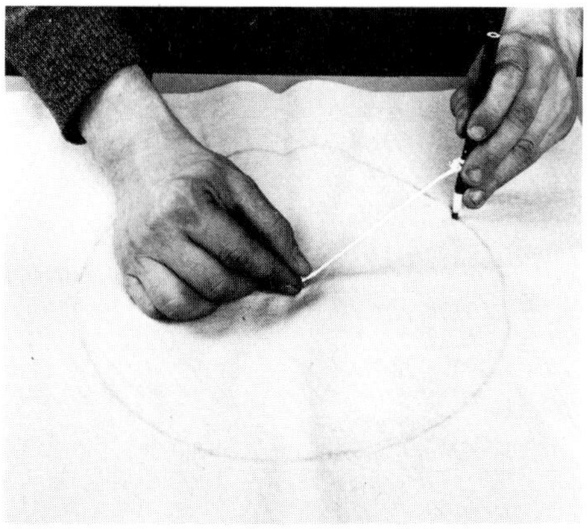

4: Zum Beziehen des Puppenkopfes mit einem Stück fleischfarbenem Filz zuerst mit Bleistift und Schnur einen Kreis von 20 cm Durchmesser zeichnen.

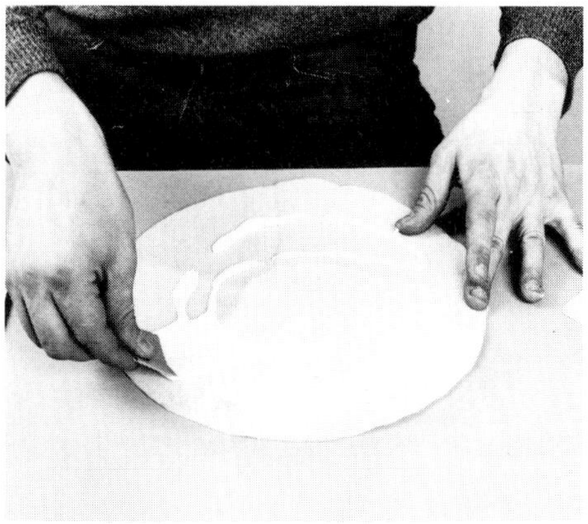

5: Mit einem Stückchen Pappe oder einem Stück Holz die Filzscheibe bis an den Rand gleichmäßig mit Ponal einstreichen.

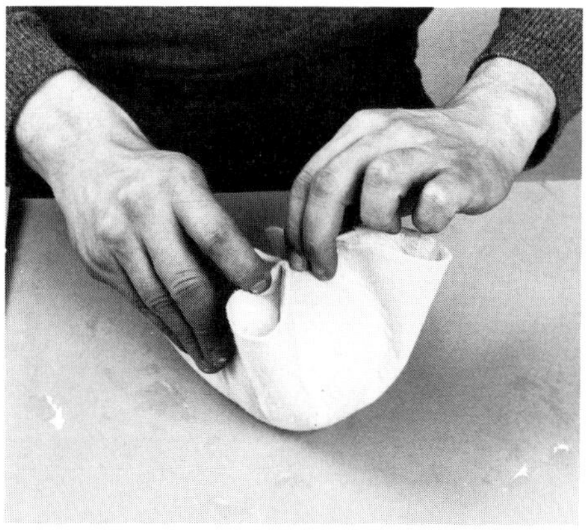

6: Eine Styroporkugel mit 10 cm Durchmesser in die Mitte der Filzscheibe legen. Die Seiten hochholen, festhalten und die Kugel drehen.

7: Den Filz zusammendrücken, bis der Klebstoff bindet; dadurch entstehen flossenartige Lappen.

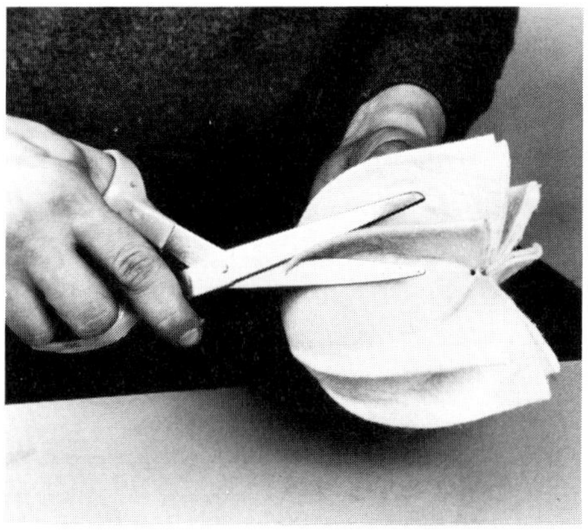

8: Ist der Klebstoff getrocknet, die Lappen dicht an der Kugel mit einer scharfen Schere abschneiden.

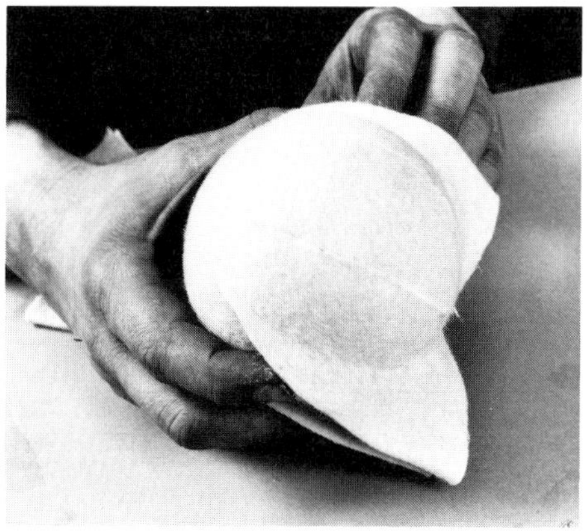

9: Durch so sauberes Abschneiden der Lappen (Mitte) entstehen glatte, flache Fugen, die sich leicht unter dem Haar der Puppe verstecken lassen.

zu bekommen. Wenn Ihnen jedoch langes Haar lieber ist, wie bei der Prinzessin, dann nehmen Sie Wollgarn. Je nachdem, wie lang das Haar der Perücke werden soll, schneiden Sie die Strähnen 7 bis 10 cm länger, damit Sie die Frisur nachher noch beschneiden können. Wenn die fertige Länge 50 cm betragen soll, schneiden Sie sich ein 60 cm langes Stück Karton zurecht, und wickeln Sie das Garn darum. Binden Sie die Windungen an einer Kante zusammen; ziehen Sie sie dann von dem Karton ab, und schneiden Sie die Windungen auf der anderen Seite auf. Eine besonders ausgefallene Perücke können Sie machen, indem Sie das Garn flach zwischen zwei Blatt Papier legen und das Ganze einmal durch die Nähmaschine laufen lassen (Zeichnung I).
Reißen Sie das Papier ab, und Sie haben einen perfekten Scheitel. Schneiden Sie die Windungen an den Enden auf, und kleben Sie die Perücke auf den Kopf.

Nasen

Nasen lassen sich leicht aus einem Filzkreis mit 5 bis 7 cm Durchmesser anfertigen. Legen Sie in die Mitte des Kreises Füllmaterial, stechen Sie an jeweils einander gegenüberliegenden Stellen mit der Nadel durch den Rand des Filzes, und ziehen Sie den Faden straff, so daß allmählich ein fester kleiner Ball entsteht. Für eine längere Nase schneiden und nähen Sie sich eine spitz zulaufende Röhre aus Filz und stopfen sie mit Watte oder biegsamem Draht aus. Eine Nase wie die des Prinzen besteht aus einem kleinen Stück Styropor, das geschnitzt und mit Filz bezogen wird.

Augen

Wenn Sie darangehen, die Augen zu machen, sollten Sie erst mit mehreren möglichen Formen experimentieren, die Sie aus Filz ausschneiden. Schneiden Sie einen weißen Kreis und einen größeren Halbkreis aus braunem, schwarzem oder blauem Filz als Lid; legen Sie diesen über den weißen Kreis. Und schließlich schneiden Sie einen schwarzen runden Punkt als Pupille aus. Ein kleiner Punkt bewirkt, daß die Puppe böse dreinblickt; je größer der Punkt ist, um so freundlicher wird der Ausdruck.
Für die Wimpern schneiden Sie in einen langen Filzstreifen Fransen.

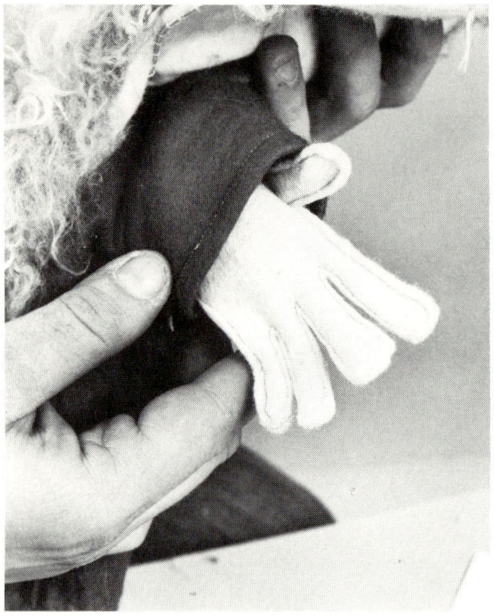

10: Diese Puppenhand aus Filz ist auf eine Drahtform gezogen (Zeichnung J, unten). Die Finger können so in natürliche Stellungen gebogen werden.

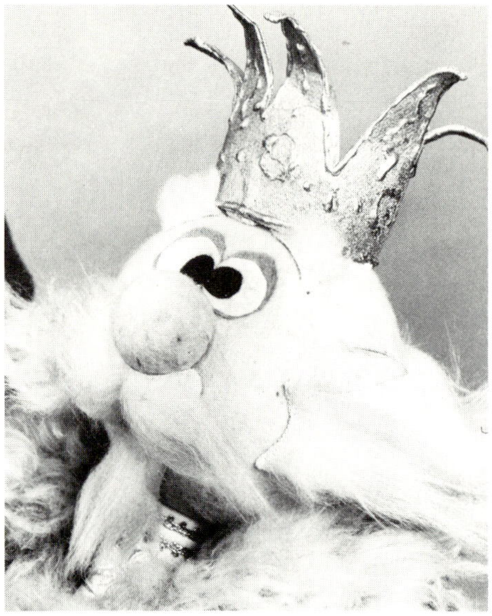

11: Der König hat einen Kopf aus Styropor, der mit Filz bezogen ist. Das Haar ist Pelzimitation, die Nase eine ausgestopfte Filzkugel.

12: Der Prinz, eine romantische Figur mit ausdrucksvollen Augen, ist ein anderes Beispiel für einen Puppenkopf aus Filz und Styropor.

Zeichnung J: Diese Grundschnitte für Puppenkostüme sind leicht abzuwandeln; sie müssen je nach der Handschuhnummer des Puppenspielers stärker oder weniger stark als angegeben vergrößert werden. Das lange Gewand, der Kittel, die Hände und der Drahtrahmen für die Hände passen für eine große Hand, wenn sie im Verhältnis 1:2 vergrößert werden. Dazu einen Raster mit 1,5-cm-Kästchen zeichnen und die Linien Kästchen für Kästchen übertragen (siehe „Fachliche Hinweise" zum Vergrößern eines Musters, S. 92). Das Kleid sollte den sichtbaren Teil des Arms bedecken. Das Kostüm an den Hals der Puppe nähen oder kleben und, wenn für eine gute Paßform nötig, Abnäher anbringen.

Wenn Sie die richtige Form für die Augen gefunden haben, kleben Sie sie auf. Wenn der Klebstoff getrocknet ist, drücken Sie mit dem Heft eines kleinen Schraubenziehers den Schaumstoff unter dem Mittelpunkt jedes Auges leicht ein. Dadurch entstehen Augenhöhlen, die das Puppengesicht noch ausdrucksvoller wirken lassen. Ebenso können Sie mit dem Griff einer Zange oder einem Löffelstiel kleine Vertiefungen an der Stelle anbringen, wo der Mund sein soll, wobei Sie jeweils eine Mundhälfte nach der anderen eindrücken sollten. Falls Sie eine runde Mundvertiefung haben wollen, nehmen Sie ein Schraubenzieherheft. Dann malen Sie die Lippen auf. Mund und Kinn können auch aus mehreren Lagen Filz aufgeklebt werden. Jede Vertiefung zwischen Nase und Kinn wirkt wie ein Mund, aber wenn Sie künstlerisch begabt sind, können Sie dem Mund einen bestimmten Ausdruck geben. Proben Sie erst einmal mit aufgesteckten Filzstücken.

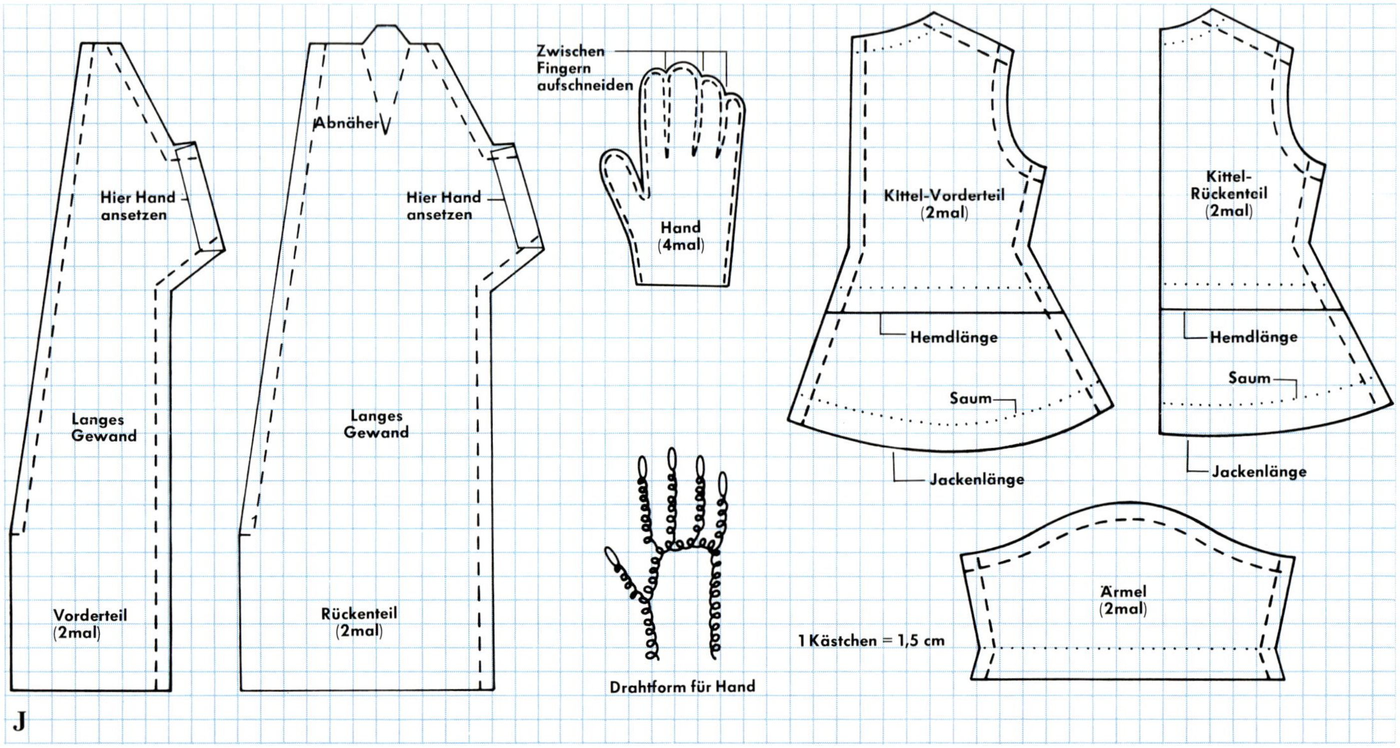

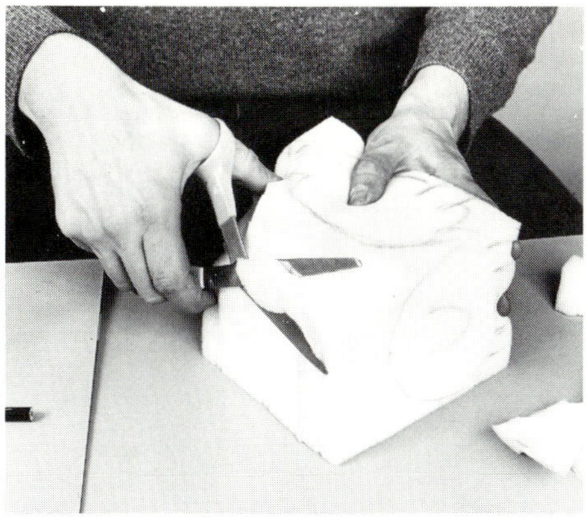

13: Mit einem Filzstift die Umrisse des Tieres auf den Schaumgummiblock zeichnen; mit der Schere die groben Formen herausarbeiten.

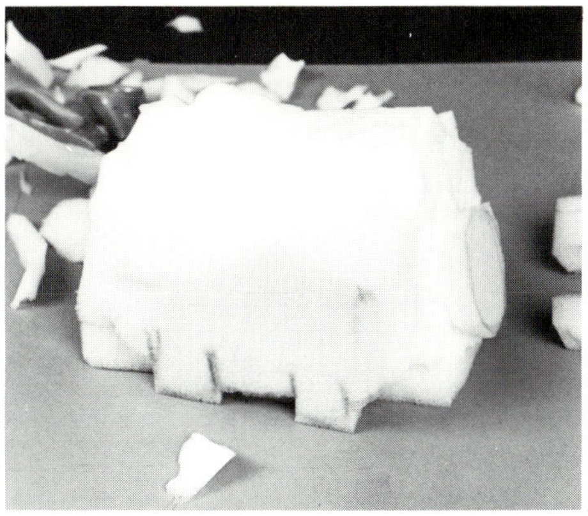

14: Mit kleineren Schnitten weiterarbeiten, bis das Tier langsam Gestalt annimmt. Eventuell für Details Rasierklinge oder Klingenmesser nehmen.

15: Wenn der Schaumgummiblock einem Schaf ähnlich sieht, kann man das Gesicht, die Ohren und die Beine mit Farbe aufmalen.

Darstellende Künste

Schaumstoffpuppen

Das Schaf und das Gürteltier rechts und Moritz, das Krokodil, auf Seite 101 (eine unentbehrliche Figur in jedem Puppentheater) wurden alle aus weichem Schaumstoff geschnitten. Sie brauchen für ein Tier: einen Schaumstoffrest (vielleicht von einem alten Polster); Schere; Filzstift; ein Stück Draht oder einen Drahtkleiderbügel und Klebstoff. Skizzieren Sie die Umrisse des Tiers auf dem Schaumstoffblock (Photo 13), und fangen Sie an, das überflüssige Material wegzuschneiden. Arbeiten Sie zunächst die Grundform heraus und danach die Feinheiten. Nehmen Sie für Details notfalls eine Rasierklinge mit Rücken (Photos 14 und 15) oder ein Klingenmesser. Wenn die Figur fertig geschnitten ist, bemalen Sie sie nach ihren eigenen Vorstellungen mit wasserverdünnter Acrylfarbe.

Wenn die Farbe völlig getrocknet ist, befestigen Sie die Puppen an Kleiderbügeldrähten. Schneiden Sie mit einer Rasierklinge einen Schlitz in den Boden der Puppe; biegen Sie dann einen Drahtkleiderbügel (oder anderen Draht) zu der in Zeichnung K dargestellten Form. Schieben Sie den klammerähnlichen oberen Teil in den Schlitz; schließen Sie dann den Schlitz mit Klebstoff (Pattex).

Für einen beweglichen Mund wie den des Gürteltiers (Photo 16) schneiden Sie mit einer Schere oder einer Rasierklinge einen Schlitz in den Schaumstoff. Mit Nadel und Faden befestigen Sie im Innern des Mundes einen Knopf, stechen dann die Nadel von innen her durch den Kiefer und ziehen den Faden straff. Befestigen Sie den Faden, wie auf dem Photo gezeigt, am Drahtbügel. Wenn Sie nun behutsam am Faden ziehen, geht der Mund auf und zu.

Bei den Augen handelt es sich um aufgeklebte Knöpfe mit Ösen. Machen Sie für jedes Auge eine kleine Höhle, indem Sie ein Stückchen Schaumstoff an der Stelle abschneiden, wo das Auge sitzen soll; kleben Sie dann das Auge ein.

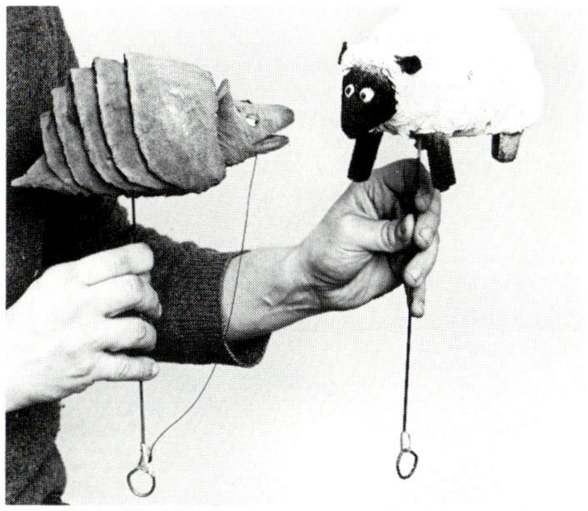

16: Diese Puppen – ein Gürteltier und ein Schaf – wurden beide aus Schaumgummi geschnitten. Der Mund des Gürteltiers läßt sich mit einem am Unterkiefer befestigten Faden öffnen.

Bühnen für Puppentheater

Kartons, in denen zum Beispiel große Haushaltsgeräte verpackt waren, geben ausgezeichnete Puppentheater-Bühnen ab. Die am Fuß der nächsten Seite abgebildete Bühne entstand dadurch, daß in einen solchen Karton vorne, wo die Puppen auftreten, ein kleines, und hinten ein großes Loch geschnitten wurde – so groß, daß der Puppenspieler hineinkriechen kann. Etwa in der Mitte des Kartons kann man hinter der Bühne einen Vorhang anbringen.

Eine ganz einfache Puppentheater-Bühne besteht aus einem Laken, das mit Reißzwecken in einer Türöffnung befestigt wird. Dagegen ist der Einmann-Theatersack, auf der nächsten Seite ganz und mit seinen inneren Bestandteilen abgebildet, ein ausgeklügelt konstruiertes Puppentheater. Hiermit ist man für sein Theaterspiel an keinen bestimmten Ort gebunden; man ist beweglich und kann auf Spielplätzen und in Parks die dort versammelten Kinder erfreuen. Der Sack hängt an einem Rahmen (siehe Seite 108), der an einem Stahlhelm befestigt ist, den man auf dem Kopf trägt. Plastikstangen, die unten an einem Gürtel befestigt sind, tragen den Vorderteil der Bühne. Die Puppen und die Geräte für Geräuscheffekte hängen an Hosenträgern und an einem Patronengürtel. Gestreifte Clownhosen und große Clownschuhe aus Gummi gucken unten hervor.

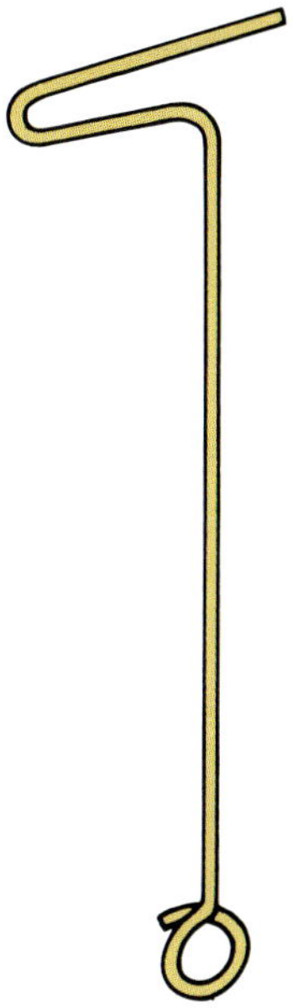

K

Zeichnung K: Draht von einem Kleiderbügel wie abgebildet als Halter für Tierpuppen aus Schaumgummi zurechtbiegen.

Ein Puppenspieler führt hier in seinem Einmann-Theatersack ein Kasperlspiel vor. Oben rechts ist seine Zeichnung des Gerüsts, das sich in dem Sack verbirgt, und der diversen Apparate zur Erzeugung von Geräuscheffekten.

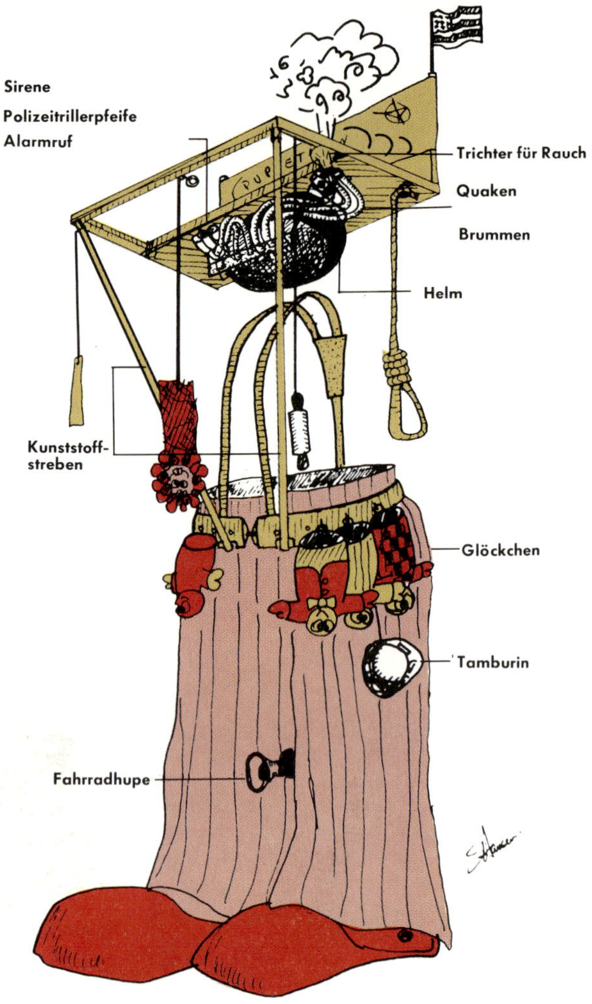

Die Zeichnung des Inneren des Theatersacks zeigt auch den Helm, der dazu dient, das Gewicht gleichmäßiger zu verteilen.

Dieses Puppentheater wurde aus einem alten Karton angefertigt, der auf der Rückseite offen ist, so daß der Puppenspieler hineinkriechen kann. Auf der Bühne sind gerade ein Krokodil aus Eierkartons (Beschreibung auf S. 103) und Bürstengesicht, eine Figur, die aus einem Tapeziererquast hergestellt wurde (S. 104).

Der Clown, der hier entzückt die Arme hebt, ist eine an sieben Schnüren geführte Marionette. Unter den Händen eines erfahrenen Puppenspielers entfalten Marionetten eine erstaunliche Beweglichkeit.

Darstellende Künste

Clown-Marionette

Von Rebecca Bondor

Beim Puppenspiel kommt es darauf an, komplizierte Bewegungsabläufe zu vereinfachen; das gilt im besonderen für Marionetten. Die Marionette muß gehen, laufen, tanzen, springen, nicken und sich verbeugen können – und das mit höchster Grazie und größter Natürlichkeit. Der Puppenspieler bewerkstelligt das mit einem sogenannten Führungskreuz und Fäden oder Drähten. Man muß jedoch lange üben, um diese Kunst zu beherrschen. Bei der Vorführung selbst muß der Puppenspieler dann außerdem der Handlung des Stücks folgen, auf seine Stichwörter achten und den Text der Puppe mit meist verstellter Stimme sprechen.

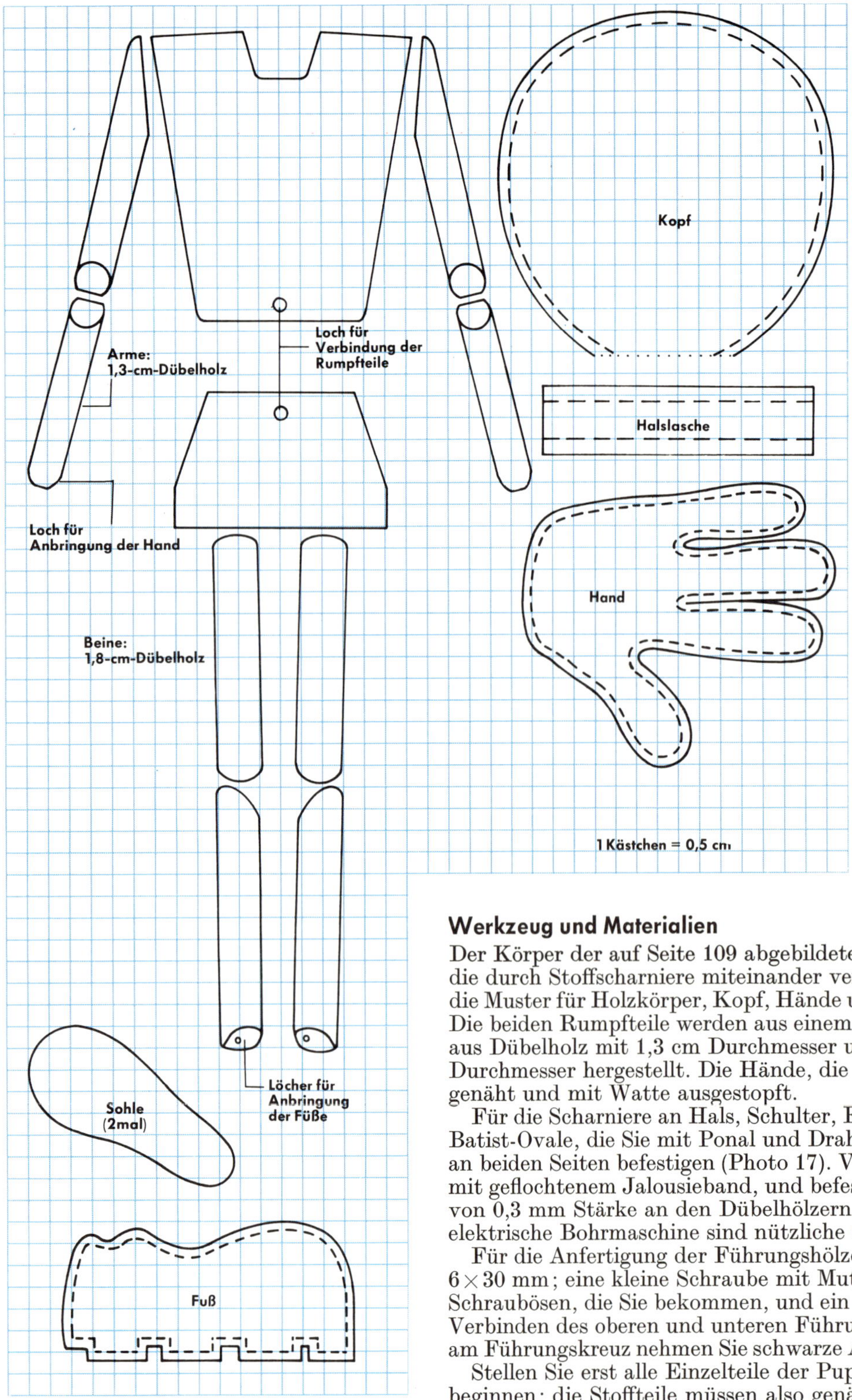

L

Zeichnung L: Nach der unter Zeichnung J erläuterten Methode diese Muster für den hölzernen Gliederkörper des Clowns und den Kopf, die Hände und die Füße vergrößern. Arme und Beine werden aus Dübelhölzern gemacht, der Rumpf aus geformten Holzteilen, die von einem Kantholz von 4 × 9,5 cm gesägt werden. Für Kopf, Hände und Füße den Stoff jeweils doppelt nehmen, um gleichgroße Einzelteile zu erhalten.

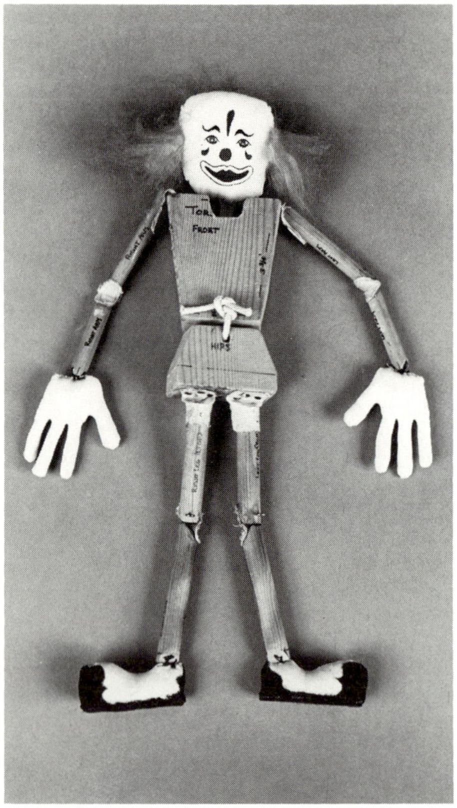

17: Zusammengebaut, aber noch nicht für den Auftritt angekleidet, zeigt der Clown seine hölzernen Körperteile, die mit Stoffscharnieren, Klebstoff, Stiften und Schnur verbunden sind; Hände und Füße sind mit Angelschnur angebunden, und der ausdrucksvolle Kopf ist mit einer Lasche am Oberkörper befestigt.

Werkzeug und Materialien

Der Körper der auf Seite 109 abgebildeten Clown-Marionette besteht aus Holzteilen, die durch Stoffscharniere miteinander verbunden sind. In Zeichnung L finden Sie die Muster für Holzkörper, Kopf, Hände und Füße, die aus Stoff gemacht werden. Die beiden Rumpfteile werden aus einem Stück Kantholz von 4 × 9,5 cm, die Arme aus Dübelholz mit 1,3 cm Durchmesser und die Beine aus Dübelholz mit 1,8 cm Durchmesser hergestellt. Die Hände, die Füße und der Kopf werden aus Stoff genäht und mit Watte ausgestopft.

Für die Scharniere an Hals, Schulter, Ellbogen, Hüfte und Knie nehmen Sie Batist-Ovale, die Sie mit Ponal und Drahtstiften von 10 mm Länge (Kammzwecken) an beiden Seiten befestigen (Photo 17). Verbinden Sie die Rumpfteile an der Hüfte mit geflochtenem Jalousieband, und befestigen Sie Hände und Füße mit Angelschnur von 0,3 mm Stärke an den Dübelhölzern. Eine elektrische Stichsäge und eine elektrische Bohrmaschine sind nützliche Geräte für den Marionettenmacher.

Für die Anfertigung der Führungshölzer brauchen Sie: 1,20 m Holzlatten, 6 × 30 mm; eine kleine Schraube mit Mutter; eine Aktenklemme; die kleinsten Schrauhösen, die Sie bekommen, und ein Stück Wäscheleine oder Jalousieband zum Verbinden des oberen und unteren Führungsholzes. Zum Aufhängen der Marionette am Führungskreuz nehmen Sie schwarze Angelschnur, 3 mm stark (Seite 113 und 116).

Stellen Sie erst alle Einzelteile der Puppe fertig, bevor Sie mit dem Zusammenbau beginnen; die Stoffteile müssen also genäht und ausgestopft, die Holzteile ausgesägt und nachgeschnitzt werden. Für den Kopf, die Hände und die Füße vergrößern Sie die Muster auf das Doppelte der hier wiedergegebenen Größe. Übertragen Sie sie auf doppelt liegenden Batist- oder anderen dünnen Baumwollstoff. Schneiden Sie die Teile aus, schließen Sie die Nähte bis auf eine kleine Öffnung, wenden Sie die Teile, und stopfen Sie sie mit Watte, Füllwatte oder Hobbyflocken aus. Der Hals der Marionette besteht aus einer schmalen Stofflasche, die in die Naht auf der Kopfunterseite eingenäht wird. Mit dem anderen Ende wird sie in einer Einkerbung am oberen Rumpfende angenagelt. Machen Sie diese Lasche nicht breiter als 6 mm, sonst behindert sie die Kopfbewegung der fertigen Puppe. Vergrößern Sie

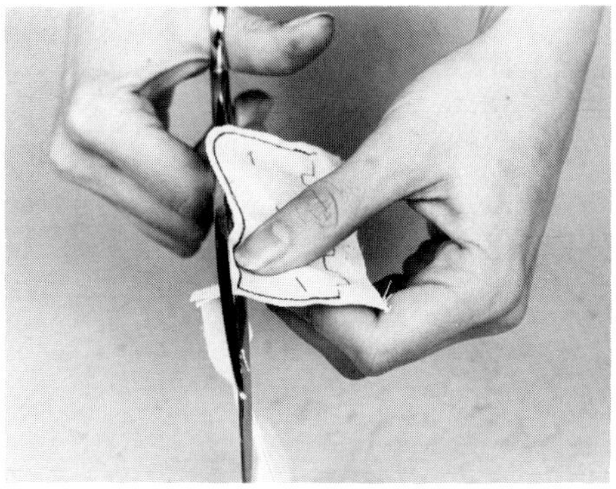

18: Oberteil und Seiten des Fußes zusammennähen, dicht an der Naht ab- und Laschen ausschneiden.

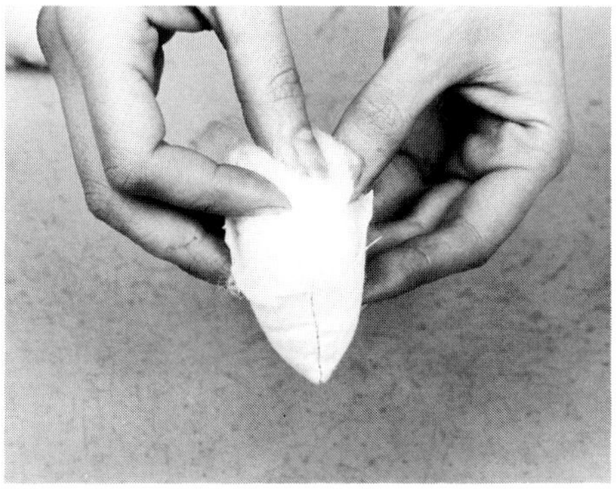

19: Den Fuß wenden (rechte Seite nach außen) und mit Watte oder Hobbyflocke ausstopfen.

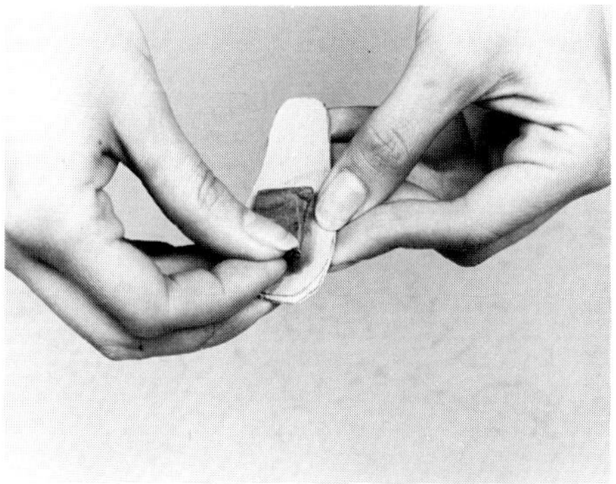

20: Ein kleines Stückchen Blei mit Ponal an jede Pappsohle kleben.

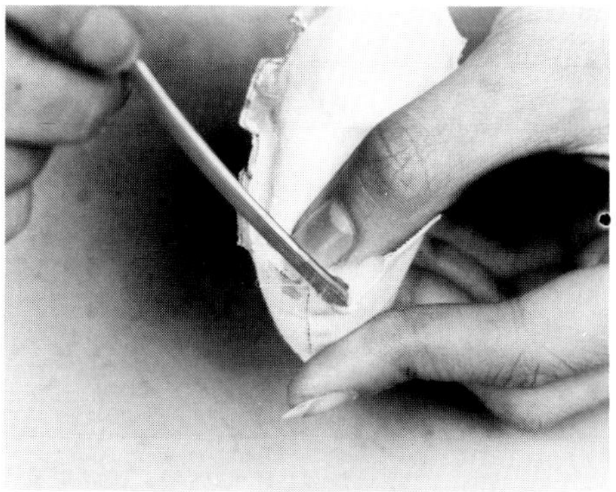

21: Ponal mit Holzstäbchen auf die Laschen auftragen, die die Sohle halten.

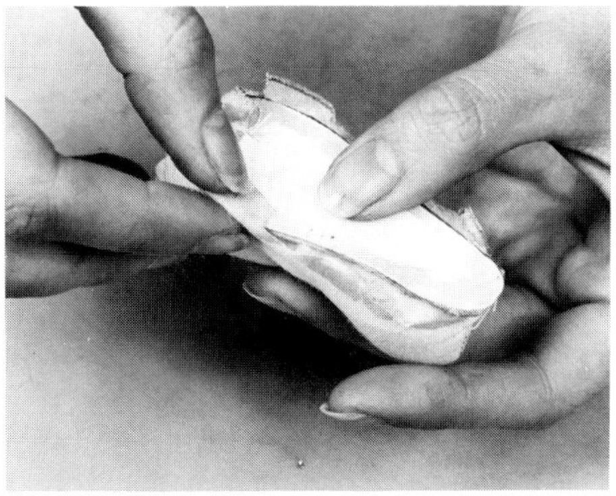

22: Die Sohle mit dem Blei zur Füllung an den Schuh halten; die Laschen umbiegen und andrücken.

23: Der linke Fuß ist fertig zum Ankleben der zweiten Sohle, die die Laschen verbirgt. Auf den rechten Fuß wurde bereits mit Stoffmalfarbe ein Schuh aufgemalt.

die Muster für den oberen und unteren Rumpfteil, und übertragen Sie sie auf einen Kantholzrest mit einem Querschnitt von 4×9,5 cm. Schneiden Sie die Teile mit der elektrischen Säge oder einer Laubsäge aus. Runden Sie mit Schleifpapier die Kanten leicht ab. Bohren Sie dicht an der Taille in das obere und untere Rumpfteil je ein Loch, und zwar genau in der Mitte der Teile; diese Löcher sollten so groß sein, daß man Jalousieband durchziehen kann (Photo 17). Im oberen Rumpfteil querlaufend eine Kerbe anbringen.

Beim Sägen der Arme und Beine ist das Abschrägen der Gelenke das wichtigste. Von den Winkeln dieser Schnitte und der Art, wie die Dübelhölzer aneinander befestigt werden, hängt es ab, wie graziös sich die fertigen Marionetten bewegen. Sägen Sie die Rundhölzer wie auf Photo 17 und in Abbildung L gezeigt. An der Schulter ist der Winkel sehr stark, damit die Arme nahe am Körper hängen. Die Winkel an den Ellbogen- und Kniegelenken betragen etwa 45°. Die Schrägen an Hand- und Fußgelenken müssen gerade so stark sein, daß man Löcher bohren kann, so daß Hände und Füße mit der Angelschnur befestigt werden können.

Die Füße des Clowns

Marionetten müssen irgendwie beschwert werden, entweder am Körper oder im Kostüm, damit sie nicht so leicht und zu wild hin und her schwingen, wenn sie auf der Bühne in Bewegung sind. Bei dem Clown sorgen kleine Bleistücke in den Füßen dafür, daß er mit beiden Beinen fest auf dem Boden bleibt. Wie bei den anderen Stoffteilen müssen Sie bei den Füßen das vergrößerte Muster (Zeichnung L) auf doppelt liegenden Stoff übertragen. Nähen Sie dicht an der gebogenen Linie entlang. Schneiden Sie dann nahe dieser Naht entlang und dann längs der gezähnten Linie am unteren Rand (Photo 18). Wenden Sie den Fuß, so daß die rechte Stoffseite nach außen kommt, und stopfen Sie ihn mit Watte oder Hobbyflocken aus (Photo 19). Schneiden Sie für die Schuhe Pappsohlen aus, und kleben Sie die Bleistückchen darauf (Photo 20). Tragen Sie mit einem Holzstäbchen Klebstoff auf die Innenseite der Laschen an den Schuhen auf (Photo 21). Halten Sie die Sohle mit dem Blei zum Stoff an die Schuhunterseite; drücken Sie dann die mit Klebstoff versehenen Laschen an die Außenseite der Sohle (Photo 22). Lassen Sie den Klebstoff trocknen, und stellen Sie dann die Schuhunterseite fertig, indem Sie eine zweite Sohle aus Karton oder Stoff aufkleben. Malen Sie einen schwarzen Schuh auf den Fuß (Photo 23).

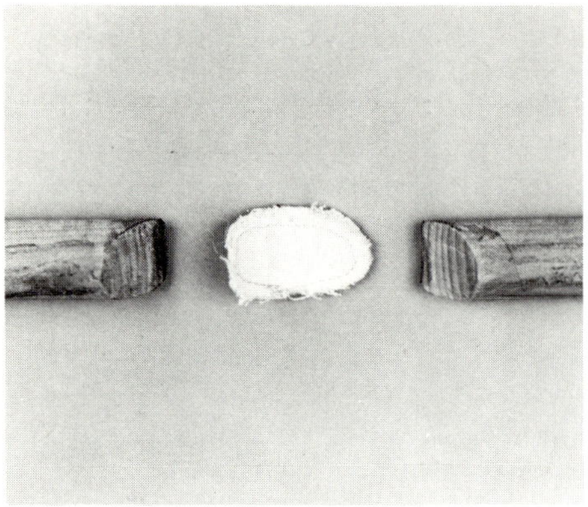

24: Ein ovales Stück Batist, doppelt genommen, bildet ein Scharnier; diese Scharniere verbinden die abgeschrägten Dübelhölzer an den Knie- und Ellbogengelenken.

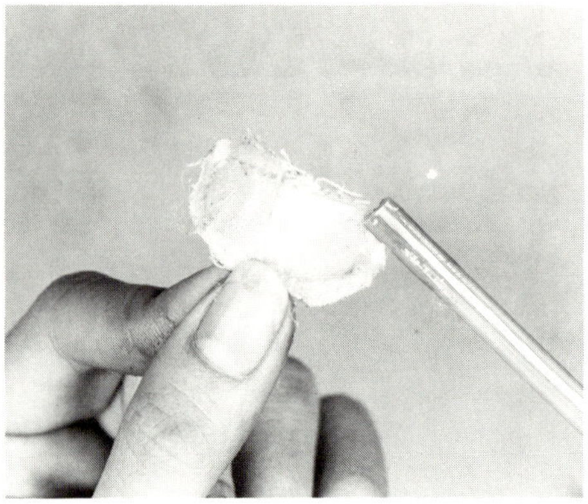

25: Eine Seite des Stoff-Scharniers mit Klebstoff einstreichen; dann das Scharnier an die abgeschrägten Flächen des Gelenks drücken. Zum Bestreichen mit Ponal ein Holzstäbchen nehmen.

26: Das Scharnier ist richtig befestigt, wenn der Stoff beim Biegen des Gelenks hervorschaut. Die abgestumpften Kanten verhindern, daß die Beine und Arme sich nach hinten durchbiegen.

Aufbewahrung der Marionette
Mit einem einfachen Trick können Sie verhindern, daß sich bei einer aufbewahrten Marionette die Fäden hoffnungslos verwirren: Halten Sie das Führungskreuz mit einer Hand, und drehen Sie die Puppe mehrmals herum, so daß sich alle Schnüre in der Mitte zusammendrehen. Lassen Sie die Marionette so bis zur nächsten Vorstellung in einer Schachtel liegen.

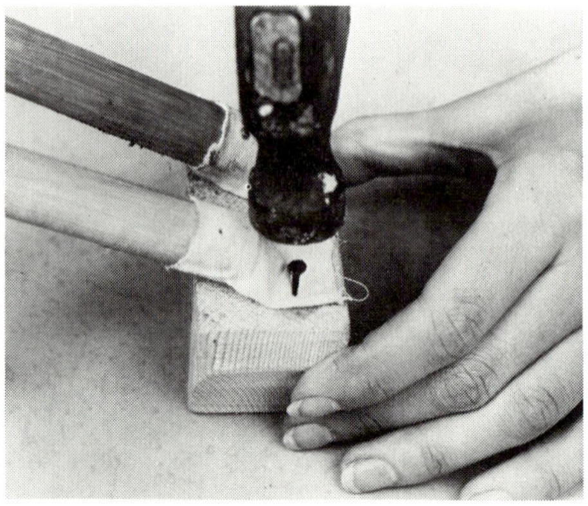

27: Die Stoff-Schäfte wie abgebildet um die oberen Enden der Beine kleben; dann die abstehenden Laschen an die Unterseite des unteren Rumpfteils kleben und nageln.

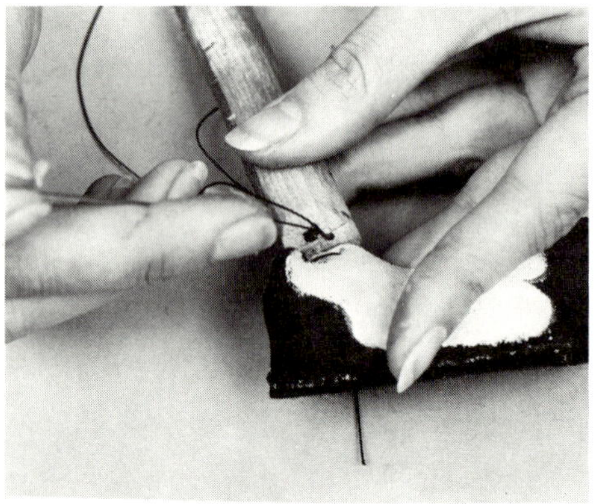

28: Die Arm- und Beinhölzer an den für Knöchel- und Handgelenke abgeschrägten Enden durchbohren. Füße und Hände mit Nadel, Faden und Angelschnur befestigen.

Anfertigen der Gelenkscharniere

Um die Knie- und Ellbogengelenke mit Scharnieren zu versehen, schneiden Sie aus doppelt liegendem Batist Ovale aus, die so groß sind, daß sie die Gelenke an der breitesten Stelle bedecken (Photo 24). Nähen Sie die Teile der Stabilität wegen zusammen. Tragen Sie auf eine Seite des Batists Ponal auf (Photo 24); drücken Sie dann den Stoff auf die offene Seite des Gelenks. Auf der gegenüberliegenden (geschlossenen) Seite jedes Gelenks sollten die scharfen Kanten so abgeflacht werden, daß sie zusammenstoßen und als Bremse bei Bein- oder Armbewegungen fungieren (Photo 26). Kleben Sie um den oberen Teil jedes Beins eine Stoffmanschette, und lassen Sie dabei oben ein Ende überstehen, so daß Sie dies mit den Kammzwecken an der Unterseite des Rumpfes anheften und außerdem ankleben können (Photos 17 und 27). Die oberen Enden der Beine müssen frei schwingen und in ihren Stoff-Schäften etwa 6 mm unterhalb des Rumpfes hängen.

Machen Sie für jede Schulter ein Stoff-Gelenk, und kleben Sie es an die abgeschrägte untere Fläche des Oberarm-Dübelholzes, wobei eine Lasche frei bleiben muß, die lang genug ist, um an die Oberseite der Schulter geheftet zu werden (Photo 17). Der fertige Kopf mit dem aufgemalten Gesicht (dafür Stoffmalfarben nehmen) und dem Haar kann jetzt angebracht werden. Heften und kleben Sie die Halslasche in die Kerbe auf der Oberseite des Oberkörpers.

Für die Anbringung der Hände und Füße bohren Sie kleine Löcher durch die abgeschrägten Enden von Fuß- und Handgelenken. Nähen Sie die Hände und Füße mit der schwarzen Angelschnur an (Photo 28). Verknoten Sie die Schnur, und schneiden Sie sie dicht über dem Knoten ab. Wenn Arme, Beine, Kopf, Hände und Füße angebracht sind, verbinden Sie Ober- und Unterkörper mit einem Stück Jalousieband, und der Clown sieht aus wie auf Photo 17.

Im nächsten Schritt bereiten Sie die Puppe für das Anbringen der Fäden vor, indem Sie an den fünf Stellen, die in der schematischen Darstellung auf Seite 116 kenntlich gemacht sind, die kleinsten Schraubösen eindrehen, die Sie bekommen können. Wenn Sie damit fertig sind, müssen Sie sich für ein Kostüm entscheiden.

Das Führungskreuz

Von der Funktion her gesehen, besteht der größte Unterschied zwischen Handpuppen und Marionetten darin, daß Marionetten mit einem besonderen Führungsgerät von oben und Handpuppen von unten geführt werden. Dadurch ergeben sich große Unterschiede in den möglichen Bewegungsarten. Das Führungskreuz für die Marionette erschwert dem Puppenspieler seine Aufgabe, aber es läßt der Marionette einen größeren Bewegungsspielraum und dem Puppenspieler Möglichkeiten zu schöpferischer Gestaltung, wie sie bei der Handpuppe nicht gegeben sind.

In der Zeichnung rechts und den „Fachlichen Hinweisen" auf den Seiten 116 und 117 ist ein relativ einfaches Führungskreuz mit sieben Fäden dargestellt. Für die Anfertigung dieses Geräts brauchen Sie: 3 cm breite Leisten; eine Aktenklemme; ein Stück Wäscheleine; mehrere kleine Schraubösen und eine kleine Schraube mit Mutter (Zeichnung M). Schneiden Sie zwei Leisten auf 22,5 cm, eine auf 20 cm und eine auf 16,5 cm zu. Versehen Sie die Enden des 20 cm langen Holzes, des 16,5 cm langen Kopfholzes und das rückwärtige Ende des unteren 22,5 cm langen Holzes wie in Zeichnung M dargestellt mit Schlitzen und Kerben; das ist ein professioneller Kniff, der es Ihnen erleichtert, die Fäden sicher aufzuwickeln und zu verankern. Legen Sie die beiden 22,5 cm langen Teile übereinander. Messen Sie von jedem Ende 2,5 cm zur Mitte hin ab, und bohren Sie an dieser Stelle Löcher von 7–8 mm Durchmesser durch beide Teile. (Die beiden Löcher in jedem Holz sind also 17,5 cm voneinander entfernt.)

Kleben und binden Sie die Aktenklemme an das eine Ende des einen 22,5 cm langen Holzes. Dieses wird das obere Teil des Führungskreuzes. Die Klemme dient zum Befestigen eines abnehmbaren 20 cm langen Holzes, mit dem die Beine geführt werden. Befestigen Sie mit Schraube und Mutter das 16,5 cm lange Kopfholz an dem anderen 22,5 cm langen Holz, und zwar dicht hinter dem Loch, das Sie in das nicht eingekerbte Ende gebohrt haben. Schrauben Sie eine kleine Schrauböse in den Rand des nicht eingekerbten Endes des unteren Holzes – sie ist für den Handfaden vorgesehen. Schrauben Sie für den Schulterfaden eine weitere Öse von unten in das Holz, 2,5 bis 5 cm hinter dem Kopfholz. Machen Sie in ein Ende eines 30 cm langen Stücks Wäscheleine einen Knoten, und fädeln Sie sie von unten durch das untere Teil. Machen Sie dicht darüber einen weiteren Knoten und 5 cm darüber einen dritten. Führen Sie die Schnur so durch das obere Holz, daß dieses auf dem obersten Knoten aufliegt. Führen Sie die Leine bis ans hintere Ende, und fädeln Sie sie von oben ein. Verknoten Sie sie wie vorher, so daß die Knoten die Halterung der Führungshölzer bilden. Die Leine wird unter dem unteren Holz verknotet und abgeschnitten (siehe Zeichnung, Seite 116). Schieben Sie das Beinholz von außen in die Aktenklemme. Das Führungskreuz ist jetzt fertig, und Sie können mit dem Anbringen der Fäden beginnen.

Anbringen der Fäden

Die Länge der Fäden hängt davon ab, wie groß Sie sind und wo Ihre Marionette auftreten soll. Wenn Sie die Puppe vor sich auf dem Boden spielen lassen wollen, sollten die Fäden so lang sein, daß Sie das Führungskreuz etwa in Hüfthöhe halten können. Wenn Sie mit einer Bühne arbeiten, müssen die Fäden so lang sein, daß Ihre Hände nicht über der Puppe zu sehen sind. Schneiden Sie die Schnüre stets länger, als Sie sie voraussichtlich brauchen werden.

Hängen Sie das Führungskreuz an einen Haken, bevor Sie mit dem Anbringen der Fäden beginnen. Schneiden Sie zwei Längen für den Kopf, und nähen Sie je eine an jede Kopfseite (siehe Zeichnung auf Seite 116). Verknoten Sie die anderen Enden, und führen Sie die Fäden in die Schlitze an beiden Enden des 16,5 cm langen Kopfholzes ein. Bringen Sie beide Schnüre auf gleiche Länge, indem Sie sie um die eingekerbten Teile wickeln und in die Schlitze klemmen. Schneiden Sie als nächstes eine lange Schnur für die Schultern, ziehen Sie sie mit einer Nadel durch das Clownkostüm, und befestigen Sie sie an einer Schulter-Schrauböse. Ziehen Sie das andere Ende der Schnur durch die Schrauböse auf der Unterseite des Holzes; befestigen Sie dann dieses Ende auf dieselbe Weise an der anderen Schulter-Schrauböse. Die Schnur sollte nicht durchhängen, aber auch nicht so straff sein, daß der Hals gekrümmt wird. Bringen Sie die Schnur für das Gesäß an, indem Sie sie mit der Nadel durch das Kostüm ziehen und an die Schrauböse am Gesäß der Puppe befestigen. Holen Sie das andere Ende der Schnur in die dafür vorgesehenen Kerben hoch, verknoten Sie sie, wie schon beschrieben, und wickeln Sie sie um das Holz, bis sie straff ist. Wie die Schulterschnur ist auch die für die Hände aus einem Stück und verläuft von einer Hand durch die vordere Schrauböse des Führungsholzes zur anderen Hand. Lassen Sie diese Schnur nur so lang, daß die Hände leicht angehoben sind und nicht etwa schlaff herunterhängen. Nähen Sie diese Schnur oben an die Handrücken an. Bringen Sie zuletzt die beiden Beinschnüre an. Diese verlaufen von den Schraubösen an den Knien zu den Enden des losen Führungsholzes und sollten so lang sein, daß die Puppe im Ruhezustand aufrecht steht, ohne in den

Puppentheater-Organisationen

Falls Sie zusätzliche Informationen über Puppentheater haben wollen, wenden Sie sich an folgende Institutionen: Verband Deutsches Puppentheater e.V., Geschäftsstelle: Fritz Leese, Zimmerplatz 13, 3581 Altenbrunslar; Deutsches Institut für Puppenspiel, Bergstraße 115, 4630 Bochum; Arbeitsgemeinschaft für das Puppenspiel e.V., Hamburg, Ellenbogen 12, 2000 Hamburg 13.

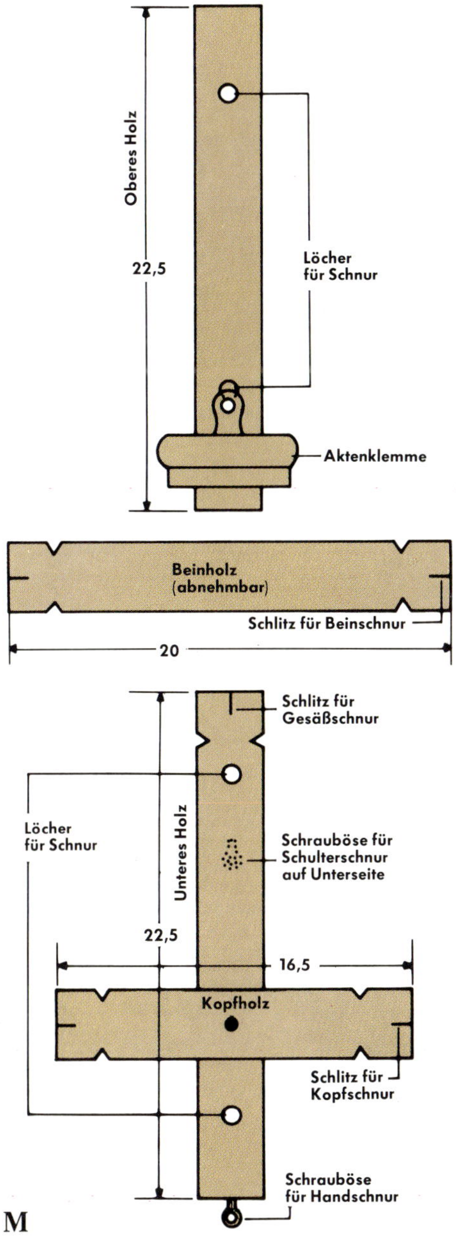

M

Zeichnung M: Ein dreiteiliges Führungskreuz für eine Marionette mit sieben Schnüren (es ist auf Seite 116 zusammengebaut abgebildet) wird aus 3 cm breiten Holzleisten, kleinen Schraubösen, Wäscheleine, einer Aktenklemme und einer kleinen Schraube mit Mutter gemacht. Die Leisten werden wie oben angegeben gesägt, gebohrt, eingekerbt und mit Schlitzen versehen.

Knien einzuknicken. Befestigen Sie diese Schnüre zuerst an den Knien, indem Sie sie mit der Nadel durch das Kostüm ziehen und an den Schraubösen anknoten. Befestigen Sie die Schnüre mit dem anderen Ende an dem 20 cm langen Beinholz, und klemmen Sie dieses in die Aktenklemme. Achten Sie darauf, daß alle Knoten fest sind und sich die Perlonleine nicht wieder löst. Geben Sie eventuell einen Klebstofftupfer auf die Knoten. Wenn alle Schnüre die richtige Länge haben und die Puppe aufrecht steht, ist Ihre Marionette fertig.

Darstellende Künste

Papier-Marionetten

Die unten abgebildeten Papiermarionetten sind eine vereinfachte, eindimensionale Version der Clown-Marionette, deren Herstellung im vorigen Projekt beschrieben wurde. Sie sind so leicht zu basteln, daß auch Kinder sich daran wagen können, vermitteln aber auch einem Erwachsenen wertvolle Erfahrungen.

Ob Sie nun den hier abgebildeten Löwen oder Elefanten basteln wollen oder Tiere und Menschen nach Ihren eigenen Phantasievorstellungen, schneiden Sie immer Körper, Kopf und andere Körperteile getrennt aus, so daß sich alle unabhängig voneinander bewegen lassen.

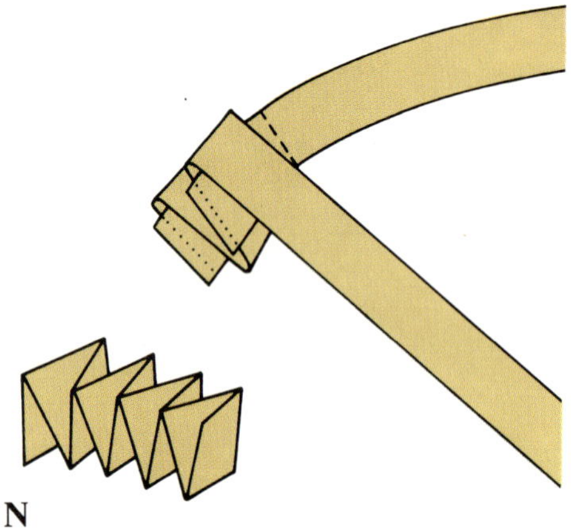

N

Zeichnung N: Aus zwei Papierstreifen wie abgebildet eine Halsfeder falten, die dafür sorgt, daß der Kopf der Tiermarionette beim Gehen nickt.

Sie können eine Elefanten-Marionette basteln, indem Sie aus steifem Buntpapier die Teile ausschneiden und mit Musterklammern befestigen.

Wie der Elefant hat auch der rote Löwe einen schwungvollen Gang, wenn man die Führungsleiste und die daran befestigten Fäden richtig bewegt.

Materialien

Sie brauchen steifes Buntpapier, können aber auch Karton in leuchtenden Farben benutzen; Rundkopf-Musterklammern; schwarzen Zwirn; Karton für den Führungsstab und Transparentpapier.

Die Löwen- und Elefanten-Marionetten werden mit Rundkopf-Musterklammern zusammengebaut; dann werden sie mit schwarzen Fäden an einer Führungsleiste aus Pappe aufgehängt. Wenn Sie die Muster in Zeichnung O (gegenüber) vergrößert haben, übertragen Sie sie auf steifes Buntpapier und schneiden sie aus. Verbinden Sie die Körperteile an den mit Farbpunkten gekennzeichneten Stellen. Nehmen Sie dann schwarzen Zwirn zum Befestigen der Marionettenteile an dem Pappstreifen (die dafür vorgesehenen Punkte sind auf dem Streifen und auf den Schnittmusterteilen markiert). Wenn Sie nun die Führungsleiste mit einer Hand halten und mit der anderen vorsichtig jeweils an einem Faden ziehen, bewegen die Tiere ihre Füße und wedeln mit dem Schwanz. Machen Sie eine kleine Feder aus Papier, eine sogenannte Hexenleiter (Zeichnung N), und kleben Sie sie mit dem einen Ende an die Kopfrückseite und mit dem anderen an der im Muster gekennzeichneten Stelle auf den Rumpf. Diese Feder sorgt dafür, daß die Tiere beim Auftreten mit dem Kopf nicken. Statt der Feder können Sie auch ein Stück Schaumstoff nehmen.

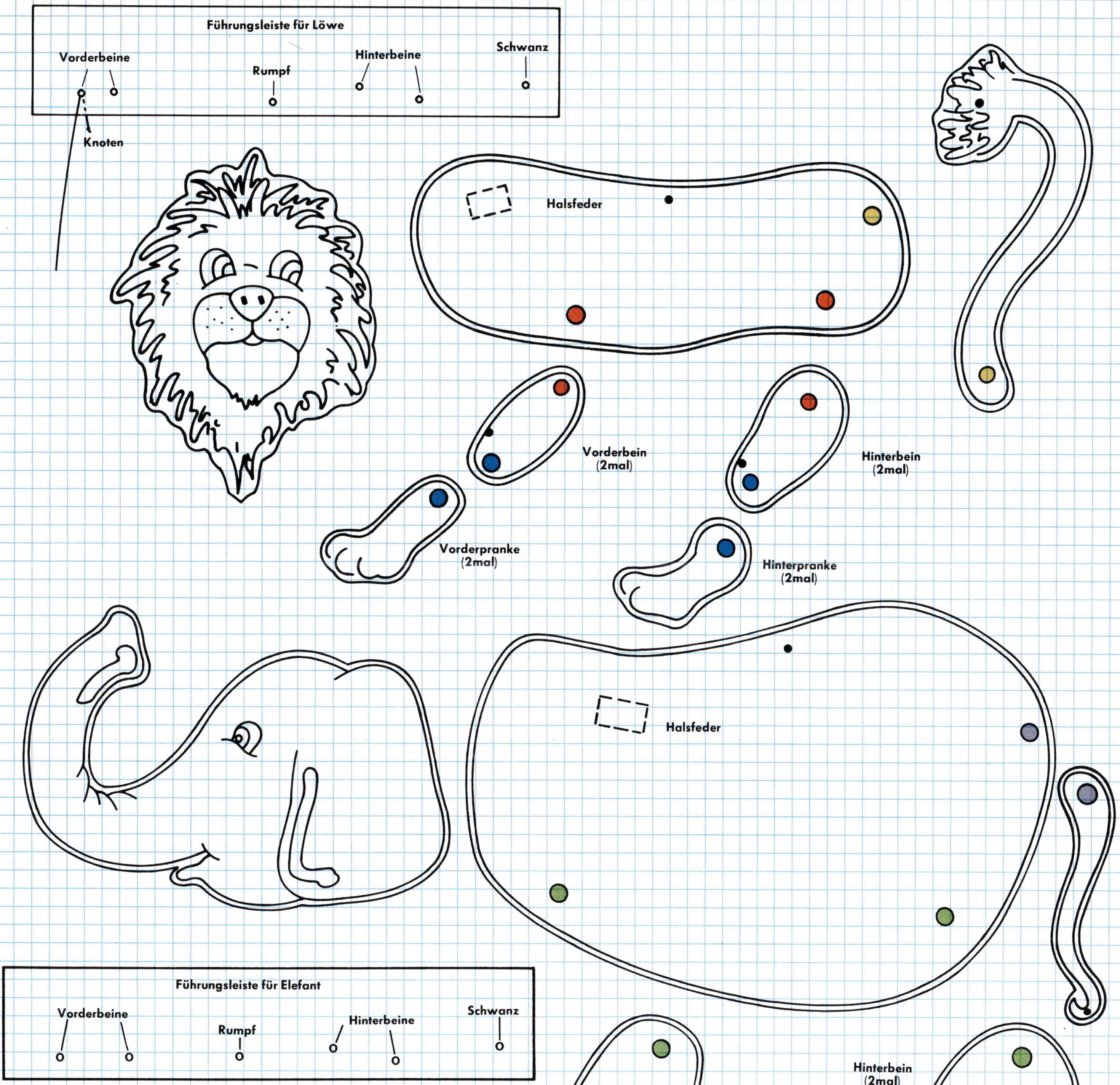

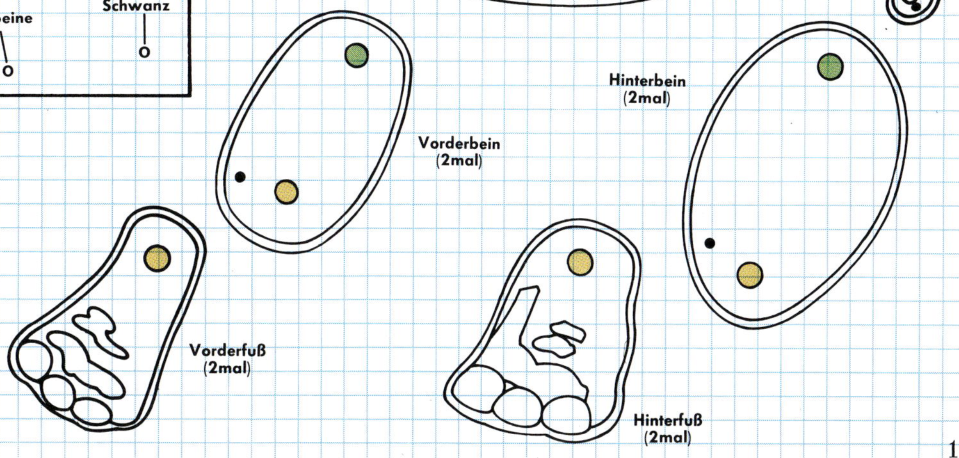

1 Kästchen = 0,5 cm

O

Zeichnung O: Diese Muster nach der unter Zeichnung J beschriebenen Methode mit Hilfe eines 0,5-cm-Rasters vergrößern. Die Körperteile an den farbigen Punkten anbringen (Punkte gleicher Farbe müssen sich decken). Jeweils ein Bein vor und eins hinter dem Körper anbringen, wie auf dem Photo auf der linken Seite zu sehen ist. Die Schnüre an den markierten Stellen an Körper und Führungsleiste befestigen.

FACHLICHE HINWEISE

Wer die Kunst des Marionettenspiels professionell ausüben möchte, muß jahrelang üben. Aber auch als Amateur muß man so lange mit der Marionette arbeiten, bis man mit all ihren Bewegungen vertraut ist und versteht, wie eigene Hand- und Körperbewegungen in die Bewegungen der Puppe umgesetzt werden.
Die Farbphotos auf diesen Seiten zeigen fünf Grundstellungen einer Marionette; im Text wird jeweils erklärt, wie man das Führungskreuz handhaben muß, um diese Stellungen zu erzielen. Die Fäden wurden für diese Vorführung stark verkürzt, so daß Führungskreuz und Hände ungewöhnlich nahe an der Marionette sind. Bei einer richtigen Vorstellung müssen die Fäden so lang sein, daß man das Führungskreuz mindestens in Hüfthöhe halten kann. Die Farbangaben in den Erläuterungen über jedem Photo beziehen sich auf die schematische Darstellung unten.

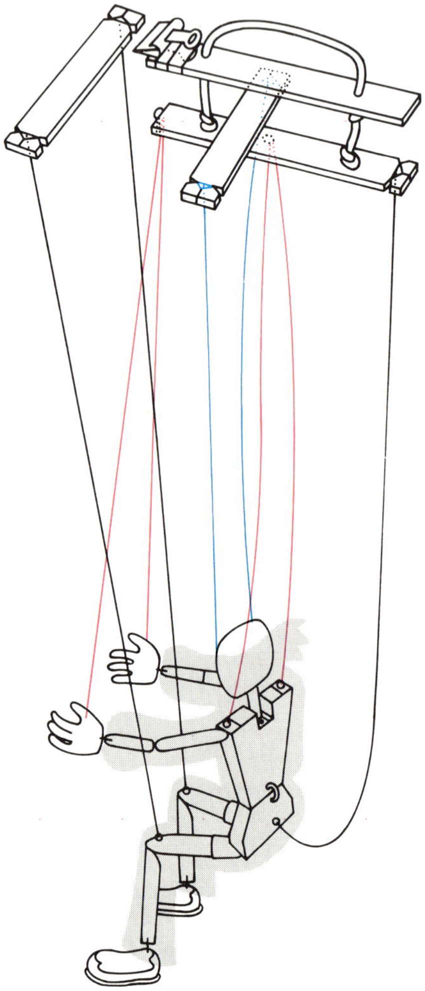

Wenn alle Fäden angebracht sind, sollte Ihre Marionette dieser Darstellung entsprechen. Die Fäden sind in Wirklichkeit alle schwarz; sie wurden hier farbig eingezeichnet, damit sie leichter auseinanderzuhalten sind.

Kopf: Um den Kopf zu drehen, die Schulterschnüre (im Diagramm rot, rechts) anziehen und das Führungsholz nach links kippen, wenn der Kopf nach links schauen soll, und nach rechts, wenn er nach rechts schauen soll. Der Kopf dreht sich, weil durch das Spannen der Schulterschnüre die Kopfschnüre (blau) entspannt werden, so daß der Kopf beweglich wird.

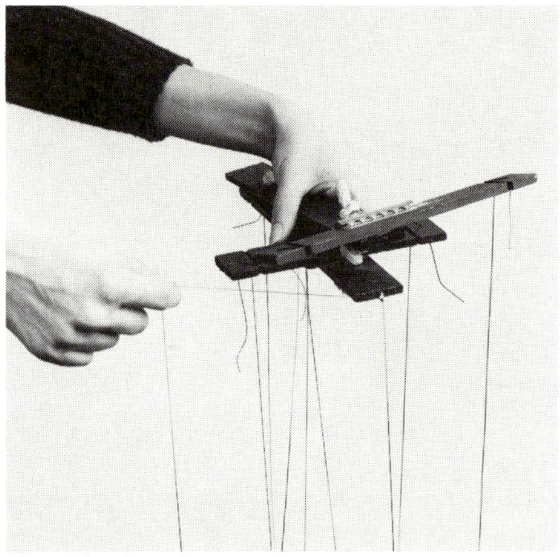

Hände: Um die Hände zu bewegen, die durchlaufende Handschnur (im Diagramm rot, links) greifen und nach oben, unten oder nach einer Seite ziehen, je nachdem, welche der vielen möglichen Handstellungen angestrebt wird. Wenn Sie beide Schnüre nach außen und oben ziehen, heben sich beide Hände gleichzeitig.

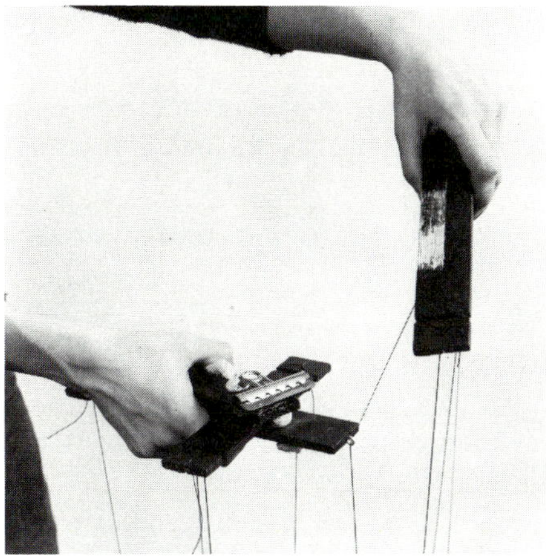

Knien: Die Marionette läßt sich auf ein Knie nieder, indem man das Beinholz an einer Seite anhebt und mittels der einen Beinschnur (schwarz, links) das andere Knie hebt. Gleichzeitig kann man an der Handschnur (rot) ziehen, um die Hände in eine interessante Stellung zu bringen.

Verbeugen: Wenn die Puppe sich vorbeugen soll, hält man das Führungskreuz in der einen Hand und zieht mit einem Finger an der Gesäßschnur (schwarz). Dadurch beugt sich die Marionette nach vorne.

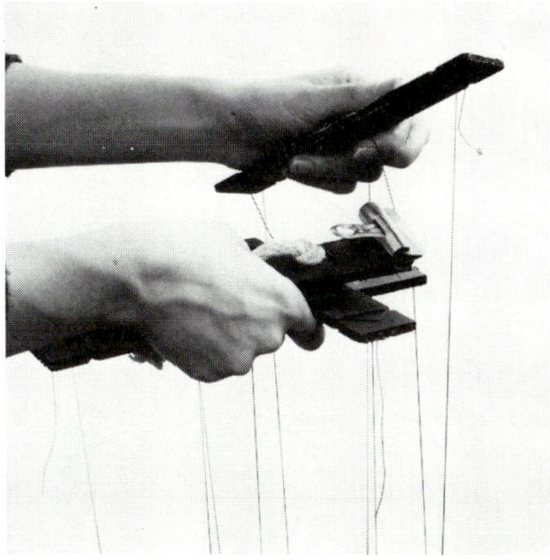

Gehen: Die Marionette geht, wenn man das Führungsholz für die Beine abnimmt und es von einer Seite auf die andere schaukeln läßt, so daß abwechselnd die rechte und die linke Beinschnur gespannt werden, während man die Puppe gleichzeitig langsam vorwärts führt. Die Handschnur (rot, links) muß nahe am Beinholz gehalten werden, damit die Hände nicht schlaff herabhängen.

RÄTSEL UND PUZZLESPIELE

Denksport

Von David Shulman
Haben Sie Geschmack an Denksportaufgaben und Rätseln? Lösen Sie gern Probleme, und suchen Sie mit Vorliebe Antworten auf knifflige Fragen? Macht es Ihnen Spaß, andere zu verblüffen oder zu foppen – oder lassen Sie sich vielleicht lieber selbst in Erstaunen versetzen? Wenn Sie – mit einem Wort – ein Rätselfreund sind, dürfen Sie es sich nicht entgehen lassen, 24 Zündhölzer zu diesen neun Quadraten zusammenzulegen:

... und zu versuchen, acht davon wegzunehmen, und zwar so, daß nur zwei Quadrate übrigbleiben. Dann holen Sie sich sicherlich gleich einen Bleistift und legen ihn nicht eher aus der Hand, als bis Sie die folgende Zeichnung in einem Zug kopiert haben, ohne abzusetzen und ohne einen Strich zweimal zu ziehen:

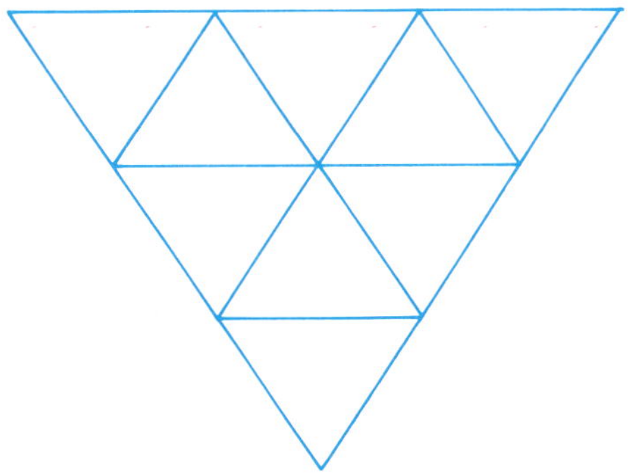

Haben Sie Lust zu weiterem Rätselraten bekommen? Die folgenden Anleitungen sagen Ihnen, wie man Kreuzworträtsel konstruiert und löst, Zusammensetzspiele, ein Zahlen-Puzzle und Puzzles aus Hartfaserplatte und Holzklötzen anfertigt.

(Übrigens: Die Auflösungen der drei Rätsel oben finden Sie auf Seite 128, aber ein echter Rätselfreund wird nur im Notfall dort nachsehen.)

Spiele und Unterhaltung

Kreuzworträtsel

Mit Kreuzworträtseln kann man sich auf zweierlei Art unterhalten – man kann sie konstruieren oder aber lösen. Rätselspezialisten kennen aufgrund ihrer großen Erfahrung mit Kreuzworträtseln viele Tricks, die einem das Konstruieren und Lösen der Rätsel erleichtern.

Konstruktion

Wenn Sie ein Kreuzworträtsel konstruieren wollen, brauchen Sie als erstes ein Schema. Sie können es aus einer Zeitung, Zeitschrift oder einem Buch kopieren – vielleicht probieren Sie es gleich einmal mit dem in Zeichnung A (Seite 120). Wenn Sie aber

Kinder und Erwachsene sind gleichermaßen fasziniert vom Tangram (linke Seite), einem Zusammensetzspiel aus sieben Teilen, die man zu immer neuen Figuren und Formen gruppieren kann. Falls Sie diese Art von Zusammensetzspiel interessant finden, sind Sie in bester Gesellschaft – unter anderem waren die bekannten Schriftsteller Edgar Allan Poe und Lewis Carroll Tangram-Enthusiasten. Auf S. 124 steht, wie Sie sich ein solches Tangram selbst machen können.

Zeichnung A: Ein einfaches Schema wie dieses erleichtert dem Anfänger die Konstruktion eines Kreuzworträtsels. Die Kästchen zur Trennung der einzelnen Wörter wurden schwarz eingefärbt, und alle Kästchen, in denen ein neues Wort anfängt, wurden mit Nummern versehen.

B

Zeichnung B: Dieser Ausschnitt zeigt, wie mit der Konstruktion des Kreuzworträtsels begonnen wurde. Die Wörter wurden in dieser Reihenfolge eingetragen: TORERO, MASERN, BART, MIT.

Ihr eigenes Schema entwerfen wollen, dann zeichnen Sie den Grundraster mit Lineal und Tinte oder Tusche. Die Linien werden dann nicht mit ausradiert, wenn Sie (was wahrscheinlich ist) Änderungen vornehmen; außerdem werden die Linien sauber und gerade, was für die Leserlichkeit sehr von Vorteil ist. Wenn Sie alle Kästchen gezeichnet haben, füllen Sie einige davon schwarz aus, so daß insgesamt ein symmetrisches Muster entsteht. Dabei sollten Sie ein paar Regeln beachten. Vermeiden Sie es, drei lange Wörter (mehr als sieben Buchstaben) nebeneinander zu setzen. Beispielsweise sind bei dem Schema in Zeichnung A 17 Waagerecht und 20 Waagerecht zwei relativ lange Wörter, die unmittelbar übereinander stehen. Wäre das Kästchen direkt über 18 Senkrecht nicht schwarz, ergäbe sich für 13 Waagerecht ein Wort mit acht Buchstaben. Das würde die weitere Konstruktion sehr erschweren, denn man müßte in waagerechter Richtung drei lange Wörter finden, deren übereinander gelegene Buchstaben wiederum Teile mehrerer senkrecht verlaufender Wörter ergäben. Das wäre jedoch eine fast unlösbare Aufgabe für Anfänger ebenso wie für alte Hasen.

Numerierung

Wenn Sie die schwarzen Felder fertig haben, müssen Sie die Nummern eintragen. Es ist üblich, daß diese von links nach rechts fortlaufend und in die linke obere Ecke des Kästchens gesetzt werden. Numerieren Sie zunächst die Kästchen der obersten Zeile. In den folgenden Reihen erhalten nur diejenigen Kästchen eine Nummer, in denen ein waagerechtes oder senkrechtes Wort anfängt (Zeichnung A).

Eintragen der Wörter

Jetzt beginnt der Spaß – das Ausfüllen der Kästchen mit ineinander verschränkten Wörtern. An der Stelle, wo zwei Wörter sich kreuzen, müssen sie einen Buchstaben gemeinsam haben. Zum Beispiel haben in Zeichnung B die Wörter MASERN und TORERO den Buchstaben E gemeinsam. Sehen Sie sich Ihr Schema an, und beginnen Sie dort, wo die längsten Wörter vorkommen. Sobald Sie ein langes Wort eingetragen haben, vervollständigen Sie alle Wörter, die sich mit diesem kreuzen. Versuchen Sie dabei, günstige Buchstaben für die nächste Gruppe von Wörtern einzubauen. Dazu braucht man einige Übung. Vermeiden Sie Wörter, die dazu führen würden, daß ein kreuzendes Wort auf einen unwahrscheinlichen Buchstaben wie B, C oder I endet. Suchen Sie sich Wörter aus, bei denen Konsonanten und Vokale abwechseln (sie lassen sich meist besser kombinieren). Gelegentlich werden Sie gezwungen sein, auf Eigennamen, Abkürzungen oder ziemlich entlegene Begriffe zurückzugreifen. Das ist durchaus erlaubt, sollte aber auf ein Mindestmaß beschränkt werden. Vor allem aber sollten Sie mit einer Wörterliste arbeiten. Sie ist eine unschätzbare Hilfe bei der Konstruktion von Kreuzworträtseln und erspart Ihnen stundenlanges Suchen im Wörterbuch. In diesen Listen sind die Wörter erstens nach der Anzahl ihrer Buchstaben und zweitens alphabetisch aufgeführt.

Zeichnung B zeigt einen teilweise ausgefüllten Ausschnitt aus dem Schema in Zeichnung A. Als erstes wurde das Wort TORERO eingetragen, da es eines der längsten Wörter in diesem Rätsel ist. Als nächstes kam das Wort MASERN, das ebenfalls sechs Buchstaben hat und sich senkrecht mit TORERO überschneidet. Dann folgten die Wörter BART und MIT. Das nächstlängere Wort, 40 Senkrecht, hat fünf Buchstaben, von denen der erste und der dritte (B und R) bereits feststehen. Der zweite Buchstabe kann nur ein Vokal sein, und zwar bietet sich dafür das O an, weil dann für 44 Waagerecht und Senkrecht erst SOS und dann SO passen würde. An diesem Punkt könnten Sie nun in einer Wörterliste nachsehen, um für 40 Senkrecht ein passendes Wort zu finden. Eine gute Wörterliste müßte bei Wörtern mit fünf Buchstaben, die mit BOR anfangen, folgende Einträge aufweisen: *Borat, Borax, Boris, Borke, Borte*. Die ersten drei scheiden aus, weil sie zu den Anfangsbuchstaben TN, XN beziehungsweise SN für 55 Waagerecht führen würden. Bleiben also BORKE und BORTE. Hier wurde BORTE gewählt; BORKE würde genausogut passen, statt TRAN bekämen wir dann für 52 Waagerecht KRAN.

Definitionen zusammenstellen

Wenn Sie Ihr Schema vollständig ausgefüllt haben, müssen Sie die Definitionen für die in waagerechter und senkrechter Richtung gesuchten Wörter in der numerierten Reihenfolge zusammenstellen. Das hier konstruierte Rätsel und die dazugehörige Liste der Definitionen sehen Sie in Zeichnung C. Halten Sie diese so kurz wie möglich, es sei denn, Sie haben ein spezielles Kreuzworträtsel entworfen. Wenn die Definitionen gedruckt werden sollen, muß sich ihre Länge nach dem zur Verfügung stehenden Platz richten. Sie können die Lösung des Rätsels erschweren, wenn Sie schwer zu erratende Wörter sich überschneiden lassen; man kann sie dann nicht so schnell mit Hilfe der leicht zu erratenden Wörter herausfinden. Vielfach werden zusätzliche Schwierigkeiten wie Wortspiele und Anagramme in die Rätsel eingebaut. Die Definitionen sollten jedoch präzise und unzweideutig sein.

Bei der Auswahl der Definitionen wird Ihnen ein Synonymwörterbuch gute Dienste leisten; daneben gibt es auch Spezialwörterbücher für Kreuzworträtsel.

Ein letzter Hinweis – fertigen Sie von Ihrem Schema zwei Exemplare an, eins ohne die gesuchten Wörter, für den, der das Rätsel lösen soll, und eins mit den Auflösungen. In das letztere brauchen Sie die Zahlen nicht einzutragen, weil ja aus dem Schema selbst hervorgeht, wo sie hingehören. Es reicht also, wenn Sie die Lösungen in die richtigen Kästchen schreiben.

Lösung

Sie werden aus all dem vielleicht den Schluß ziehen, daß es schwerer ist, ein Kreuzworträtsel zu konstruieren, als eins zu lösen. Wahrscheinlich haben Sie recht, aber auch im Entwerfen von Kreuzworträtseln erfahrene Spezialisten müssen sich manchmal geschlagen geben, wenn sie die Rolle tauschen und sich ans Lösen eines Kreuzworträtsels machen. Aber auch hier gibt es Tricks und Hilfsmittel.

Die wichtigste Hilfe ist natürlich, daß die Wörter sich überschneiden. Wenn Sie glauben, ein gesuchtes Wort gefunden zu haben, sollten Sie versuchen, die kreuzenden Wörter herauszubekommen, um von da aus strahlenförmig ihre Lösung aufzubauen. Verschwenden Sie keine Zeit für einen Teil des Rätsels, wenn Ihnen noch ein Schlüsselwort fehlt. Machen Sie dann an einer anderen Stelle weiter. Schließlich werden doch alle Wörter ineinandergreifen und Sie auch die schwierigen finden.

Wie bei der Konstruktion kann man auch beim Lösen eines Kreuzworträtsels ein Synonymwörterbuch, Nachschlagewerke und Wörterlisten verwenden.

Ein Wort der Warnung an Konstrukteur und Lösenden: Nehmen Sie zum Ausfüllen einen Bleistift und einen weichen Radiergummi, es sei denn, Sie sind so gewieft, daß Sie ein Kreuzworträtsel im Handumdrehen mit dem Kugelschreiber knacken können. Das können sich jedoch zumeist nur ganz alte Hasen leisten.

1 L	2 A	3 C	4 K	■	5 N	6 A	7 B	8 E	■	9 R	10 A	11 B
12 O	M	A	R	■	13 O	B	E	R	■	14 A	L	E
15 S	T	R	E	16 I	T	■	17 E	L	18 S	T	E	R
■	■	19 U	T	A	■	20 F	R	E	I	T	A	G
21 L	22 I	S	A	■	23 F	E	E	■	24 C	E	■	■
25 O	R	O	■	26 G	I	N	■	27 A	H	N	28 E	29 N
30 R	E	■	31 A	U	S	S	32 A	A	T	■	33 M	E
34 A	N	35 M	U	T	■	36 T	A	L	■	37 M	I	T
■	■	38 U	T	■	39 H	E	R	■	40 B	A	R	T
41 H	42 O	N	O	43 R	A	R	■	44 S	O	S	■	■
45 I	N	G	R	I	D	■	46 T	O	R	E	47 R	48 O
49 F	A	O	■	50 N	E	51 R	O	■	52 T	R	A	N
53 I	N	S	■	54 D	R	A	N	■	55 E	N	T	E

WAAGERECHT

1. Anstrich
5. Rad-Mitte
9. Jugosl. Insel
12. Persischer Männername
13. Kellner
14. Biersorte
15. Auseinandersetzung
17. Vogel
19. Mädchenname
20. Robinsons Freund
21. Mädchenname
23. Märchenwesen
24. Chem. Zeichen für Cerium
25. Ital. „Gold"
26. Alkoh. Getränk
27. Vorfahren
30. Skatausdruck
31. Feldbestellung
33. Engl. „mir", „mich"
34. Grazie
36. Senke
37. Verhältniswort
38. Lat. „damit"
39. Verhältniswort
40. Haarwuchs
41. Vergütung
44. Hilferuf
45. Mädchenname
46. Stierkämpfer
49. Irak. Erdölhafen
50. Röm. Kaiser
52. Fischfett
53. In das
54. Drum und –
55. Schwimmvogel

SENKRECHT

1. Schicksal
2. Behörde
3. Ital. Tenor
4. Mittelmeerinsel
5. Mangel
6. Umstandswort
7. Frucht
8. Laubbaum
9. Nagetiere
10. Lat. „Würfel"
11. Erhebung
16. Ruf des Esels
18. Ausblick
20. Gebäudeöffnung
21. Papageienname
22. Inselvolk
23. Note
26. Besitz
27. Fisch
28. Arab. Fürstentitel
29. Freundlich
31. Verfasser
32. Adler
35. Schleichkatzen
37. Kinderkrankheit
39. Zwist
40. Besatz
41. Wiedergabenorm für Tonsysteme
42. Biblische Gestalt
43. Haustier
44. Nicht anders
46. Töpfererde
47. Gremium
48. Engl. „eins"
51. Ägypt. Sonnengott

C

Zeichnung C: Wenn das Kreuzworträtsel vollständig ausgefüllt ist, muß eine solche Liste mit Definitionen erstellt werden, die es einem Ratenden ermöglichen, das Kreuzworträtsel auszufüllen.

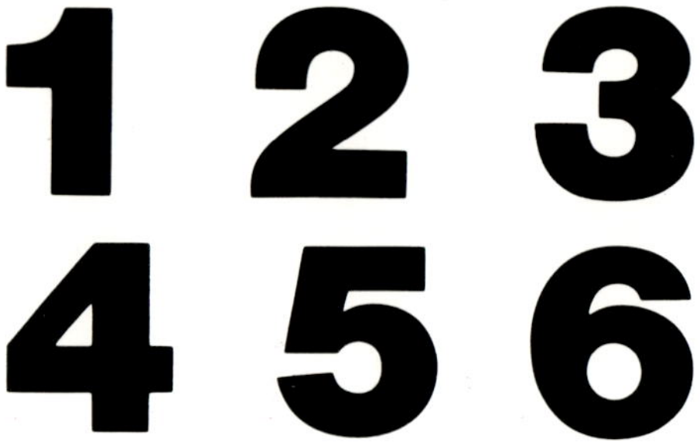

D

Zeichnung D: Diese Zahlen als Vorlage für die Beschriftung der Steine nehmen; auf Transparentpapier kopieren und auf die Holzklötzchen durchpausen.

Spiele und Unterhaltung

Zahlen-Puzzle

Dieses Zahlen-Puzzle erscheint auf den ersten Blick recht simpel. Es besteht aus sechs beweglichen Spielsteinen in einem Holzrahmen. Man sieht ihm nicht an, wieviel Kopfzerbrechen es verursachen kann. Zu Beginn liegen die Steine, wie unten abgebildet, der Reihe nach von 1 bis 6 geordnet, mit einem freien Feld in der Mitte. Die Aufgabe lautet, die Steine mit möglichst wenig Sprüngen so umzusetzen, daß sie am Schluß in der Reihenfolge 4, 5, 6, 1, 2, 3 liegen. Man kann einen Stein in ein leeres Feld schieben oder mit ihm einen benachbarten Stein wie beim Damespiel überspringen; man darf jedoch nie mehrere Steine gleichzeitig bewegen. Die Lösung steht auf Seite 128 und erfordert 15 Züge. Schaffen Sie es mit weniger?

In der Ausführung kann dieses Spiel so einfach oder so aufwendig sein, wie Sie es möchten. Wenn Sie es aus Holz machen und die Zahlen und Felder mit dauerhafter Farbe aufmalen, können Sie es immer wieder hervorholen, wenn jemand kommt, der Spaß an solchen Tüfteleien hat. Eine einfache Ausführung aus Papier oder Pappe tut es genauso, ist aber nicht so haltbar und weniger hübsch anzusehen. Die folgende Anleitung gilt für die abgebildete Ausführung aus Holz.

Werkzeug und Materialien

Für die Anfertigung dieses Spiels brauchen Sie: 90 cm astreines Kiefernholz mit einem Querschnitt von 2×3 oder $2{,}5 \times 5$ cm; ein Stück 6 mm dickes Sperrholz in der Größe 3×21 cm; ein 20 cm langes Rundholz mit 3 cm Durchmesser; eine Säge und eine Gehrungsschneidlade sowie mittelfeines und feines Schleifpapier. Zum Verleimen des Rahmens und Bemalen der Steine brauchen Sie: einen Bleistift; ein Lineal; Transparentpapier; Kohlepapier; feine und dickere Pinsel; Lack- oder Kunststoffarbe in zwei kontrastierenden Farbtönen und Holzleim.

Anfertigung des Spiels

Schneiden Sie mit Hilfe einer Gehrungsschneidlade die Leisten für den Rahmen in den in Zeichnung E angegebenen Maßen zurecht; die Gehrungen müssen genau im Winkel von 45° geschnitten werden. Die angegebenen Maße sind die Innenmaße des Rahmens. Diese Zahlen bleiben gleich, egal, ob sie 3 oder 5 cm breite Leisten nehmen. Schneiden Sie dann von dem Rundholz sechs 2,5 cm lange Scheiben ab. Schleifen Sie von jedem der sechs Klötzchen am unteren Rand 3 mm ab, damit sie aufrecht in der 3 cm breiten Rahmenöffnung stehen, sich aber leicht hin- und herschieben lassen (siehe Photo unten). Schleifen Sie alle Teile – den Rahmen, den Sperrholzboden und die Klötze – mit mittelfeinem und feinem Sandpapier.

Legen Sie ein Blatt Transparentpapier auf Zeichnung D, und kopieren Sie die Ziffern. Pausen Sie mit Hilfe von Kohlepapier jeweils eine der Ziffern auf einen Stein.

Die Aufgabe besteht bei diesem Spiel darin, die Klötze 1, 2 und 3 nach bestimmten Regeln mit den Klötzen 4, 5 und 6 zu vertauschen. Schaffen Sie es mit weniger als 15 Zügen?

Malen Sie die Ziffern mit einem feinen Pinsel und mit Acrylfarbe oder Lack aus. Tragen Sie die Farbe notfalls mehrmals auf; lassen Sie die einzelnen Schichten zwischendurch ganz trocknen.

Teilen Sie mit Bleistift und Lineal das Sperrholz, das den Boden des Rahmens bilden soll, in sieben 3×3 cm große Quadrate ein. Malen Sie die Quadrate abwechselnd in zwei kontrastierenden Farben an.

Halten Sie sich beim Zusammenbau des Spiels an die Anleitung in Zeichnung E und die Anweisungen auf der Leimpackung. Lassen Sie den Leim gut trocknen, bevor Sie das Spiel in Gebrauch nehmen.

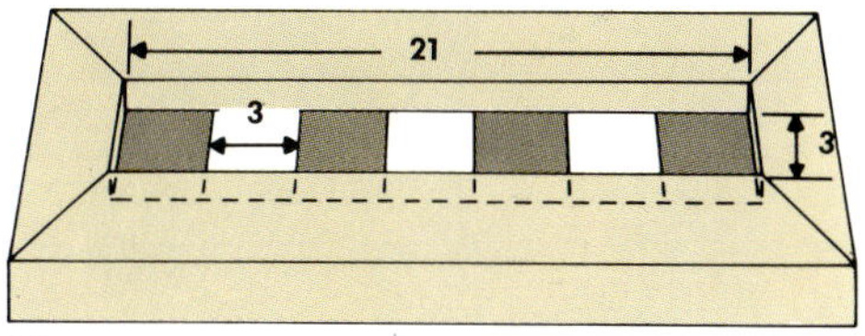

E

Zeichnung E: Zum Zusammenbau des Spiels vier Leisten im 45°-Winkel zuschneiden und zu einem Rahmen mit den Innenmaßen 3×21 cm verleimen. Den Leim trocknen lassen; dann auf alle Kanten des Sperrholzbodens Leim auftragen und den Boden mit der bemalten Seite nach oben in den Rahmen einpassen.

Spiele und Unterhaltung

Tangram

Im Jahre 1903 veröffentlichte Sam Loyd, ein bekannter amerikanischer Rätselexperte, ein Buch über die Tangram-Kunst unter dem Titel *The Eighth Book of Tans* (Das Achte Buch der Tans). Hinter diesem scheinbar harmlosen Titel verbarg sich einer der gewagtesten Scherze, die sich je ein Autor mit der Gemeinde der Rätselfreunde erlaubt hatte – eine von A bis Z erfundene Legende vom Ursprung und der religiösen Bedeutung des Tangram. Loyds Buch schien auf umfangreichen Forschungen zu beruhen und brachte eine Menge „Belege", war aber in Wirklichkeit so mit Ungenauigkeiten und Anachronismen gespickt, daß man sich ein paar Jahre später, als die Unzuverlässigkeit des Werks aufgedeckt wurde, allenthalben wunderte, wie es möglich gewesen war, daß so viele intelligente Menschen sich davon hatten täuschen lassen. Mittlerweile haben Forscher die Entstehung dieses Zusammensetzspiels ins vorige Jahrhundert datiert, obwohl dank Loyd immer noch viele an der Meinung festhalten, daß das Tangram vier Jahrtausende alt sei.

Dieses Zusammensetzspiel aus geschnitztem Elfenbein wurde im vorigen Jahrhundert in China angefertigt. Die Teile werden in der kleinen quadratischen Schachtel (unten links) in zwei gleichgroßen Schichten aufbewahrt – schon das Verstauen der Teile ist eine knifflige Aufgabe. Die feine Filigranarbeit ist typisch für alte chinesische Elfenbein-Schnitzkunst. Noch heute bestehen Zweifel darüber, ob Tangram ein sehr altes chinesisches Spiel ist oder erst im 19. Jahrhundert erfunden wurde. Heute gilt das Tangram vorwiegend als Spiel für Kinder, doch im vorigen Jahrhundert diente es dem Zeitvertreib der Erwachsenen.

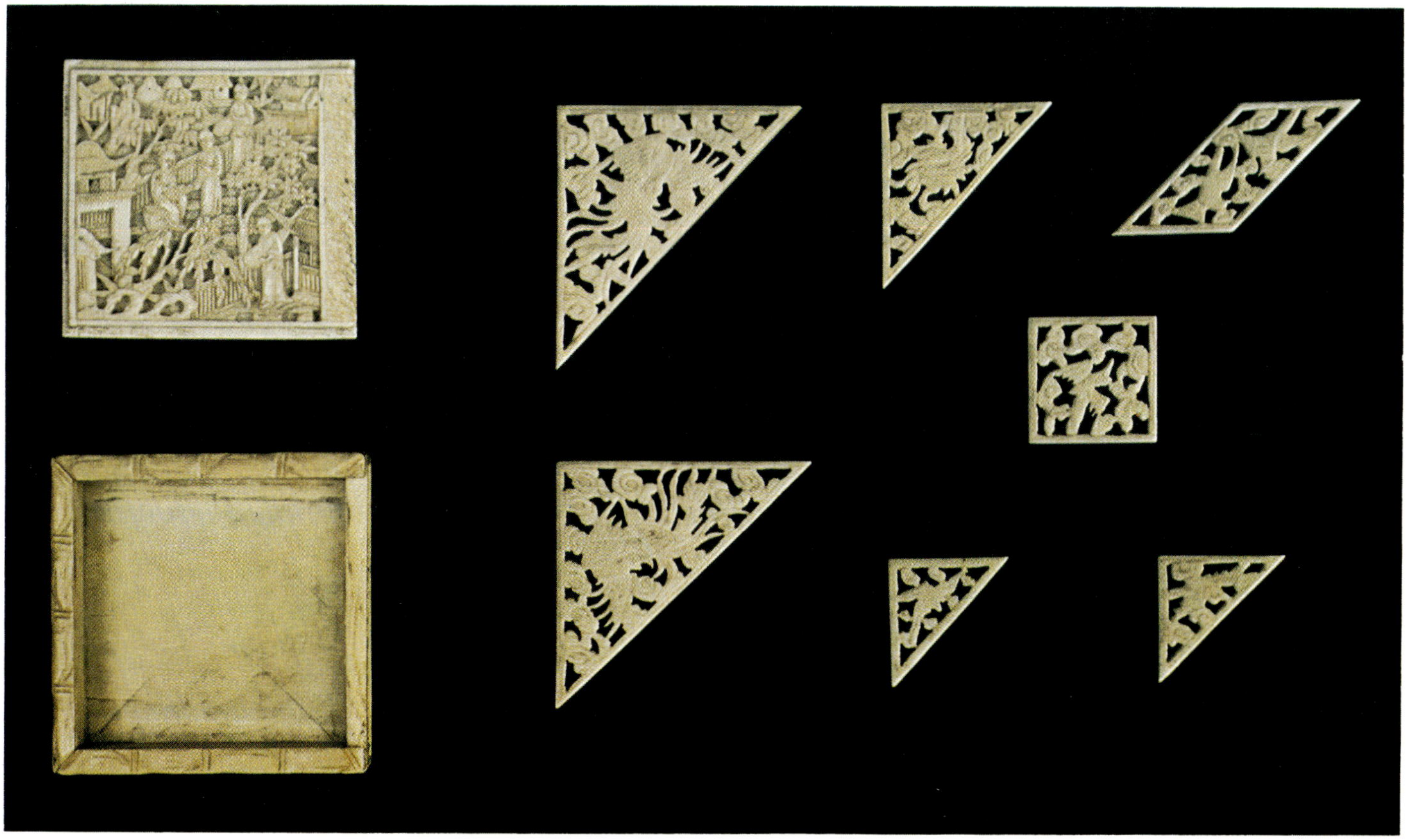

Dieses Tangram, das auch auf S. 118 abgebildet ist, zeigt, wie die sieben Teile aus dem Quadrat geschnitten werden. Man kann die Teile zu erstaunlich vielen verschiedenen Bildern zusammensetzen.

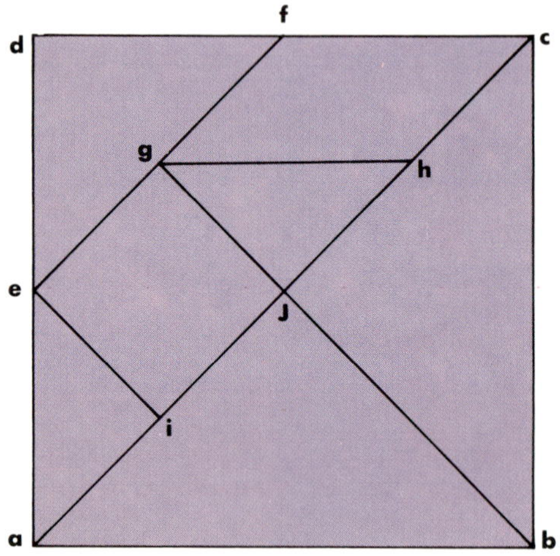

F

Zeichnung F: Beim Aufteilen des Quadrats mit Bleistift und Lineal wie folgt vorgehen: auf den Linien a–d und c–d den Mittelpunkt anzeichnen und diese Punkte (e und f) verbinden; das Lineal diagonal an die Punkte b und d anlegen und die Linie g–b einzeichnen; die Punkte a und c verbinden, die Linie a–c vierteln und die Linien g–h und e–i einzeichnen.

Das Tangram-Spiel

Das Tangram ist insofern dem Puzzle verwandt, als man die Teile durcheinanderbringt und sie dann wieder zusammensetzt, aber hier hört die Ähnlichkeit auch schon auf. Ein Puzzle besteht aus zahlreichen unregelmäßig und oft willkürlich begrenzten Teilen, die nur in einer ganz bestimmten Zusammensetzung ein vorher festgelegtes Bild ergeben. Bei den sieben Teilen des Tangrams hingegen ist das Zusammensetzen des Ausgangsquadrats nur eine von zahllosen Möglichkeiten. Das Tangram weist nur sieben einfache geometrische Formen auf; aus diesen kann man jedoch eine fast unbegrenzte Vielzahl von Figuren zusammensetzen, die – je nachdem, ob man die Aufgabe einem Erwachsenen oder einem Kind stellt – einfach oder auch ziemlich kompliziert sein können. Außerdem kann man natürlich versuchen, Figuren zu legen, für die keine Vorlage existiert.

Die eine Art zu spielen besteht also darin, daß man herausbekommen muß, wie eine vorgezeichnete Figur zusammengesetzt werden soll. Zeichnung G zeigt die Silhouetten von fünf solchen Figuren: einen Mann, einen Fisch, einen Vogel, einen Pfeil und ein Tier mit einem langen Hals. Probieren Sie einmal, ob Sie mit Ihren Tangram-Formen dieselben Figuren legen können. Interessant sind auch Tangram-Wettbewerbe; man braucht dafür mehrere Spiele, und wer eine bestimmte Figur als erster zusammengesetzt hat, ist Sieger.

Das Nachlegen von Figuren, die andere erfunden haben, ist jedoch erst der halbe Spaß bei diesem Zusammensetzspiel. Ein anderer Reiz besteht natürlich im Erfinden eigener Figuren. Die sieben geometrischen Teile lassen sich zu den kuriosesten Menschen- und Tierfiguren kombinieren. Man kann elegante, feingliedrige Figuren oder auch amüsante Karikaturen, wirkliche Gegenstände oder abstrakte Formen aus ihnen zusammensetzen. Für alle komplizierteren Figuren aber braucht man Intuition, künstlerische Begabung und Phantasie. Aus diesem Grunde eignet sich das Tangram auch sehr gut zur Förderung der kreativen Begabung von Kindern. Sie können sich stundenlang mit dem Legen von Katzen, Vögeln, menschlichen Gestalten und Schiffen beschäftigen. Auf einer abstrakteren Ebene sind Erwachsene vor allem immer wieder von dem scheinbar paradoxen Umstand fasziniert, daß sich aus einer ungeraden Anzahl verschieden geformter Teile symmetrische Gebilde legen lassen; interessant ist auch, daß man auf verblüffend suggestive Weise Rundungen und Einzelheiten andeuten kann, die in Wirklichkeit gar nicht vorhanden sind.

Anfertigen eines Tangram-Spiels

Ein Tangram besteht aus sieben Teilen. Diese Teile werden aus einem einzigen Quadrat ausgeschnitten, das so aufgeteilt wird, daß man zwei kleine Dreiecke, ein mittelgroßes Dreieck, zwei große Dreiecke, ein Quadrat und ein Rhomboid erhält (links).

Um sich selbst einen Satz solcher Teile anzufertigen, brauchen Sie ein quadratisches Stück Hartfaserplatte, Spanplatte, Sperrholz oder kräftigen Karton in beliebiger Größe (der links abgebildete Satz wurde aus einer 30 × 30 cm großen Hartfaserplatte hergestellt). Außerdem brauchen Sie: einen Bleistift; ein Lineal; eine Säge (oder falls Sie Karton nehmen, nur ein Universalmesser); feines Schleifpapier; Lack- oder Kunststoffarbe; einen Pinsel und Zeitungspapier zum Auslegen der Arbeitsfläche.

Zeichnen Sie zuerst nach der Anleitung unter Zeichnung F die Schnittlinien ein. Schneiden Sie nun die Teile aus, und zwar so, daß die Kanten möglichst gerade werden. Schleifen Sie die Kanten (selbst bei Karton werden die Kanten durch das Schleifen glatter). Legen Sie Ihre Arbeitsfläche mit Zeitungspapier aus. Tragen Sie auf die Kanten und die beiden Seiten aller Teile in mehreren Schichten Farbe auf; warten Sie jeweils, bis die letzte Schicht getrocknet ist.

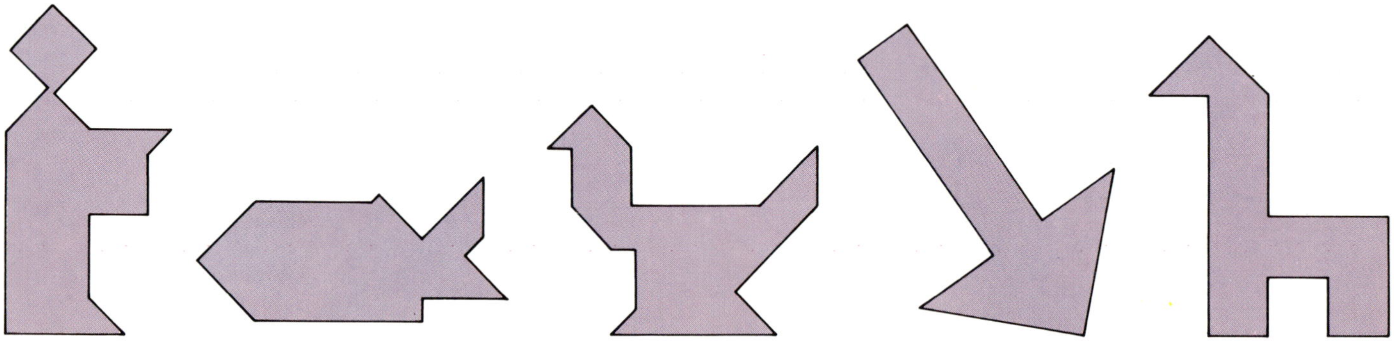

G

Zeichnung G: Versuchen Sie einmal, diese Figuren nachzulegen. Denken Sie daran, daß Sie alle sieben Teile verwenden müssen, nicht mehr und nicht weniger. Falls Sie mit einer Figur nicht zurechtkommen, drehen Sie das Rhomboid um, und versuchen Sie es noch einmal. Wenn das auch nichts hilft: die Auflösungen finden Sie auf S. 128.

Spiele und Unterhaltung

Klötzchen-Puzzle

Von Silvia Kilchenmann
Da die Holzklötze, aus denen dieses Puzzle besteht, alle dieselbe Form und Größe haben, sind sie leicht auszusägen. Aber Vorsicht – wenn die bemalten Teile erst einmal durcheinander geraten sind, ist es sehr schwierig, sie wieder richtig zusammenzusetzen, auch wenn man sich an die gewundenen Linien im Bild hält.

Materialien

Das Klötzchen-Puzzle besteht aus 35 Klötzen aus astreinem glatten Kiefernholz mit den Maßen 10,5 × 5,25 × 2,5 cm. Sie brauchen dafür vier Meter Kiefernholz (3 × 5,5 cm), das nach dem Glatthobeln den erforderlichen Querschnitt von 2,5 × 5,25 cm haben soll und dann in 10,5 cm lange Stücke geschnitten werden muß. Am besten lassen Sie sich die Klötze gleich maßgerecht zuschneiden. Wenn Sie das Zuschneiden selber besorgen möchten, müssen Sie die Maße genau anzeichnen und die Schnittstärke mit einrechnen. Außer dem Holz brauchen Sie noch: mittelfeines und feines Schleifpapier; ein Blatt kariertes Papier; ein Lineal; zwei Blatt Kohlepapier und Klebestreifen. Zum Bemalen der Klötze brauchen Sie: eine kleine Büchse Grundierfarbe, um das Holz zu versiegeln, und für den Farbauftrag Kunststoffarbe in vier kontrastierenden Farben; einen mittelfeinen und einen feinen Pinsel und eine Spraydose klaren Kunststofflack.

Dieses Puzzle, das einfach anzufertigen, aber schwer zusammenzusetzen ist, besteht aus 35 Kiefernholzklötzchen, die miteinander ein 52,5 × 36,75 cm großes Rechteck bilden.

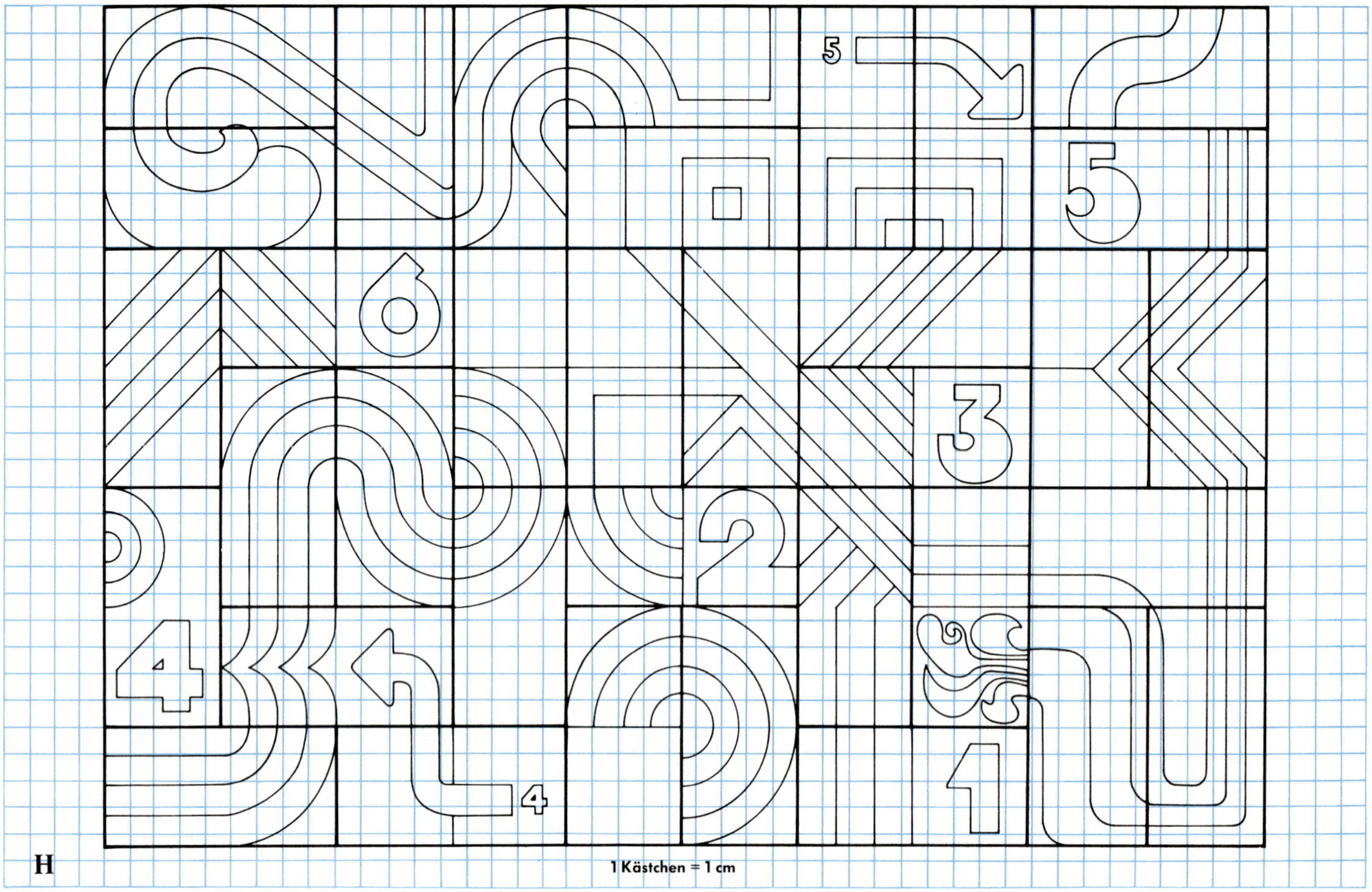

Zeichnung H: Vergrößern Sie das Muster für das Blockpuzzle, indem Sie es auf ein großes Blatt kariertes Papier übertragen (ein Kästchen in der Abbildung entspricht also einem Kästchen mit 1 cm Seitenlänge). Übertragen Sie erst die Umrisse der Klötze und zeichnen Sie dann, Klotz für Klotz, das Muster.

Anfertigen des Puzzles

Glätten Sie die Oberflächen und Kanten jedes Klotzes mit mittelfeinem und feinem Schleifpapier. Achten Sie aber darauf, daß Sie die Kanten nicht rundschleifen, denn sonst entstehen zwischen den Klötzen Fugen, wenn das Puzzle zusammengesetzt wird. Wenn alle Klötze geschliffen sind, setzen Sie sie zur Form des Puzzles zusammen, um sicherzugehen, daß sie die richtigen Maße haben. Setzen Sie sie gemäß den dick ausgezogenen Linien in Zeichnung H zu einem 52,5 × 36,75 cm großen Rechteck zusammen. Wischen Sie das Schleifmehl ab, und legen Sie die Arbeitsfläche unter den Klötzen mit Zeitungspapier aus. Tragen Sie auf alle Seiten der Klötze quer zum Faserverlauf eine Schicht Grundierung auf; lassen Sie dabei die frisch gestrichene Seite jeweils trocknen, bevor Sie die nächste grundieren. Streichen Sie anschließend jeden Klotz noch ein zweites Mal mit Grundierung ein, diesmal mit dem Faserverlauf. Lassen Sie die Grundierung gut trocknen.

Während die Klötze trocknen, vergrößern Sie das Muster für das Puzzle (Zeichnung H. ,,Fachliche Hinweise" zum Vergrößern eines Musters finden Sie auf Seite 92). Wenn die Klötze trocken sind, setzen Sie sie wieder zu dem 52,5 × 36,75 cm großen Rechteck zusammen, wobei Sie sich wieder nach den Linien des Musters richten. Umwickeln Sie das Ganze fest mit Klebestreifen, so daß die einzelnen Klötze nicht verrutschen können. Legen Sie – mit dem Kohlepapier dazwischen – das vergrößerte Muster paßgenau auf das Rechteck, und befestigen Sie es mit Tesafilm. Fahren Sie nun mit einem spitzen Bleistift die Linien des Musters nach, so daß sie sich durch das Kohlepapier auf die grundierten Klötze übertragen. Wenn Sie dazu einen Farbstift nehmen, können Sie leichter verfolgen, welche Linien schon nachgezeichnet worden sind.

Malen Sie nun nach dem Farbphoto als Vorlage das Muster auf die Klötze. Nehmen Sie für die größeren Felder einen größeren und für die Details einen feinen Pinsel. Lassen Sie jedes Feld trocknen, bevor Sie ein angrenzendes ausmalen. Wenn Sie die ganze Oberfläche bemalt haben, müssen Sie nur noch die übrigen fünf Seiten jedes Klotzes in einer Farbe anstreichen. Sprühen Sie zum Schluß die Klötze mehrmals mit Kunststofflack ein.

Spiele und Unterhaltung

Bilder-Puzzle

Von David Stuehler

Das Puzzle-Spiel mit ineinandergreifenden Teilen wurde Ende des 18. Jahrhunderts in England erfunden. Doch hatten die englischen Kinder vorerst wenig Freude daran, denn die Erwachsenen sahen darin nur ein willkommenes Instrument, die bittere Pille des Schulunterrichts zu versüßen. Die ersten vierzig Jahre nach ihrer Erfindung wurden die Puzzles fast ausschließlich dazu verwendet, den Schulkindern Geographie, Geschichte, Religion, das ABC und das Rechnen beizubringen. Allerdings sahen die Puzzles auch noch nicht so aus wie heute (die beste Säge zum Ausschneiden der Puzzle-Teile, die Laubsäge, war noch nicht erfunden). Vielmehr hatten die Teile geometrische oder nur leicht unregelmäßige Gestalt.

Es spricht für den Reiz dieser Zusammensetzspiele, daß sie heute in vielen Ländern mit Begeisterung gespielt werden. Aber sie sind nicht etwa nur bei Kindern beliebt: In England gibt es beispielsweise einen Puzzle-Club, dessen Mitglieder unter 4000 Puzzles wählen können, von denen manche aus bis zu 3000 Teilen bestehen. Das Puzzle, das wir machen wollen, hat weniger Teile, denn es ist für kleine Kinder gedacht. Sie können das Verfahren jedoch beliebig abwandeln und sogar ein rundes Puzzle mit mehreren hundert Teilen anfertigen.

Man kann jedes Bild zu einem Puzzle zerschneiden; Kinder finden es besonders spannend, wenn sie aus den Teilen ein Bild von sich selbst zusammensetzen können.

Einem Kind beim Zusammensetzen eines Puzzles zuzusehen macht besonders viel Freude, wenn man das Spiel selbst angefertigt hat. Dazu können Sie Abbildungen aus Kinderbüchern oder Kalenderblätter verwenden.

I **1 Kästchen = 0,5 cm**

Zeichnung I: Zum Vergrößern dieses Musters für die auszusägenden Puzzleteile die Linien Kästchen für Kästchen auf ein 10 × 12 cm großes Blatt kariertes Papier übertragen.

Werkzeug und Materialien

Das wichtigste Requisit für die Anfertigung eines eigenen Puzzles ist – neben der Laubsäge – ein Bild. Es sollte großflächig sein und kräftige Farben aufweisen. Gut geeignet sind Landkarten, Titelseiten von Zeitschriften, Abbildungen aus Kinderbüchern und Kalenderbilder. Eine reizvolle Abwandlung, die mit Sicherheit gefällt, ist ein Photo des Kindes, das dann das Puzzle zusammensetzen wird.
Vor allem aber sollten Sie darauf achten, daß der Schwierigkeitsgrad dem jeweiligen Kind angemessen ist und das Bild auf relativ kräftiges, unlackiertes Papier gedruckt ist. Außer dem Bild brauchen Sie: 6 bis 9 mm dicke Hartfaserplatte; Schleifpapier; Papier zum Vergrößern des Musters; Tesafilm; Bleistift; Lineal; Kohlepapier; Klebstoff; ein sauberes, feuchtes Tuch; einen einzölligen Pinsel und eine Laubsäge mit möglichst feinem Sägeblatt (damit sich die Rundungen leicht aussägen lassen). Die Hartfaserplatte sollte etwas größer sein als das beliebig große Bild, damit Sie den Rand sauber beschneiden können.

Anfertigen des Puzzles

Tragen Sie mit dem Pinsel reichlich Klebstoff auf die Hartfaserplatte auf, und verstreichen Sie ihn gleichmäßig. Drücken Sie das Bild gut an. Wenn es ein Photo ist, müssen Sie vor allem die Ecken beachten, weil diese sich gern aufbiegen.
Wenn unter dem Bild Luftblasen oder Klebstoffklumpen bleiben, können Sie die Oberfläche des Bildes mit einer Flasche oder einer Nudelrolle glattwalzen. Damit das Bild nicht durch die Rolle oder Flasche beschädigt wird, decken Sie ein sauberes Blatt weißes Papier und einige Bogen Zeitungspapier darüber. Wischen Sie eventuell am Rande austretenden Klebstoff mit einem feuchten Tuch ab. Lassen Sie den Klebstoff mindestens eine Stunde trocknen, oder halten Sie sich an die Anweisung auf der Packung des von Ihnen benutzten Klebstoffes.

Der nächste Arbeitsgang ist die Anfertigung des Musters für das Zersägen des Bildes in die einzelnen Teile. Das in Zeichnung I wiedergegebene Muster hat nach dem Vergrößern ein Format von 10 × 12 cm. Falls Ihr Bild ein anderes Format hat, zeichnen Sie sich einfach ein Rechteck in der entsprechenden Größe und versuchen die Linien in Zeichnung I aus freier Hand nachzuzeichnen. Für ein Kleinkind sind fünf oder sechs Teile genug. Schneiden Sie die Teile so aus, daß sie ineinander verzahnt sind, damit das Puzzle zusammenhält, und machen Sie kein Teil an irgendeiner Stelle so schmal, daß es im Eifer des Gefechts zerbrechen kann.

Wenn das Muster fertig ist, übertragen Sie es auf das Bild. Legen Sie das Muster mit der Zeichnung nach oben auf das Bild und zwischen beide ein Blatt Kohlepapier. Befestigen Sie es mit Tesafilm. Fahren Sie mit einem spitzen Bleistift die Linien des Musters nach. Bevor Sie das Muster abnehmen, vergewissern Sie sich, ob auch alle Linien übertragen sind.

Bevor Sie das Bild zersägen, sollten Sie die überstehende Hartfaserplatte an den Rändern beschneiden. Sägen Sie immer mit der Bildseite nach oben und mit nach unten zeigenden Zähnen am Sägeblatt, damit die rauhe Kante auf der Unterseite entsteht. Sägen Sie die Rundungen jeweils durchgehend von Rand zu Rand aus. Halten Sie die Säge stets senkrecht, damit die Kanten gerade werden. Zum Schluß können Sie, wenn nötig, die Kanten noch mit Schleifpapier glätten.

Auflösungen der Rätselaufgaben

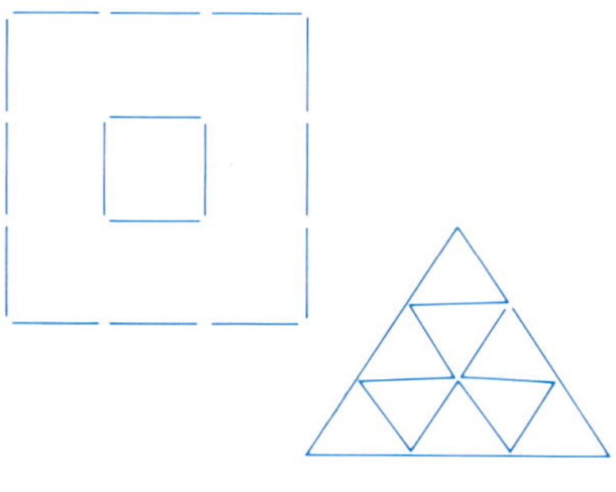

Auflösung des Zahlen-Puzzles

1. Nr. 3 in die Mitte schieben.
2. Mit Nr. 4 Nr. 3 überspringen.
3. Nr. 5 nach links schieben.
4. Mit Nr. 3 Nr. 5 überspringen.
5. Mit Nr. 2 Nr. 4 überspringen.
6. Nr. 1 nach rechts schieben.
7. Mit Nr. 4 Nr. 1 überspringen.
8. Mit Nr. 5 Nr. 2 überspringen.
9. Mit Nr. 6 Nr. 3 überspringen.
10. Nr. 3 nach rechts schieben.
11. Mit Nr. 2 Nr. 6 überspringen.
12. Mit Nr. 1 Nr. 5 überspringen.
13. Nr. 5 nach links schieben.
14. Mit Nr. 6 Nr. 1 überspringen.
15. Nr. 1 nach rechts schieben.

Nach dem 6. Zug ergibt sich die abwechselnde Anordnung 1-4-2-5-3-6. Das ist ein Anhaltspunkt, wenn man die Aufgabe aus dem Gedächtnis lösen will.

Auflösungen der Tangram-Figuren